EUの揺らぎ
The EU in Turmoil

井上典之・吉井昌彦 編著
edited by Noriyuki Inoue and Masahiko Yoshii

勁草書房

The European Commission support for the production
of this publication does not constitute an endorsement of the
contents which reflects the views only of the authors,
and the Commission cannot be held responsible for any use which
may be made of the information contained therein.

まえがき

21 世紀に入って欧州統合へ向かって拡大すると思われていた欧州連合（以下，EU とする）は，2008 年のリーマンショックおよび 2009 年に始まるギリシャの債務危機以降，その運営に揺らぎが生じるだけでなく，その存在意義自体にも疑義が提起されるようになっている。また，2015 年からの大量の移民・難民の流入による混乱を契機に，ますます EU が揺らいでいる。それに拍車をかけるのが，EU 加盟国でのナショナリズム・ポピュリズムの高揚による欧州懐疑主義の台頭であり，その流れの中で起こった 2016 年 6 月 23 日の国民投票の結果を受けたイギリスの EU 離脱，すなわち Brexit である。そこには，今後，はたしてかつてのような輝きをもって欧州統合への道を突き進む EU の姿が復活するのか，あるいは逆に，第二次世界大戦後のように主権的国民国家の分立状態へと逆戻りしないまでも，EU の存在意義は薄れ，影のような存在としてのみ存続していくことになるのだろうかという問題が潜むと同時に，まさに現在，EU がそのどちらへと向かうのかの分岐点にあるということができる。

EU は，現在の国際社会を基礎づける近代の主権的国民国家のモデルを形成したヨーロッパにおいて，その「国家」という存在の枠組みを超越しようとする試みとしてこれまで展開してきた。1950 年のシューマン宣言から 1952 年の欧州石炭鉄鋼共同体（パリ条約）を出発点に，1958 年の欧州経済共同体・欧州原子力共同体（ローマ条約），1967 年の統一条約を締結・施行することで欧州共同体（以下，EC とする）を設立したフランス，（西）ドイツ，イタリアとベネルクス 3 国から，イギリス，アイルランド，デンマーク（1973 年），ギリシャ（1981 年），スペイン，ポルトガル（1988 年）を加えた 12 か国での政治統合をも視野に入れた 1993 年の EU への発展（マーストリヒト条約），1995 年のオーストリア，北欧 2 国の加盟による 15 か国で，20 世紀にはほぼ旧西側の欧州統合が行われた。その後，2004 年からは東ヨーロッパへの拡大が生じ，2013 年のクロアチアの加盟によって，EU はヨーロッパのほぼ全域にわたる

28 の加盟国によって形成・組織されるようになった。経済面においては加盟国全域を統一された域内市場とし、政治面においては加盟国国民を EU 市民と定義づけて、2009 年 12 月 1 日施行のリスボン条約により、まさにブリュッセルを中心にヨーロッパが 1 つになるかのような様相を呈していた矢先に、さまざまな問題が露呈し、EU が揺らぎ始めたのである。

本書『EU の揺らぎ』は、EU のそのような現状を、法学、政治学、経済学という社会科学の 3 分野から分析し、検討するものである。EU を研究素材とする European Studies（いわゆる EU 学）は、まさにこの 3 つの分野にわたり、それぞれの視点からの研究を展開している。本書もその例にならい、「第 1 部 混迷する EU 法体系」、「第 2 部 転換期にある EU 政治」そして「第 3 部 停滞する EU 経済」の 3 部構成で、それぞれの分野の、一部博士後期課程在学中の学生を含めて、神戸大学の研究者の研究成果を掲載する。そこには、それぞれの分野で、現在生じている EU の揺らぎがどのようにとらえられ、どのような問題を提起するのかが、それぞれの分野の視点で検討されている。

神戸大学は、2005 年より、関西学院大学、大阪大学との 3 校から構成されるコンソーシアムの代表校として EU Institute in Japan, Kansai を設立し、関西における EU に関する学術研究の中心大学として、その教育・研究活動に取り組んできた。2015 年からは EU の Erasmus＋プログラムの 1 つである Jean Monnet Center of Excellence（Agreement No. 2015-08601057-002）による資金を獲得し、EU に関する学術研究活動を継続している。本書は、まさにその活動の一環としての研究成果の公表になる。その点で、本書も EU からの資金による助成を受けていることをここに付記しておく。

まさに、現在の EU の前身である EC への展開を進めたローマ条約（現在の欧州連合運営条約の前身）が締結されてちょうど 60 年にあたる 2017 年、イギリスは EU 脱退を欧州理事会に通知し、初めて欧州統合にストップがかかった。そのような EU の現状と問題を知っていただくためにも、本書が読者の EU 理解の一助となれば幸いであることを、本書の前書きとしておきたい。

2017 年 12 月

編者　　井上典之・吉井昌彦

EU の揺らぎ
目　次

まえがき

第 1 部　混迷する EU 法体系

第 1 章　EU の回復力 ……………………………… リミヌッチ・ミケーラ　3
1. はじめに　3
2. ヨーロッパとは　4
3. 誠実協力の意味　5
4. 多速度式欧州へ向けて　6
5. おわりに　9

第 2 章　EU 市民権概念をめぐる収斂と揺らぎ ……………… 髙　希麗　13
1. はじめに　13
2. EU における市民の範疇　14
   2.1　EU 市民権とは　14
   2.2　加盟国国籍を前提とした EU 市民権　15
   2.3　EU 市民でない外国人　16
   2.4　難民　18
3. 収斂された加盟国国籍法制等　20
   3.1　EU 市民権に関する欧州司法裁判所の立場　20
   3.2　規約・指令等に伴う法制度の収斂　21
   3.3　水平的な法制度比較を通じた基準の客観化　23
4. EU を揺るがす諸事例　24
   4.1　購入可能な国籍？　24

iv　　　　　　　　　目　次

　　4.2　2015 年難民問題による反発　26
　5.　再国民化の動向と EU 市民権の本質　28
　　5.1　国籍法制の接近をめぐる揺らぎ　28
　　5.2　再国民化の傾向と EU 市民権の本質　29
　6.　おわりに　31

第3章　EU 民事司法協力と国際商事仲裁……………………… 越智幹仁　42
　　　　──国際仲裁の «localisation» と «délocalisation» ──
　1.　はじめに　42
　2.　仲裁手続と訴訟手続の競合　45
　　2.1　裁判所による仲裁合意の審査と手続競合問題　45
　　2.2　手続競合問題解消の試み　52
　3.　仲裁判断と裁判判決との競合　62
　　3.1　ブリュッセル I 規則での仲裁判断と判決との競合　62
　　3.2　ブリュッセル I bis 規則での仲裁判断と判決との競合　63
　4.　おわりに　65

第4章　EU を揺さぶる法的原理としての民主制 …………… 井上典之　79
　　　　──英国の EU 脱退を 1 つの例に──
　1.　はじめに──「欧州はどこへ行くのか（Quo vadis Europe）」？　79
　2.　民主制原理が持つ意味　82
　　2.1　EU レベルでの民主制原理と民主主義の赤字　82
　　2.2　加盟国でのレファレンダムによる民意　85
　3.　法的視点からみる Brexit　88
　　3.1　英国国民の自己決定としての EU からの離脱　88
　　3.2　民意実現のための英国憲法の原理　92
　4.　まとめとして──統合とは何か？　96

目　次　　　　　　　　　　　v

第2部　転換期にあるEU政治

第5章　「ドイツのための選択肢」と欧州懐疑主義 ………… 近藤正基　103
1. 欧州懐疑主義政党の台頭　103
2. 「ドイツのための選択肢」の躍進——結党から欧州議会選挙まで　104
   - 2.1　ユーロ批判の拡がり　104
   - 2.2　「ドイツのための選択肢」の結党　105
   - 2.3　2013年連邦議会選挙　106
   - 2.4　連邦議会選挙後の動向　107
   - 2.5　欧州議会選挙　108
3. 「ドイツのための選択肢」の変容——5つの州議会選挙，党分裂，原則綱領
109
   - 3.1　旧東ドイツ3州の州議会選挙　110
   - 3.2　州議会選挙後の展開と旧西ドイツ2州の州議会選挙　113
   - 3.3　党分裂と原則綱領の採択　116
4. 「ドイツのための選択肢」の欧州懐疑主義　118
   - 4.1　債務国支援，ユーロ，欧州中央銀行への批判　118
   - 4.2　EUに対する批判　120
5. 比較の中の「ドイツのための選択肢」　122

第6章　EUの移民政策 ……………………………………… 坂井一成　127
　　　　——政治と文化の絡み合い——
1. はじめに　127
2. 共通移民政策の形成　128
3. 移民政策の2段階　129
   - 3.1　EU境界線での境界管理　129
   - 3.2　移民の社会統合　130
4. 地中海を渡る移民・難民の大量流入への対応　132
   - 4.1　欧州移民対策アジェンダ　132

4.2　EU トルコ共同声明　133
　5.　自由と安全の間の矛盾　135
　　5.1　シェンゲン圏へのアクセスをめぐる軋轢　135
　　5.2　治安と安全保障のシームレス化　136
　　5.3　近隣諸国との連携　137
　　5.4　困難な調和　137
　6.　移民政策における文化の視点　138
　　6.1　文化のセキュリタイゼーション　138
　　6.2　EU 移民・難民政策における文化の機能　139
　7.　おわりに　140

第7章　EU と域外紛争 ………………………………………… 増島　建　149
　　　　　——開発・安全保障の結合という視点から——

　1.　はじめに　149
　2.　EU における開発と安全保障の結合を分析する視点　150
　　2.1　開発と安全保障の結合（nexus）　150
　　2.2　開発と安全保障の結合における EU の特徴と本章の課題　152
　3.　EU 安全保障戦略（ESS）の形成と開発・安全保障の結合　153
　　3.1　ESS の策定と開発・安全保障　153
　　3.2　ESS 後の開発・安全保障　154
　4.　EU グローバル戦略の作成　155
　　4.1　EU グローバル戦略の策定と開発・安全保障　155
　　4.2　EU グローバル戦略下の開発・安全保障　157
　5.　CBSD——開発と安全保障の新たな結合か？　161
　　5.1　問題の経緯　161
　　5.2　安定予算の起源　164
　　5.3　CBSD 問題決着の背景　165
　6.　おわりに　167

第8章　EU 対外政策の将来 ……………………………………… 安井宏樹　173

1. はじめに　173
2. ヨーロッパ対外政策統合の展開　173
   2.1　冷戦期の停滞（もしくは固定化）　173
   2.2　冷戦後の進展　178
3. EU の対外政策形成過程　181
   3.1　EU 対外政策の複雑さ——「独特な存在（*sui generis*）」としての EU　181
   3.2　EU 対外政策の担い手——政府間主義と超国家主義の混淆　183
4. おわりに——EU 対外政策の将来　184

第3部　停滞する EU 経済

第9章　ユーロ圏経済の長期停滞の可能性について…………松林洋一　193
—— 2000-2016 年——

1. はじめに　193
2. ユーロ圏経済の概観　194
3. 設備投資の動向　195
4. 期待利潤率の動向　197
5. 金融機関のパフォーマンス　201
6. おわりに　205

第10章　EU の銀行同盟　………………………………………花田エバ　208
——金融的安定という観点から見た意義と課題——

1. はじめに　208
2. EU の銀行同盟の概要　209
   2.1　銀行同盟の定義と創設の背景　209
   2.2　銀行同盟の制度　211
   2.3　銀行同盟の加盟国　214
3. 金融的安定から見た銀行同盟の意義　215
   3.1　銀行同盟の効果と金融的安定　215

3.2　ECB が実施する包括的評価の役割　217

　3.3　銀行同盟と加盟意向国　219

4.　銀行同盟の展望　220

　4.1　銀行同盟について様子見する非ユーロ圏諸国の観点　220

　4.2　ユーロ導入による銀行同盟の拡大の展望　222

　4.3　銀行同盟の今後の課題　222

5.　おわりに　224

第11章　ギリシャ経済危機の原因·································· 吉井昌彦　229
　　　　　──危機は終わったのか──

1.　はじめに　229

2.　ユーロ採択時のギリシャ経済　230

3.　2000 年代中頃のギリシャ債務問題　236

4.　ユーロ危機後のギリシャ財政　242

5.　ギリシャ経済危機の今後　245

索　　引 ··· 251

第 1 部

混迷する EU 法体系

第 1 章　EU の回復力

リミヌッチ・ミケーラ

1. はじめに

　欧州連合（EU）の揺らぎと言えば，やはり経済危機やいわゆる「難民危機」などが真っ先に頭に浮かぶだろう。EU は確かに 2008 年のリーマンショックに続き，2011 年のシリア内戦をはじめ中東，北アフリカでの騒乱の影響で前例のない，かつ増加し続ける数の移民・難民[1]を受け入れてきた（図 1.1）[2]。しかし，欧州統合は第二次世界大戦終結直後に開始して以来，今よりももっと深刻な状況を幾度も超えてなされてきたものなので，さまざまな難問があるからといって直ちに揺らぐわけではないと思っている者も多いかもしれない。本章は EU が今日抱える不安について，欧州統合の歴史を遡ってその基本的な原

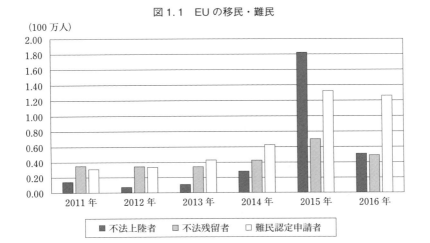

図 1.1　EU の移民・難民

因を検討し，これを解消できる方法について考察しようとするものである。

2. ヨーロッパとは

EU を理解するためには，まずその歴史を理解する必要があるが，それを一章に要約することは不可能なので，ここでは意味のある例を一つ挙げることとする。ヨーロッパについて初めて日本人の学生に説明する時は，イタリアにあるボローニャ大学となった施設の創始者・イルネリウスという法学者の伝説をよく語る。ボローニャ大学はヨーロッパ最古の大学であり，世界の大学のモデルになったと言われるが，これを 11 世紀に設立したのは，チュートン人（現在のドイツに住んでいた民族）のイルネリウスであったとされている。また，当時そこで学べたのが 6 世紀のローマ法大全の一部分であった。ヨーロッパで『Corpus iuris civilis』（市民法大全）として知られているローマ法大全は，近代法の基礎にもなっているが，11 世紀までは失われた文書で，東ローマ帝国（今のトルコとその隣接諸国であったローマ帝国の残り火）で保存されていた模写が不思議なことにボローニャに現れ，イルネリウスがこれを手に入れたと思われている[3]。

現代に置き換えて言うなら，トルコ人によって守られてきた文書を一人のドイツ人がイタリアで勉強した結果，そこで大学が生まれたということになるだろうか。もちろんこれは伝説であり，事実とは異なるところもあるかもしれないが，ヨーロッパはこのように，昔からさまざまな民族が，戦争をするだけでなく，共存し，協力して何かを作り出すことができる地域としてのイメージも有したのではないかと考える。ただし，EU の前身的組織であった欧州経済共同体（EEC）が設立された時からグローバル化も進み，ヨーロッパはその本来の「心」を失ったのではないかと思う人も多いに違いない[4]。経済的な意味合いの濃かった欧州統合の構想からより社会的な，超国家的組織へ進化しようとした欧州連合[5]は，平和だけでなく結束や人権なども大切にする連合体となるべき使命を抱えており，次節では「EU の結束」の意味を紹介し，基本権の重要性についても実例を挙げて検討してみることとする。

3. 誠実協力の意味

1950年，欧州統合の父の一人とされるロベール・シューマンは，「ヨーロッパは直ちに，そして一気に作られるものではなく，具体的な成果に基づく事実上の結束が生まれてから初めて達成できるものである」と述べた[6]。それから70年近く経過した現在，EU市民の80%が「結束」を大切だと認識しており（European Commission 2017a, pp. 62-64），欧州連合の父の希望はまだ保たれていると考えられるだろう。ただし，「solidarity（結束[7]）」という言葉が欧州連合条約（TEU）の中に多数回使われていても，これが実際にどんな意味なのかについてはまだ議論されている（Klamert 2014, pp. 35-41）し，定義の問題もあるが，具体的に加盟国に対しどんな義務を課すものなのか明確にすることもEUにとって重要なテーマとなっている。

『広辞苑』によれば「結束」は「同志の者が互いに団結すること」を示すが，TEUの「solidarity」は相互扶助も含め，「協調」の意味も強い[8]。「solidarity」は加盟国同士の横の関係の基本原則であるが，混同しやすい「loyalty（誠実[9]）」は主としてEUと各加盟国の間の縦の関係の基準になるとされている（Klamert 2014, p. 84）。特に，TEU第4条3項が規定する「sincere cooperation（誠実な協力）」という「loyalty」とも深く関わる[10]原則はリスボン条約[11]によって加えられたもので，もともとのローマ条約（EEC条約）には「sincere cooperation」という言葉さえ存在しなかった[12]が，欧州連合司法裁判所の判例法で確立され（Klamert 2014, p. 12）以下のように明文化された。

TEU第4条3項

Pursuant to the principle of sincere co-operation, the Union and the Member States shall, in full mutual respect, assist each other in carrying out tasks which flow from the Treaties.
The Member States shall take any ap-

誠実協力原則に従い，連合及び加盟国は，両条約から生じる任務を遂行するに際し，相互に尊重し，かつ，支援する。

加盟国は，両条約から生じ又は連合諸機

propriate measure, general or particular, to ensure fulfilment of the obligations arising out of the Treaties or resulting from the acts of the institutions of the Union.

関の行為から発生する義務の履行を確保するため，一般的又は特別の適切なすべての措置をとる。

The Member States shall facilitate the achievement of the Union's tasks and refrain from any measure which could jeopardise the attainment of the Union's objectives.

加盟国は，連合による任務の遂行を容易にし，かつ，連合の諸目的の実現を危うくするおそれのある措置をすべて差し控える（庄司 2013，226 頁）。

　TEU 第 4 条 3 項によれば各加盟国は積極的義務と消極的義務[13] という二重の義務を有し，それらは連合のために適切な措置をとることと，連合を危うくする恐れのある措置をとらないことである。条約はその具体的な内容を定めていないが，欧州連合司法裁判所は誠実協力原則を EU 法秩序の重要なコンセプトに繋げてきた（庄司 2013，227 頁）。その中で一番有名なのは国内法より EU 法を必ず優先させるという優越性原則だろう。ただし，TEU 第 4 条 2 項に従い，欧州連合は加盟国のナショナル・アイデンティティも尊重しなければならないので，EU アイデンティティの基本となる誠実協力（Neframi 2012, pp. 5-8）と各加盟国のナショナル・アイデンティティとそれぞれの国内法をどうやってバランスよく調和するかは問題になった。

4. 多速度式欧州へ向けて

　EEC はベルギー，ドイツ，フランス，イタリア，オランダ，ルクセンブルクの原加盟国 6 ヵ国によって，経済統合の目的で設立されたものであるが，長い年月を経てより幅広い目標を持つ組織となった。加盟国数も 28 ヵ国になり，連合そのものの権限もどんどん膨らみ，このような発展が欧州統合の視点に立った際に大歓迎すべきものであると言えるのと同時に，時には重大な不和の原因ともなった。例えば，国際通貨基金（IMF）の格付け（International Monetary Fund 2017, p. 224）を見ると西ヨーロッパ地域内にはまだ「開発途上国」[14]

第 1 章　EU の回復力　　　　7

表 1.1　EU 加盟国一覧

アイルランド	クロアチア*	ドイツ	ポルトガル
イタリア	スウェーデン	ハンガリー*	マルタ
エストニア	スペイン	フィンランド	ラトビア
オーストリア	スロバキア	フランス	リトアニア
オランダ	スロベニア	ブルガリア*	ルーマニア*
キプロス	チェコ	ベルギー	ルクセンブルク
ギリシャ	デンマーク	ポーランド*	イギリス

(注)　＊印の付いている加盟国は IMF の定義により，新興市場国経済と開発途上国経済を有する（International Monetary Fund 2017, p. 220）。

に該当する加盟国も存在し（表 1.1 参照），また各国のニーズも他の加盟国と違うのは当然なことである。それに加えて，基本的な価値[15] すら異なる場合も当然考えられる。

　次に基本権保障の観点から検討すると，前述の違いの重要性はより一層明らかになる。2004 年以後東ヨーロッパのさまざまな国が EU に加入し，15 ヵ国から 28 ヵ国となる急速な拡大が実施された。その拡張の最中，リスボン条約により EU における基本的な人権の保護が強調されたのは偶然ではない。2000 年に欧州連合基本権憲章（CFR）[16] が「政治的宣言として」公布され，法的な拘束力こそ有しなかった（庄司 2013，330 頁）が，後述のリスボン条約後の TEU 第 6 条 1 項に従って TEU と TFEU と同じ効力を与えられ，欧州連合と各加盟国に適用された。また，TEU 第 6 条 2 項は欧州連合に欧州人権条約（ECHR）[17] へ加入するよう義務づけたが，2014 年に欧州連合司法裁判所が法的な問題を示す否定的な意見を発し[18]，ECHR 加入の進行を遅らせた。

TEU 第 6 条 1 項兼 2 項

1. The Union recognises the rights, freedoms and principles set out in the Charter of Fundamental Rights of the European Union of 7 December 2000, as adapted at Strasbourg, on 12 December 2007, which shall have the same le-

1. 連合は，2007 年 12 月 12 日ストラスブールで修正された 2000 年 12 月 7 日の欧州連合基本権憲章に列挙された権利，自由及び原則を承認する。基本権憲章は両条約と同一の法的価値を有する。
（略）

gal value as the Treaties.

[…]

2. The Union shall accede to the European Convention for the Protection of Human Rights and Fundamental Freedoms. Such accession shall not affect the Union's competences as defined in the Treaties.

2. 連合は，欧州人権条約に加入する。この加入は，両条約に定める連合の権限に修正を加えるものではない（庄司2013，327頁）。

　文化的にもヨーロッパ（特にその啓蒙運動）は基本権保障を構築するために重要な役割を果たした（Ishay 2008, pp. 6-9）が，現在の欧州連合を見れば，その有効性を疑う人もいるかもしれない。例えば上で述べた「難民危機」の際には多くの基本権侵害が起こり，公表された（European Union Agency for Fundamental Rights 2016, p. 3）。しかし他方で，このような危機的状況に対処するためにも，欧州連合全体として移民・難民をEU域内により均等に配分するためのクオータ制という措置を必要としたが，一部の加盟国の強い反対に直面した。例えばスロバキアとハンガリーは難民認定申請者の再配置に関する2015年9月22日の理事会決定2015/1601[19]の取り消しを求めたが，欧州連合司法裁判所はその訴えを棄却した[20]。イギリスもまた，移民の流入を理由にしてEUからの脱退手続きをスタートした。

　このような近年の揺らぎを防ぐために，EUの首脳会議は多速度式欧州というシステムを検討し始めた。多速度式欧州とは，欧州統合の60周年を迎えた2017年3月25日のローマ宣言[21]に述べられたように，加盟国は共に行動するが，必要であればそれぞれのペースで行動することもできる[22]ことである。ただし，このような異なる速度で進む加盟国の考えはそれほど新しくはない。連合と言ってもEUの枠内でさまざまな制度があり，単一通貨ユーロ圏のように加盟国がオプトアウトできる場合もある。ただし，一方ではある程度のフレキシビリティを確保する利点もあるが，同時に「階級差別」を引き起こす恐れもあるので，多速度式欧州の幅を広げるなら慎重な考慮も必要である。

5. おわりに

本章は EU の揺らぎの一つの原因とその解決を検討することを目的としている。ヨーロッパというコンセプトを紹介した後，誠実協力原則の意味を述べた。現在，一部の EU 加盟国は「solidarity」と「loyalty」の意味を忘れ，基本権侵害にもかかわらずそれぞれのナショナル・アイデンティティを優先しているようにも見える。ただし，「多様性の中の統合（United in diversity）」という連合のモットーが示すように，異なる世界観を統合するために生まれた組織で，その目標は高く，簡単に達成できないのは明らかであるが，危機の際に七転び八起きの精神を持てば必ず立ち直るだろう。言い換えれば，危機から学んだ教訓を活かし，課題に応じてもっともふさわしい変化を導き出すことから，EU の回復力を改めて見せることができるだろう。連合の将来に関するホワイトペーパー（European Commission 2017b, p. 29）に述べられたように，EU の前にはさまざまな道が広がり，そのどちらへ歩むことを決めるかの問題に過ぎないのである。

［注］
1)　最も簡単な言い方をすれば，「難民」とは法の定める条件（迫害のような命に関わる状況から逃げること等）を満たす移民のことである。難民認定申請手続きが完了した後，特別なサポートを受けるが，それは国によって異なる。
2)　特に 2016 年には不法上陸者が増え問題になったが，難民認定申請者も EU 統計局（Eurostat）のデータも同じような増加傾向を示していた（図 1.1）。しかし 2017 年の欧州対外国境管理協力機関（Frontex）データを見る限り，かなりの減少も予測できる（Frontex 2017, pp. 6-10）。また，そもそも発見された不法上陸者数の増加は国境警備を強化した結果でもある。もちろん難民認定申請者が全員不法上陸者（非正規に入国した者）・不法残留者（オーバーステイした者）であるとは限らないが，第三国（EU 圏外）から来た移民者数は 2013 年（1,378,867 人）・2014 年（1,570,078 人）・2015 年（2,353,016 人）の Eurostat データしかなく，難民認定申請者を移民者として報告しない EU 加盟国も多数あるため，有用性が高くないと判断した。ちなみに EU の総人口は 5 億人を超える。
3)　言うまでもないことであるが，これはあくまでも単純化したもので，もともとはもう少し複雑な話である（児玉 2007，26-28 頁）。
4)　現在，ほぼ半数の EU 市民は EU を信用していないようであるが，他方で信用する人

が徐々に増加しているようである（European Commission 2017a, p. 18）。

5) 欧州憲法がこの傾向の最も顕著な証拠であるかもしれない。正式な名称は Draft Treaty establishing a Constitution for Europe（欧州のための憲法を制定する条約案）である。フランスとオランダの批准拒否を受けたとは言え，リスボン条約は正にその灰から再生した。

6) 直訳ではない。原文は「L'Europe ne se fera pas d'un coup, ni dans une construction d'ensemble: elle se fera par des réalisations concrètes créant d'abord une solidarité de fait」である。https://europa.eu/european-union/about-eu/symbols/europe-day/schuman-declaration_fr（最終アクセス日 2017 年 11 月 6 日）。

7) 「solidarity」は「連帯（二人以上が連合して事に当たり同等の責任を帯びること）」と訳されることも多いが，ここでは「結束」がより的確である。

8) 欧州連合運営条約（TFUE）第 222 条「solidarity clause（結束条項）」を見れば明らかである。第 222 条によればテロ攻撃などがあったら協調行動を行うべきだと規定されている。

9) 「loyalty」には「忠実」（『広辞苑』により「国家にまごころを尽くして仕えること」）のニュアンスも含まれている。もちろんこの場合は国際公法の *pacta sunt servanda*（条約は守らなければならない）という原則の表現でもあるが，その意味に留まらないと考える研究者もいる（Klamert 2014, p. 46）。

10) 英語では「sincere cooperation」と翻訳されたが，フランス語・イタリア語・ドイツ語・スペイン語などの他の公用語版を見れば「coopération loyale」・「leale cooperazione」「loyale Zusammenarbeit」・「cooperación leal」であり，「loyalty」とのコネクションは明らかである。

11) リスボン条約はローマ条約（EEC 条約）の直近の改革条約である。2007 年に調印され，各加盟国の批准された後 2009 年に発効した。

12) http://eur-lex.europa.eu/legal-content/EN/TXT/?uri=CELEX:11957E/TXT（最終アクセス日 2017 年 11 月 6 日）。フランス語版。原文は 6 ヵ国の原加入国（ベルギー，ドイツ，フランス，イタリア，オランダ，ルクセンブルク）の公用語（フランス語，ドイツ語，イタリア語，オランダ語）で執筆され，英語版は存在しなかった。

13) 作為義務と不作為義務の別名でも知られている（中西 2012, 234 頁）。

14) 現在，「開発途上国」を差別的な言葉と見ている人も多いかもしれないが，この場合は IMF の定義によりの新興市場国経済と開発途上国経済の意味である（表 1.1）。もちろん，IMF の定義を批評する余地もある（Nielsen 2011, p. 41）。

15) EU の「value（価値）」について。『広辞苑』によれば「価値」とは「個人の好悪とは無関係に，誰もが「よい」として承認すべき普遍的な性質」の意味である。EU については，経済的な価値ではなく哲学的な価値であることが重要だが，自由・民主主義・平等などの TEU 第 2 条に定めた EU の諸価値は飾りだけではなく，EU のすべての活動に影響する。例えば EU に加入しようとする国は政策法規において EU の諸価値を守らないと加盟国になれない。もちろん加盟国になった後に違反する場合もあるが，その際は EU か

らの制裁を受けることになる。

16) 内容はECHRと他の条約と各加盟国の憲法にある基本権から構成されたものである（庄司 2013, 330-331 頁）。

17) 欧州連合とは異なる国際組織である欧州評議会の援助の下で結成された条約である。今まで欧州連合の総加盟国も含めて 47 ヵ国が加入しているが, 欧州連合自体に適用されていない。

18) http://eur-lex.europa.eu/legal-content/EN/TXT/?uri=CELEX:62013CV0002（最終アクセス日 2017 年 11 月 6 日）。

19) http://eur-lex.europa.eu/legal-content/EN/ALL/?uri=celex%3A32015D1601（最終アクセス日 2017 年 11 月 6 日）。

20) http://eur-lex.europa.eu/legal-content/EN/TXT/?uri=CELEX%3A62015CJ0643（最終アクセス日 2017 年 11 月 6 日）。ポーランドはスロバキアとハンガリーを支援していたが, ベルギー・ドイツ・ギリシア・フランス・イタリア・ルクセンブルク・スウェーデンは EU をサポートした。

21) http://www.consilium.europa.eu/en/press/press-releases/2017/03/25/rome-declaration/（最終アクセス日 2017 年 11 月 6 日）。

22) 直訳ではない。原文は「We will act together, at different paces and intensity where necessary」である。

[参考文献]

European Commission (2017a), *Special Eurobarometer 461. Designing Europe's Future: Trust in Institutions, Globalisation, Support for the Euro, Opinions about Free Trade and Solidarity*, Brussels, European Commission.

European Commission (2017b), *White Paper on the Future of Europe: Reflections and scenarios for the EU27 by 2025*, Brussels, European Commission.

European Union Agency for Fundamental Rights (2016), *Key Migration Issues: One Year on from Initial Reporting*, Vienna, European Union Agency for Fundamental Rights.

Frontex (2012), *FRAN Quarterly: Quarter 1. January-March 2012*, Warsaw, Frontex.

Frontex (2013), *FRAN Quarterly: Quarter 2. April-June 2013*, Warsaw, Frontex.

Frontex (2014), *FRAN Quarterly: Quarter 3. July-September 2014*, Warsaw, Frontex.

Frontex (2015), *FRAN Quarterly: Quarter 4. October-December 2015*, Warsaw, Frontex.

Frontex (2017), *FRAN Quarterly: Quarter 1, January-March 2017*, Warsaw, Frontex.

International Monetary Fund (2017), *Seeking Sustainable Growth: Short-Term Recovery, Long-Term Challenges*, Washington, DC, International Monetary Fund.

Ishay, M. R. (2008), *The History of Human Rights: From Ancient Times to the Globalization Era*, Berkeley, CA, University of California Press.

Klamert, M. (2014), *The Principle of Loyalty in EU Law*, Oxford, Oxford University Press.

Neframi, E. (2012), "Le principe de coopération loyale comme fondement identitaire de l'Union européenne," *Revue du Marché Commun et de l'Union Européenne*, Vol. 556, pp. 197-203.

Nielsen, L. (2011), "Classifications of Countries Based on their Level of Development: How it is Done and How it Could be Done," *IMF Working Paper*, No. 11/31, pp. 1-45.

児玉善仁（2007），『イタリアの中世大学―その成立と変容』名古屋大学出版会。

庄司克宏（2013），『新 EU 法』岩波書店。

新村出（2008），『広辞苑　第六版』岩波書店。

中西優美子（2012），『EU 法』新世社。

第2章　EU 市民権概念をめぐる収斂と揺らぎ

高　希麗

1. はじめに

　欧州連合条約第9条および欧州連合運営条約第20条1項は，EU 市民権について定めている。条文によると，EU 加盟国の市民権を持つ者はみな EU 市民となり，EU 市民権は各国の国籍に「取って代わるものではなく」，「付加して認められるものである」とする。すなわち，EU 市民は純粋に加盟国の国籍保持者としての市民に過ぎない。その「国籍」が加盟国の数だけ存在するのであり，加盟国が増加すれば EU という領域とともに拡大することになる。すなわち，EU 市民権の持つ「市民像」は，「身分概念としての市民」ではなく，「純粋に国籍保持者としての市民という観念に落ち着くことになる」（石村 2007, 11 頁）。しかし，EU 市民権が「開かれたヨーロッパ」に向けて導入し，独自の意味を持つまでに発展してきたにもかかわらず，各加盟国の国籍法制等の統一化は期待されていないのであろうか。

　そこで本章は，EU がいかなる規範と政策に基づいて加盟国の国籍法制等をヨーロッパ化の方向と収斂させてきたのかについて注目するとともに，その収斂によって志向された「開かれたヨーロッパ」が，近年いかなる形で揺らぎを迎えているかについて検討する。ここで筆者が「国籍法制等」という記載で射程とするのは，国籍法をはじめとして，移民法・庇護法・在外同胞に対する地位法などである。その上で，特に筆者が注目するのは，権利の内実——どのような範囲でいかなる権利が付与されるのか——，という点ではなく，その対象——誰が EU の人的基盤であるのか——である[1]。

　まず，加盟国国籍保持者である EU 市民と EU 市民ではない外国人（移民・難民）に対する EU の法規範について整理する（2）。次に，EU の法規範や政

策，あるいは欧州司法裁判所の法理という枠組みが，加盟国の国籍法制等をいかに同質的な EU レベルの基準として収斂させてきたかについて精査する (3)。その上で，本来の期待とは逆向きに，EU の安定や存在価値を揺るがすいくつかの事象を検討する (4)。最後に，ヨーロッパ化に対する行き詰まりとして，再国民化への動向をみせる EU の現況に鑑みた EU 市民に関する議論の本質的な問題を検討する (5)。

2. EU における市民の範疇

2.1 EU 市民権とは

EU 市民権 (Citizenship of the Union) は，政治，経済，社会，文化など諸分野において，国籍，差別，人種によっていかなる差別も設けず，「国境なきヨーロッパを実現していくためにあった」(鈴木 2007, 21 頁)。EU 市民権概念の登場は，共同体の恒久的な志向がすでに経済および法的・制度的統合から，単一のアイデンティティに基盤をおいた完全な政治的・社会的・文化的共同体の具現へと転換されており，欧州統合の歴史に明確な一線をひく契機となったことを意味する。

EU 市民権は，1992 年のマーストリヒト条約によって導入されたのち，これを発展させる形で 1997 年アムステルダム条約が，EU 市民権について包括的な条項を採択した。これによれば，EU 市民権は，市民らの権利と義務そして政治生活への参与によって特定することができ，ヨーロッパの公共世論とヨーロッパに対する結束を強化することをその目的とするものである。同条約では，欧州連合の政治的機能を強化するために欧州議会を強化し，EU 市民権概念もまた拡大し，自由・安全・正義の空間 (Area of Freedom, Security and Justice) および内部国境線のない空間を形成するということが補充された。同条約における共同体の空間に関する両概念は，EU を構成する加盟国の境界を取り除くという意味とともに，EU 加盟国以外の国家については外部的な障壁を強固にするという意味を持つ。そこで，人の移動に関する諸政策をはじめ，後述する移民や庇護（そして査証）などに対する EU の権限が加盟国とともに与えられ，締約国間の国境検査撤廃をうたったシェンゲン協定 (1990 年実施協定)[2) も取

り込む形となった。

　国民国家の枠組みにおける国籍（市民権）は，個人と国家の一対一の関係を結ぶ法的紐帯であり（Heater 1999, p. 115, 翻訳書, 196頁），国籍（市民権）保持者たる国民と国家との間は権利と義務の相互関係上にある。対してEU市民権は，それらを切り離して理解する必要がある。したがってDerek Heaterは，「統一された1つの概念として見るよりは，アイデンティティーや義務と権利のモザイクとして理解され」なければならないとする（Heater 1999, p. 114, 翻訳書, 193頁）。

2.2　加盟国国籍を前提としたEU市民権

　現行欧州連合運営条約第20条は，加盟国の国籍を有するすべての者がEU市民となることを定めている。これは，EC設立条約第17条を踏襲したものであり，同条項で市民権が加盟国国籍を「補足する（complementary）」ものであることを規定しており，欧州連合運営条約第20条では「補足する（additional）」という用語が用いられている。そして，本条項の前には，国籍に基づく差別禁止の規定がおかれている（欧州連合運営条約第18条［国籍による差別の禁止］および第19条［差別との闘い]）。これは，EU市民という立場は加盟国国民であれば自動的に付与されるものであり，EU市民権の公正な適用を受けるためには，国籍に基づく差別があってはならないという前提を意味する（岡村2012, 178頁）ことから，EU市民権と加盟国国籍は現状で不可分一体の関係にある。

　EU市民権によって享受される権利は，加盟国領域内での自由移動および居住する権利（欧州連合運営条約第21条），欧州議会選挙および居住している加盟国の地方選挙権・被選挙権（欧州連合運営条約第22条），出身加盟国が代表部を設置していない第三国においてすべての加盟国の国籍を有する者と同一の条件で外交・領事機関による保護を受ける権利（欧州連合運営条約第23条），欧州議会へ請願する権利およびEUの公用諸言語のいずれかでEUの諸機関から回答を受ける権利（欧州連合運営条約第24条），などに分かれる（中村2016, 63頁）[3]。特に，経済的・社会的・文化的な欧州統合の過程において不可欠となる人の移動と居住の自由は，EU市民権の中で最も重要な権利であると考えられる。

EU 市民権は，加盟国国籍を保持していることが前提とされているため，加盟国国籍との間で互いに排除しあったり取り代わったりするものではない（Chalmers, Davies, and Monti 2014, p. 472）。したがって，EU 市民権と加盟国のナショナルな国籍との関係を確認しておけば，EU 市民権は各人の加盟国への「所属性に媒介された資格（被媒介的資格）」であることが，その本質的特徴である（広渡 2005, 134 頁）。

なお，EU 市民権については，欧州憲法条約の第 I-10 条においても「加盟国の国籍を有する者は，連合市民である。連合市民権は，加盟国の国籍に代わるものではなく，これに付加するものである」と定義づけている。

2.3 EU 市民でない外国人

EU 市民の誕生により，EU 域内には，EU 市民である者とそうでない者（非 EU 市民）が分けられる。具体的には，EU 域内においては，EU 市民である加盟国国民（加盟国国籍保持者）と EU 加盟国の国籍を持たないそれ以外の第三国国民が存在する。

第三国国民のカテゴリー化は，マーストリヒト条約において EU 市民権が制定されて以来，進められてきた。1999 年 10 月のタンペレ欧州首脳理事会では，できる限り EU 市民に準じた権利（EU 域内で居住する権利，教育を受ける権利，雇用者あるいは自営業者として働く権利など）が保障され，差別が禁止されるべきであると宣言された[4]。移民である労働者らの経済的目的のための移住を含めた人の自由移動の問題は，EU 市民および EU の正当性に対する本質的な構成要件であり（Shimmel 2006, p. 797），多くの問題を解決する出発点である。EU による諸政策は，域内における自由移動の達成という課題からの要求，かつ，加盟国間の連帯及び責任の公平な分担並びに緊密な実務協力の必要性に起因するものである（中坂 2010, 29-31 頁）。

欧州連合運営条約第 67 条［自由，安全，移住，正義の地域の構築］の 1 項は，「自由，安全，正義の領域」である EU 域内空間の形成を，2 項は EU 市民らの自由移動・居住を確認しており，そのために加盟国同士が連帯して第三国国民らも適切な難民庇護，移住および外部国境の領域において共同の政策を開発し，発展させることを規定している（第 67 条 2 項 2 文）。この「自由，安

全，正義の領域」は，差別禁止原則とともに「すべての EU 市民と住民」に対する自由の享受を重視している。また，無国籍者は第三国の国籍保持者と同一に扱う旨も付言している（第 67 条 2 項 3 文）。

人の移入や越境検査に関する EU の政策枠組みは，欧州連合運営条約第 2 章の国境検問，庇護および移民に関する政策（第 77 条［国境検問］－第 80 条［連帯と責任の分担]）で定められている。欧州連合運営条約第 78 条［共通庇護政策］は，紛争を回避し，難民が第三国に帰還したのちに再度出現することを防止することおよび庇護申請者の EU における適切な地位を提供する（Marx 2016, S. 373-374）。また，欧州連合運営条約第 79 条［共通の移民政策］では，加盟国間の「連帯および責任の公平な分担の原則」をもとに，加盟国の共同政策を発展させることを規定している。第三国国民の受け入れそれ自体が加盟国管轄事項に委ねられているとしても，人の自由移動が EU 域内で保障されている限りにおいて，すべての加盟国に影響を与えるためである。ただし，一言に第三国国民といっても，そこにはいくつかの範疇が存在する。

・長期居住者

「長期居住者たる第三国国民の地位に関する指令」（以下，長期居住者指令という）[5] によると，1 つの加盟国に 5 年間合法的かつ継続的な居住するという合法性条件を充足するなど，いくつかの条件のもとで永続的な長期在留資格を取得することができ，別途永住権の用語は使用していないものの，「長期居住者」という EU 法上の地位が生まれた。ただし，「長期居住者」の範疇において，学生，亡命希望者，難民および短期労働者は，対象から除外されている[6]。

・家族

「家族呼び寄せの権利に関する指令」（以下，家族再結合指令という）[7] は，ある加盟国の移民法に従い同国に適法に 1 年以上居住した域外国民で，同国において適切な住居と疾病保険と十分な資力を持つ者は，配偶者および未成年の子を同国に呼び寄せて居住させるための指令である。配偶者および未成年かつ未婚の子は，典型的な家族として原則的に呼び寄せが認められるが，加盟国の側で一定の制限をかける可能性も留保されている。12 歳以上の子については，両親と独立に入国する場合，加盟国国内法上の統合基準を要件とすることが許容されている。

・高度専門職従事者

　2007 年にはグローバルな人材獲得を求めて，高度専門職に従事する者を対象としたブルーカードを加盟国ごとに発給する「高度専門職に従事する第三国市民の入国・在留に関する指令」（以下，ブルーカード指令とする）[8] が採択された。当該指令は，職種や滞在期間などに加盟国の裁量をおき，ブルーカード保持者に対して迅速なビザの発給や一定の条件のもとでの域内自由移動（18 ヶ月の合法的滞在後に限り）など，EU 市民に準じた平等な取り扱い原則が適用されている。

　EU 市民権を取り巻くこれらの諸指令は，第三国国民らのさまざまな地位を保護することに寄与している（Strumia 2016, p. 422）。これは，長期居住者の地位の付与や家族結合の認可にあたり，各国法に定める「統合要件」（長期居住者指令第 5 条 2 項）または「統合措置」（家族再結合指令第 7 条 2 項）へ服するよう，加盟国が第三国国民に対して要求できるとした条項により，各国の市民統合政策を正当化する役割を果たしたと考えられる（佐藤 2015, 183 頁）。

2.4　難民

　上述したように，これらの指令において難民は対象とはならない。加盟国国民である EU 市民を除いた第三国国民としての難民については，EU 加盟国共有の庇護制度が規定されている。難民庇護は，1951 年難民の地位に関する条約（以下，ジュネーブ条約という），1967 年難民の地位に関する議定書，そして欧州連合基本権憲章第 18 条［庇護に対する権利］に基づいて各国が実施しており，長年 EU 共通の法的枠組みは存在しなかった（田村 2016, 3 頁）[9]。アムステルダム条約で難民の庇護について初めて言及された後，欧州連合運営条約第 2 条［価値］および欧州連合運営条約第 78 条［共通庇護制度］によって，ジュネーブ条約などに合致する中で，EU における難民の共通庇護政策が規定された。これは，1999 年にタンペレにおいて提案された，難民の受け入れおよび認定手続の最低基準に見合った措置をとるための欧州共通庇護制度（Common European Asylum System，以下，CEAS という）が提唱されたのち，欧州連合運営条約第 78 条に 7 項目導入されている。また，欧州連合運営条約第 80 条［連帯と責任の分担］によって，加盟国の「連帯および責任の公平な分担」

原則を規定している[10]。これらの体系的な位置づけに基づき，EU は庇護政策の実現に向けて努力しなければならない（Hailbronner and Thym 2016, p. 1030）。

EU の難民政策は，難民の基本的な権利保障と亡命関連手続の効率的な進行のための基準提示および関連情報共有などの業務を，諸規則のもとで実施している。特に，その中心となるダブリン・システムとは，1990 年の「欧州共同体の一加盟国において行われた庇護申請の審査をする権限国の確定に関する協定」（以下，ダブリン条約とする）のもと，国際的な難民保護の申請に際して責任を負う国を決定するシステムである。当該システムにおける EU 域内の庇護申請は，必ず 1 つの国によってのみ申請が審査され，認定されれば，当該国において難民等の地位を得ることとなる[11]。これは，庇護申請者のたらい回し（Asylum in orbit）やアサイラム・ショッピング（Asylum shopping）を防止すること，そして，加盟国の負担を軽減させることを目的としている（中坂 2010, 18 頁）。このシステムの基盤として，ダブリン規則[12]（およびダブリン実施規則[13]）などが樹立されている。ダブリン・システムは，2003 年にダブリンⅡ[14]，2013 年に現行法であるダブリンⅢ[15]へと移行している。ダブリンⅢにおける改正点として特筆すべき点は，難民認定の申請者だけでなく副次的な保護を求める者に対しても適用される点（第 1 条）や，EU 基本権憲章第 4 条に違反する状態が予測できる加盟国への送還が禁止され，この場合の管轄権が加盟国に与えられている点（第 3 条 2 項）などである。

CEAS に基づく EU の共通庇護基準は，EU における政策の重要な枠組みとなった（Hailbronner and Thym 2016, p. 1025）。すべての加盟国次元での効率的な共同対応・政策実行のため，ダブリン規則の他にも，加盟国間の最小限度の行動基準を示すいくつかの指針がおかれている[16]。特に，庇護申請者の受け入れに関する基準を示す指令が導入された意義は大きい（Hailbronner 2015, S. 3）。したがって，EU による均一な規範自体はすでに存在しているものとみることができる。しかし，EU 自身は難民を認定する決定機関でもなければ，独自に受け入れる受け入れ者でもない。EU の役割は，審査国の指定ルールの共通化，認定基準の共通化，最小限の諸権利の共通化，対外国境管理の強化のための諸国家間協力の仲介（Frontex）といった特定の領域に限定されている（中村 2016, 69 頁）。

3. 収斂された加盟国国籍法制等

3.1 EU 市民権に関する欧州司法裁判所の立場

欧州連合運営条約から明らかであるように,「主権国家の集合体である EU にあっても,国籍法の規範構造をどのような形式とするかは,これまで加盟国の国内管轄事項とされてきた」(横山 2012, 132 頁)。このような態度は欧州司法裁判所でも採用されており,これまで加盟国の国内管轄事項とされる事案については,加盟国の規範内容を尊重する判断を下してきた。

例えば,1992 年の Micheletti 事件[17] では,アルゼンチンとイタリアの二重国籍保持者である原告がスペインで EC 法上の労働者として永住許可を申請したが,当時のスペイン法ではスペイン以外の複数国籍保持者の国籍について常居所国国籍を優先していたことからアルゼンチン国籍扱いとなり,永住許可を拒否された。当該事件において欧州司法裁判所は,加盟国国籍以外の国籍を有する二重国籍保持者であっても移動の自由を認めるとの判断している。そして,加盟国国籍の得喪要件については,EU 法の尊重を必要としつつ加盟国に対して裁量があることを強調した[18]。このような判断については,不明瞭な EU 法の参照とは別に,国籍法制における加盟国の裁量に対するいかなる制約が EU 法から引き出されるのかについて,明確な説明がなされなかったという指摘がなされている (Hailbronner 2006, p. 91)。

2004 年の Zhu and Chen 事件[19] も,加盟国規範を重視するという点で同趣旨である。中国国籍保持者の母親は,妊娠中にイギリスに短期在留許可を持って入国し,生地主義の国籍法を採用する北アイルランドで出産したため,子はアイルランド国籍法に基づきアイルランド国籍を取得した。その後母親は個人医療保険および児童保護サービスを受けてイギリスで長期居住許可を申請したが,イギリス政府がこれを拒否したことで訴訟は提起された。欧州司法裁判所は,アイルランド国籍法規範自体については特段言及せず,児童の保護者が加盟国国民であれ第三国国民であれ,父母の居住権を認めなければ EU 市民である児童の居住権を実質的に侵害するため[20],親のイギリス居住を認めている。

一方で,2010 年の Rottmann 事件[21] は,加盟国が採用する自国国籍法に対

してEU法からの制約を受けないのか，完全に国内管轄事項としての裁量権を
有するのかが問われたものとして，重要な意義があったものと考えられる。本
件の原告はオーストリア国籍保持者であったが，帰化によってドイツ国籍を取
得し，ドイツ国籍法の規定に基づきオーストリア国籍を自動的に喪失した。し
かし，原告に犯罪の嫌疑があることが開示されなかったことから，帰化決定は
撤回されドイツ国籍が剥奪されることとなったため，国籍剥奪行為が原告の
EU市民権を侵害するか争われた。

　欧州司法裁判所は，当該事件において，加盟国国籍のあり方という観点に踏
み込んだ判断を行っている。欧州司法裁判所はMicheletti事件と同様，国籍得
喪の要件は国内管轄事項であると判断する一方で，EU法を尊重することが求
められるという見解を示した[22]。原告は元来EU市民であり加盟国の国籍を喪
失すると無国籍者となるため，EU市民権およびその諸権利が失われてしまう
という危機に瀕する中，EU法に照らしてその喪失は免れるというのが，その
趣旨である[23]。すなわち，加盟国の国籍法（本件の事案に鑑みると国籍剥奪要
件に関して）は，EU法から一定の審査を受けるということが示された（中村
2016，68頁；大谷2010，53頁；Strumia 2016，p. 422)[24]。その上で，欧州司法裁
判所は，欧州連合条約第4条3項［誠実な協力］の原則の観点から「EU市民
権を喪失することになっても」EU法，特に欧州連合運営条約第20条の規定
に抵触しないと留保している[25]。

　Rottmann事件判決は，「派生的で従属的なEU市民権について言及」し，
「門番としての加盟国の役割を強調」するのみであった既存の諸判決と比較す
ると，「国籍とEU市民権との間の伝統的な関係を転換するための扉を開けた」
ものと評価することができる（Chalmers, Davies, and Monti 2012, p. 474)。しか
しその一方で，欧州司法裁判所は「無国籍の問題」および「欧州人権条約への
積極的な言及」という点において果たすことのできるであろうEUの役割につ
いては沈黙している，とも批判されている（Kostakopoulou 2014, p. 453)[26]。

3.2　規約・指令等に伴う法制度の収斂

　EUの移民政策は，共通原則を中心にしながらもその多くを加盟国の裁量に
委ねてきた。第三国国民の居住および就業に関する権利保障は，本来伝統的に

国家主権行為の領域として扱われる問題として，各国の経済，労働，雇用状況によることから，単一化原則を見出すことは難しい。国家間の意見を調整するためには，最小基準（minimum standard）の設定によりすべての外国人に対する待遇の水準を下方させることになるという批判も存在する（Peers 2006, pp. 1-3）。

　しかし，その加盟国裁量にも EU の枠組みに基づく影響が存在し，EU の権利レジームへの統合はかなり進んでいる（Benhabib 2004, p. 167, 翻訳書，152頁）といえる[27]。ヨーロッパにおける市民統合政策の広がりは，「主として各国がより厳格に移民を制限し，同化可能な移民を選択しようとするナショナルな対抗の試みとして理解され，EU への市民統合の導入も同様の観点から理解されている」（佐藤 2015, 184-185頁）ように，ヨーロッパ化に向かっている[28]。長期居住者指令の導入後，多くの加盟国における帰化申請資格の条件が5年間の合法的かつ継続的な居住という要件に引き下げられたことも，その一例といえよう。EU 市民権創設当時と比較すると，EU 市民権自体の意義も大きく変化しているとみることができる[29]。

　具体的な例として，ここではドイツの変化に触れる。今日，多くのヨーロッパ諸国が移民の受け入れ国となる中，「移民国家ではない」とされてきたドイツも，その国籍法制について，大量の外国人労働者とその家族，移住労働者とその家族，難民らの国際移動を契機として，彼ら彼女らを包摂していくべく，国籍を「機能的，道具的理解」（広渡 2005, 137頁）に沿う形として変容させてきた。2000年施行の改正国籍法は，血統主義原則から一部出生地主義を導入した法制度へと変容することで，他のヨーロッパ諸国のようにリベラル化している（Busch 2003, S. 313）[30]。

　また，家族再結合指令の起草にあたっては，統合要件や統合措置についてドイツ，オランダ，そしてオーストリアが自国の移民法制を反映させた修正を要求しており，各国の市民統合政策を正当化する役割を果たした（佐藤 2015, 184頁）[31]。これは，指令を通じたヨーロッパ化に各国自身が寄与したものということができる。ドイツの国内法についても，かつての枠組みであった「外国人法（Ausländerrecht）」から，2004年「移住法（Zuwanderungsgesetz）」，2007年「連邦領域における外国人の滞在，職業活動及び統合に関する法律（Gesetz über den Aufenthalt, die Erwerbstätigkeit und die Integration von Ausländern im Bundesgebiet)」への変容をみせている。後者では，EU 指令などが国内法化され，取り入れられている（Hailbronner 2009, S. 371）。

　また，ドイツは基本法第 16 条 a［庇護権］を規定していることからも，難民政策に積極的である。1992 年庇護手続法（Asylverfahrensgesetz）は，2015年，庇護法（Asylgesetz）に全面改正した。当該改正も，2013 年の EU 指針を国内履行することが目的であり，外部的な国際情勢における EU の難民問題がその要因であった。

3.3　水平的な法制度比較を通じた基準の客観化

　国籍法制等は，加盟国が権限を掌握している領域が広範であるものの，手続を中心とした EU の共通化に対する政策によって各加盟国の法制度をある程度収斂している。また，各加盟国の国籍法制等は，水平的な法制度比較を通じてもある程度接近することは可能であるとみることもできる。これは，ヨーロッパ自身が他国間の影響や相互作用の中で理解されるべきで，「国籍法や帰化制度では，国の側でも他国の動向に敏感」なためである（宮島 2016, 318 頁）。

　最もよく知られる指標として，移民統合政策指数（Migration Integration Policy Index, 以下，MIPEX という）がある。MIPEX とは，市民以外の正規滞在外国人の権利保障に関する調査であり，EU の支援を受けて 2004 年から Migration Policy Group いうシンクタンクと British Council を中心に開発され，ヨーロッパを中心とした国際比較が盛んに行われている[32]。現在は MIPEX 2015 がリリースされているが[33]，MIPEX 2015 の項目をみると，移民の受け入れや労働問題などに関する項目が多いことがうかがわれる。

　しかし，MIPEX の評価項目の膨大さなどから，より国籍法制自体に照準を合わせた指標が開発されている。欧州大学機構（European University Institute）ロベール・シューマン高等研究センター（Robert Schuman Centre for Advanced Studies）内の EUDO（European Union Observatory on Democracy）が事業として推進する EUDO Citizenship プロジェクトは，現在 47 ヵ国の市民権法制を持続的に研究している[34]。当プロジェクトは，比較研究を目的としたいくつかの指標を開発した[35]。

CITLAW 指標（Citizenship Law indicators）は，国籍取得，帰化，国籍の喪失に関する規則について比較するための指標である。この指標は，Marc Morjé Howard によって開発された CPI 指標（Citizenship Policy Index）（Howard 2009）を修正・改善したものとなっており，CPI 指標から拡大した 47 の指標項目を用いて国籍法制を評価している。EU 市民権と関連する制度は，「国際的な法規範の出現」と「裁判所の活動」によって，いくつかの側面で「ヨーロッパ化」されている一方で，「国家の歴史的伝統や特定の政策目標によって形成されている」加盟国各国の国籍法制は，「すべての国家レベルで影響を及ぼす一貫した諸原則」が不在である状態にある（Jeffers, Honohan, and Bauböck 2017, p. 3）。Explanatory note を執筆した Kristen Jeffers らは，CITLAW 指標が，「国籍の得喪の方法とそれに付随する条件について，より詳細な比較を可能とする」（Jeffers, Honohan, and Bauböck 2017, p. 3）と期待する。

現在 EU は，独自に誰が政治共同体の構成員となるかについて具体的な基準（要件）を決定し，市民権を付与する機関が設けられているわけではない。したがって，加盟国国民となる要件が大幅に異なれば，均一にヨーロッパの市民権を付与しているものとは言い難い。CITLAW のような指針を基に各国ごとのレポートが示されることによって，国籍法制等の比較を行うためのメルクマールを示す試みは進行中といえる。

4. EU を揺るがす諸事象

4.1 購入可能な国籍？

以上のようなヨーロッパ化への収斂の動きはみいだせるものの，国籍の生来的取得の要件が血統主義であるか否か，複数国籍制度を採用しているか否かなどは加盟国国家が決定する事項であるために，「EU 法全体としての」最低限の基準や制限などといった「国籍の設計に関する具体的な指針はない」（Streinz 2012, S. 607）。このような EU 市民権に関して，「共通のヨーロッパ基準（common european standard）」が存在しない点が問題であるという指摘（Howard 2009, p. 190）や，「欧州共同体は加盟国家の国籍を基準にして『連合市民』を構成するものであり，国籍法の統一は期待されていない」（石村 2007,

p. 17）という指摘もある。

　各国の国籍法制等は，当該国民国家の民族あるいは国民形成の歴史を如実に反映するものであるが，近年では人の移動が活発になり移民が増加することで，そのあり方が変容している。Thomas Hammer は，一定の国で採用される国籍の取得方法は，広く国益に基づいているとする（Hammer 1990, p. 73, 翻訳書, 100 頁）[36] が，近年特に注目すべきは，マルタにおける国籍法改正議論である。

　マルタは国籍法を 2013 年に改正し，個人投資家である第三国国民に対して，投資によって国籍を短期間で取得する制度（個人投資家プログラム，Individual Investor Programme, 以下，IIP という）を設けた[37]。当初，マルタ政府は，国籍を 65 万ユーロで販売することを国内議会で提案しており，国内および EU 内それぞれで大きな批判を呼び起こした。裕福な外国人が，EU 市民権を得ることにより域内移動の自由や平等な取り扱いという権利を「購入」することができる，という構造を欧州議会は問題視した。欧州議会は，EU 市民権の実体を危険にさらし，概念を損うことから欧州連合条約第 4 条 3 項［誠実な協力の原則］などの EU 法規定を根拠として，他の加盟国との真摯な協力の精神で EU 市民権を授与する特権を使用する必要があるとして，IIP への反対を決議した[38]。結局，マルタは，EU 諸機関による指摘によって一部要件の修正を余儀なくされたが[39]，EU 市民権はインターネット上で公然と販売された（安江 2015, p. 61）。

　当該問題について，Sergio Carrera は，1993 年の EU 市民権以来の未解決問題——EU 加盟国における国籍の取得および喪失に関する行動は，依然として EU の監督あるいは説明責任なしに行うことができるか——を提起する契機であると指摘している（Carrera 2014, p. 30）。

　このようなマルタの事例だけでなく，エスニックな同質性を重要視する国家であるハンガリーにあっては，在外ハンガリー人の地位に関する法制度が議論に上がったこともある。ハンガリーの近隣諸国 7 ヵ国には約 300 万人のハンガリー国籍を持たない在外ハンガリー人が居住しているが，オルバーン政権は，「国境を越えた統一的ハンガリー国民形成」のために，「隣接諸国に住むハンガリー人に関する 2001 年 62 号法」（以下，地位法という）を 2001 年国会で採択

した。これはハンガリーが EU への加盟を準備する最中に採択されたものであるが，問題は，EU 枠外の（当時加盟予定のなかった）ウクライナやユーゴスラビアにも在外ハンガリー人がいるため，EU 加盟国（シェンゲン圏）の枠を超えたヒト，モノの移動が生じる[40]。すると，EU 市民ではない在外ハンガリー人が，その他の第三国国民と比べて優遇されることとなる。EU への加盟に際して当該地位法が EU 法に抵触するか否かについては，「法による民主主義のための欧州委員会」（以下，ヴェネチア委員会）[41] の裁定によって，「国外同胞に対する便益の供与それ自体は，少数民族問題の平和的解決に資する限り肯定される」が，一定の基本原則に反しない範囲に限定する条件が付された。ヴェネチア委員会の裁定は，「欧州の価値観や規範」に従うように異議を唱えることが期待され（Weber 2004, p. 352），これを受けた EU 勧告も突きつけられることとなった[42]。

　ハンガリーは，結果的にヴェネチア委員会の裁定に合致する内容へと当該法を変更した。その後ハンガリー政府は EU の規範を遵守してきたが，2010 年以降いくつかの機会において強い反 EU のメッセージを送ってきた（Pogonyi 2015, p. 92）。反 EU のメッセージは，下記の 2015 年難民問題でも表れている。

4.2　2015 年難民問題による反発

　「連帯と責任の公平な分担」という原則に基づく EU の移民・難民政策は，特に CEAS を取り入れることによって，共通のヨーロッパ化政策の方向へと拡大してきたものとみることができる。しかしその一方で，ヨーロッパは昨今新たな岐路に直面することとなった。ヨーロッパの保護メカニズムの存続可能性の持続が著しく妨げられている状況の中で，加盟国がどのように対応しなければならないかを検討する必要に迫られたのである（Möstl 2017, S. 207）。2015 年難民問題および相次ぐテロ事件は，EU の歴史に残る大きな出来事であり，これを契機に現行システムへの懐疑が問題となった。

　Eurostat によると，EU における 2015 年の庇護申請受理数は 130 万人にのぼり，シリア・イラク・アフガニスタンからの難民が大半であった[43]。2015 年難民問題で特筆すべき点として，いわゆる難民と移民の区別が明確ではない「混合移動（mixed migration）」という点も挙げられる（墓田 2016，90 頁）が，

第2章 EU市民権概念をめぐる収斂と揺らぎ 27

特に外部国境国家および滞留目標国家の間で難民処遇および費用に対する負担をめぐる葛藤が生じていることを挙げることができよう。当初よりダブリン・システム（特にダブリンⅡ規定）は，難民の受け入れの責任と負担の分担という観点で，特定国家に重い負担が生じることになるという欠陥を指摘されていた（中坂 2016, 8頁）。そこで EU は，難民危機によって一時的な故障へとつながった（Möstl 2017, S. 246），既存のシェンゲン条約やダブリン合意などに対する修正をはじめとした努力とともに，EU による統一的でかつ透明性の高い手続を設けるための法案作成を模索してきた。ダブリンⅢ規則は，上述のような難民の入り口となる加盟国への負担が指摘されたことにより改正されたものである。

EU 共通政策における難民対策として，EU は，欧州連合運営条約第78条2項に基づき，2015年5月13日に「移民に関するヨーロッパアジェンダ」[44]を採択，大規模難民流入に対する共同対応および共同安全保障政策（Common Security and Degence Policy）によって国境管理を強化し，「矯正割当メカニズム（orrective allocation mechanism）」を採用した。その後，5月27日に4万人割当決定案[45]，9月9日に12万人割当決定案[46]）を決定した（田村 2016, 5-7頁）。

さらに，EU は 2015年9月下旬の内相会議において，難民流入の玄関口となっていたギリシャとイタリアに滞留する約16万人の難民を，加盟国の経済規模などに基づいて割り当てる緊急対策を多数決で決定していた[47]が，それは十分に機能しなかった。ハンガリー，スロバキアは，ルーマニア，チェコとともに，難民を配分するメカニズムに基づく，難民受け入れ計画の履行を拒否した。ハンガリーらは，すでにダブリン・システムに基づく EU のルールには従うことなく，課されている難民の受け入れを拒否しており[48]，入国管理は国家の管轄事項であり EU による措置は比例原則に反するとして，EU による当該決定の無効を欧州司法裁判所に訴えた。

9月6日の欧州司法裁判所による判決は，難民受け入れの割当を妥当とする判断であった[49]。欧州司法裁判所によると，2015年にギリシャおよびイタリアで生じた前例のない移民の流入は，受容能力と難民申請処理能力の面で，いかなる庇護制度でも崩壊させうるものであり[50]，緊急の難民問題に対する当該措置は限定された期間の暫定的なものであり[51]，欧州連合運営条約第78条3

項は，特定の緊急事態に迅速かつ効率的に対応するために採用する措置を選択する上で欧州理事会に広範な裁量を与えているとする[52]。そして，難民の割当に関する措置は加盟国すべてに影響を及ぼすことはできないが，単独の加盟国特定の状況ではなく，すべての加盟国の一定の状況を考慮すると，比例原則に反するとはみなされないことから[53]，原告であるハンガリーらの主張をすべて棄却した。

当該問題について，特にハンガリーが反対の意向を表明してきたが，この欧州司法裁判所の判決を受けてオルバーン首相は，テロリズムのリスクを増大させると指摘するなど，いまだ対立の様相を呈しており[54]，EU が難民政策として掲げてきた「連帯と責任の公平な分担」という原則は揺らいでいる状況にある。

5. 再国民化の動向と EU 市民権の本質

5.1 国籍法制の接近をめぐる揺らぎ

一口にヨーロッパといっても，国籍概念に対する価値観（「国民の一体性」に関する考え）は，各国において異なるものがあった[55]。フランスとドイツとの対比によって顕著に示されるように（Joppke 2010），それぞれの国籍法制は，出生地主義＝市民国家＝デモス，血統主義＝民族国家＝エトノスという図式を強調して比較される（Brubaker 1992, p.14, 翻訳書，36頁）。中でもドイツは，一部生地主義を導入するなど，現在おおむねヨーロッパ・スタンダードとなっている移民国家としての道を歩んでいる。また，とりわけ移民政策の場面においては，加盟国の管轄事項としての権力がいまだ根強い中でも「トランスナショナルな領域のかなりのレベルの定式化（formalization）」が進んでいる（Sassen 2006, p.312, 翻訳書，341頁）といえる。

しかし，近年加盟国間で超えることのできない揺らぎが存在しており，このような揺らぎは，欧州連合憲法条約が霧散した時すでに表出されたとみることもできる。Jürgen Habermas が，「政治的な意味をもつ憲法は，ワインレッド色のパスポート［EU 共通のパスポート］の持ち主というだけの EU 市民から，ほんとうの意味でのヨーロッパ市民を創出するはずのものだった。（中略）域

第 2 章　EU 市民権概念をめぐる収斂と揺らぎ　　29

内の国々の国境を越えて，ブリュッセルとストラスブールにおいてより透明な
政治的意思形成が可能となるための市民の参加をさらに進めるはずだった。し
かし，やせ細られた機構改革条約は，市民とは無縁な政治的出来事というエリ
ート的な性質のものになってしまった」（Habermas 2008, S. 99, 翻訳書, 134
頁）と嘆くように，欧州憲法条約の失敗は，EU 市民権の独自の形を作り上げ
ることはできなかった。憲法が「国民の集合的なアイデンティティの形成に寄
与すること」（林 2009, 103 頁），すなわち，国民の主権意思の所産でなければ
ならないという公理は，批判的な視点から援用されたのである。反対論拠の中
で最も強力であったのは，EU を創設する際に主権者としての EU 市民は存在
しなかったということであった[56]。

　これは，現在の EU 市民権のアポリアともいえるが，「さしあたりナショナ
ルな市民権から独立したヨーロッパ市民権なるものは存在しない」のであり，
「ヨーロッパ市民権を発生させるのは，フランス市民なりドイツ市民なりであ
るという事実」である（シュナペール 2015, 250 頁）。Francesca Strumia は，
Rottmann 事件の判決に言及しつつ，「EU 市民権は加盟国の国籍をより高める
ものである」（Strumia 2016, p. 110）という悲観的な指摘を展開している。

5.2　再国民化の傾向と EU 市民権の本質

　EU 市民権をめぐる深刻な事象は，ヨーロッパ・アイデンティティの瓦解と
して表れた。特に Brexit は，世界に大きな衝撃をもって伝えられた。アメリ
カやスイス，ドイツなどの連邦主義国家を参照し，ポスト国家的に EU を捉え
た EU 市民権のあり方も検討される中（Schönberger 2007），Brexit は，「EU
とその市民との間の弱った直接的な紐帯という性質と展望を再考する機会」
（Strumia 2016, p. 113）であるといえる。国籍法制等に関していえば，上記のよ
うな EU を揺るがせる事象もまた，EU 市民権の本質，さらには EU それ自体
のあり方を再考する機会であるのかもしれない[57]。

　Rogers Brubaker は，「長い目で見れば，（国籍としてのシティズンシップを超
えて脱国民的ヨーロッパにおける帰属としてのシティズンシップが展開されるとい
う：引用者加筆）この脱国民的なヴィジョンは実現していくかもしれない。し
かし予測できる限りでの未来に関していえば，国民国家と国民的シティズンシ

ップ（国籍としてのシティズンシップ）はまだまだ大いに（おそらくは過剰に）残存するだろう」（Brubaker 1992, p.187, 翻訳書, 306 頁）と指摘したことがあるが, 確かに現在の EU は指摘通りの様相を呈している。

「EU 域内といえども, 加盟各国の生活関係や文化的・歴史的背景は一様とはいえない」にもかかわらず, EU は「それを考慮した上で」,「EU のモットー・理念とする『多様性の中の統一（unity in diversity）』をまさに実践」してきた（井上 2017, 24-25 頁）前例のない政体である。欧州統合は, 既存の国民国家の枠組みを相対化することが期待され, その中で EU 市民権はその固有の意味を拡張させ, 部分的には各加盟国の国籍法制等をヨーロッパ化へと収斂させていくことも期待された。しかし, EU 自身は EU 市民を決定する権限がない。さらに, 直面してきたさまざまな事象により, EU 加盟諸国は「寛大さを失い」（遠藤 2016, 205 頁）, 近年いわゆる「再国民化（re-nationalization）」（新たなナショナリズムの隆盛, 国民国家単位への回帰, それに伴う国民の再定義）の様相を呈している（高橋・石田 2016, ii 頁）。言い換えると,「ヨーロッパが直面する問題は, EU の統合と協調を深化させることでしか解決できないにも関わらず, ヨーロッパの有権者たちがこれ以上ブリュッセルに主権を移譲するのを拒絶している」（Broning 2016, 翻訳書, 45 頁）。「EU から押し付けられるのではなく, 自己決定したい」,「ナショナルなものを取り戻そう」[58]という近年の傾向は, 国家と国民との普遍的な関係を超越し, 国民国家を相対化するという, EU 市民権に向けられたかつての期待から大きく後退しているとみるべきであろう。

Saskia Sassen によると, 移民問題はグローバル化の現代社会において, 国家主権の管轄を超えた調整が求められてきたが,「『市民』とは違って」法や政策を通じて主体として構成される移民は,「ポストナショナルな場の脱境界化」によって「移民の定義に多価的な意味を生み出す」か, 他方で「再国民化」によって「市民の定義を狭め, 移民の定義も狭めている」（Sassen 2006, pp.293-294, 翻訳書, 321 頁）。EU における移民・難民問題も同様に, 国家管轄事項としての広範な裁量事項から, EU 共通政策の旗印のもとでヨーロッパ化を進めてきたものの, 国籍の得喪, 望ましくない外国人の追放などといった事柄は, 現代国家にとって極めて重要な選択であり, それゆえ終局的には加盟国にその

権限は委ねられている（Kostakopoulou 2014, p. 463）。難民問題という緊急の事案でさえも、受け入れる対象という入り口の部分が加盟国管轄事項の盾に阻まれ、EU自身が全権的イニシアチブを発揮することは叶わない。

EU市民権の本質それ自体は、「常に加盟国の国籍に付属的な」のであり、「それぞれの根拠づけは必要ない」（Streinz 2012, S. 607）。すなわち、EU市民権は、加盟国を薄く覆う傘のようなものとして、国民国家の土台たる国民（であり、国籍保持者）に基礎づけられたEUという共同体の市民として、共通に認められる権利を享受させるメルクマールに過ぎないといえるのではないだろうか。

6. おわりに

以上のように、EU市民権が「開かれたヨーロッパ」に向けて導入し、独自の意味を持つまでに発展してきたにもかかわらず、各加盟国の国籍法制等の統一化は期待されていないのであろうかという問いについて、筆者は、ヨーロッパ・スタンダードへの収斂化に向けた試みが存在することを概観してきた。しかしその一方で、近年生じたいくつかの事象は、EU加盟諸国における再国民化の傾向を示しており、EU（そしてEU市民権）の発展を可逆的に変容させていると指摘してきた。

これまでヨーロッパは、「多義性・多様性を持つ理念」としてさまざまにその姿が描かれ、「戦後の『欧州統合』設立の動きは、ヨーロッパの歴史的・文化的統一体としての歴史を背景としながら、永年の悲願を達成する壮大な試み」（森原 2016, 2頁）とされてきたが、今後EUの将来的な展開を鑑みると、EUという政体自体の意味を問うことが必要となる。本章における筆者の問題意識との関係でいえば、EU市民とは誰かをEU自身によって明確にしていくべきか、という議論に向き合うことが求められよう。そうでなければ、EU市民権の「基本的な諸価値」について、疑問を投げかけざるをえないことになる（Kostakopoulou 2014, p. 463）。

EUの存在そのものは、加盟国間で締結された多国間条約に基づくものであっても、本来の中心的な課題はヨーロッパの市場レベルでの経済的統合である

ため，「権限が限定された団体」（井上 2009，43 頁）に過ぎず，国民国家を構成
単位とした組織であるにほかならない。それゆえに EU は揺らぎを抱えている
が，議論の先延ばしをするにはすでに多くの問題が山積している状況にある。

　しかしながら，本章で取り上げ言及してきた内容のみで，EU 市民権に対す
る悲観的な評価をすることはできない。EU 市民権の進化について，Dora
Kostakopoulou は，「『存在するもの』から，『何であるべき』で，『何をすべき
か』」へとステップを移行させることは，「制度的な共同の創造（co-creation）
に対する正真正銘の過程」であり，「可逆的であるかもしれない」が，その進
化自体は注目する必要があると評する（Kostakopoulou 2013, p. 281）[59]。権利の
享有という「実質」面における EU 市民権の拡張は，すでに EU 市民権を独自
の意味を持つものへと変容させており，さらに「慎重かつ長期的に」展開して
いくものと考えられる（中村 2012，153 頁）。今後は，欧州基本権憲章のもと，
EU 市民権の「実質」をより拡張し確固たるものとするための議論とともに，
EU 市民権概念および EU という政体そのものの根源的な議論が期待される。

［注］

1）　Rogers Brubaker が指摘するように（Brubaker 1992, p. 182，翻訳書，297 頁），国
籍を「機能的」な側面（権利の「実質」）から検討すること以上に，政治的・文化的なコ
ンテクストから国籍それ自体を検討することは，重要であると考える。このような指摘に
依拠し，筆者は人的基盤のメルクマールとされてきた国籍を取得する者の範疇に注目する。

2）　Regulation（EC）No 562/2006 of the European Parliament and of the Council of 15
March 2006 establishing a Community Code on the rules governing the movement of
persons across borders, OJ L 105, 13/4/2006, pp. 1-32.

3）　なお，EU 市民権は，市民権取得に伴う諸権利が付与されているものの，義務と呼べ
るものはほとんどないことが指摘されている。詳細は，Kochenov の論文を参照されたい
（Kochenov 2014）。

4）　なお，1990 年代には EU と連合協定の効果が及ぶ国々（トルコ，モロッコ，アルジ
ェリア，チュニジア）の移民は「明示的なヨーロッパの法的権利」を享受しており，これ
はヨーロッパに移民を結びつける意義深い進歩であった（Joppke 2010, p. 169，翻訳書
236 頁）。

5）　Council Directive 2003/109/EC of 25 November 2003 concerning the status of third-
country nationals who are long-term residents, OJ L 016, 23/01/2004 pp. 44-53.

6）　学生（職業訓練生，ボランティアも含む）については，「大学における学習や生徒の
交流，無報酬の職業訓練あるいはボランティアサービスを目的とする第三国国民の許可条

件に関する理事会指令 (Council Directive 2004/114/EC of 13 December 2004 on the conditions of admission of third-country nationals for the purposes of studies, pupil exchange, unremunerated training or voluntary service, OJ L 375, 23.12.2004, pp. 12-18)」によって, 迅速な手続に基づく在留許可の促進を, 加盟国に促している。

7) Council Directive 2003/86/EC of 22 September 2003 on the right to family reunification, OJ L 251, 03/10/2003 pp. 12-18.

8) Council Directive 2009/50/EC of 25 May 2009 on the Conditions of Entry and Residence of Third-country Nationals for the Purposes of Highly Qualified Employment, OJ L 155, 18/06/2009, pp. 17-29.

9) 「難民」の定義についても, ジュネーブ条約における難民の定義 (第1条) に依拠するが, EU はさらに「補充的保護」の必要な者も難民に準じた保護の対象としている。

10) なお, EU における難民政策の分析については, Kay Hailbronner と Daniel Thym によるコンメンタール (Hailbronner and Thym 2016) などがある。

11) ダブリン・システムについては, 中坂恵美子による分析を参照されたい (中坂 2010)。

12) Regulation (EU) No 604/2013 of the European Parliament and of the Council of 26 June 2013 establishing the criteria and mechanisms for determining the Member State responsible for examining an application for international protection lodged in one of the Member States by a third-country national or a stateless person, OJ L 180, 29/6/2013, pp. 31-59.

13) Commission Implementing Regulation (EU) No 118/2014 of 30 January 2014 amending Regulation (EC) No 1560/2003 laying down detailed rules for the application of Council Regulation (EC) No 343/2003 establishing the criteria and mechanisms for determining the Member State responsible for examining an asylum application lodged in one of the Member States by a third-country national, OJ L 39, 8/2/2014, pp. 1-43.

14) Council Regulation (EC) No 343/2003 of 18 February 2003 establishing the criteria and mechanisms for determining the Member State responsible for examining an asylum application lodged in one of the Member States by a third-country national, OJ L 50, 25/02/2003, pp. 1-10. ダブリン II システムは, 庇護申請者が庇護を求める国を選択できない問題や, 移送コストの問題などが指摘されていた。

15) Commission of the European Council (2008), Proposal for a Regulation of the European Parliament and of the Council establishing the criteria and mechanisms for determining the Member State responsible for examining an application for international protection lodged in one of the Member States by a third-country national or a stateless person, COM (2008) 820 final.

16) 手続指針 (Directive 2013/32/EU of the European Parliament and of the Council of 26 June 2013 on common procedures for granting and withdrawing international protection, OJ L 180, 29/06/2013, pp. 60-95), 受入条件指針 (Directive 2013/33/EU of the Eu-

ropean Parliament and of the Council of 26 June 2013 laying down standards for the reception of applicants for international protection, OJ L 180, 29/6/2013, pp. 96-116), 資格条件指針 (Directive 2011/95/EU of the European Parliament and of the Council of 13 December 2011 on standards for the qualification of third-country nationals or stateless persons as beneficiaries of international protection, for a uniform status for refugees or for persons eligible for subsidiary protection, and for the content of the protection granted, OJ L 337, 20.12.2011, pp. 9-26), EURODAC 規則 (Regulation (EU) No 603/2013 of the European Parliament and of the Council of 26 June 2013 on the establishment of 'Eurodac' for the comparison of fingerprints for the effective application of Regulation (EU) No 604/2013 establishing the criteria and mechanisms for determining the Member State responsible for examining an application for international protection lodged in one of the Member States by a third-country national or a stateless person and on requests for the comparison with Eurodac data by Member States' law enforcement authorities and Europol for law enforcement purposes, and amending Regulation (EU) No 1077/2011 establishing a European Agency for the operational management of large-scale IT systems in the area of freedom, security and justice, OJ L 180, 29/6/2013, pp. 1-30) がある。

17) Case C-369/90, Micheletti and Others v. Delegación del Gobierno en Cantabria [1992] ECR I-4239.

18) Case C-369/90, para 10.

19) Case C-200/02, Kunqian Catherine Zhu and Man Lavette Chen v. Secretary of State for the Home Department [2004] ECR I-9925.

20) Case C-200/02, para 44-45.

21) Case C-135/08, Janko Rottmann v. Freistaat Bayern [2010] ECR I-1449.

22) Case C-135/08, para 39.

23) Rottmann 事件後の Ruiz Zambrano 事件 (Case C-34/09, Gerardo Ruiz Zambrano v. Office national de l'emploi [2011] ECR I-01177. コロンビア人夫婦がベルギーで難民申請したのち、審査中に 2 人の子が生まれベルギー国籍を特例的に取得し EU 市民となった。しかし、父親は不法就労により失業給付の支給が拒否されたことをうけ、EU 市民の家族として同居する権利、労働する権利を主張した)において、欧州司法裁判所は、Rottmann 事件を引用し、「EU 市民としての地位により付与された権利の実質の現実の享受を EU 市民から奪う効果のある各国措置を欧州連合運営条約第 20 条は排除する」と判断している。これは、EU 加盟国の国籍に基づく派生的な側面を示した判断であったとして、EU 市民権の本質面における大きな転換点であると指示される(中村 2012;Kochenov 2013)。

24) 大谷良雄は、Rottman 事件について、「加盟国が国籍に関する国内的権限を行使することに対して、EU は『監視権』を行使するのか否かという問題を提起する」と指摘する(大谷 2010, 53 頁)。

25) Case C-135/08, para 59.

26) Dimitry Kochenov は，これら（Rottmann, Ruiz Zambrano, Mc Carthy（Case C-434/09），そして Dereci（Case C-256/11）といった近年の EU 市民権に関する欧州司法裁判所の諸判決：引用者加筆）は刷新的であり期待できるものであるが，裁判所の判断が真に説得的なものとはいい難い（Kochenov 2013, p.2）と指摘する。

27) ただし，大西楠・テアによると，定住外国人の滞在権保障についてもヨーロッパ人権裁判所は，「規範的指針を打ち出す役割（normative Leitfunktion）」を担いつつも，加盟国の国家主権に基づく裁量を重視するため，加盟国に直接具体的な義務を課していない，とする（大西 2015, 253 頁）。

28) 宮島喬によると，「EU としては，せめて域外の出身者が加盟国の国民となるための要件に，なるべく差がないようにしたいと考え」，「特に『帰化へのアクセスを容易に』という要請はたびたび加盟国宛に表明されてきた」という（宮島 2004, 122 頁）。

29) 中村民雄は，EU 市民権は 2000 年代から独自の意義を持ち始めており，「EU 市民権の最低限の域内現実存在の保護のために，移動しない自国居住の EU 市民についても EU 法が各国法を制約し排除するようになった点が，現時点での EU 市民権の固有の意義である」（中村 2012, 152 頁）と説明している。

30) また，ドイツ国内に居住するドイツ国籍をもたない EU 市民と非 EU 市民との間で，地方政治への参加という点において格差が生じてしまうことは，EU 条約における「加盟国の国民アイデンティティの尊重」と「民主主義の原則」に矛盾することから，ドイツはドイツ国籍を取得していない外国人住民らを社会に統合させる政治的・社会的意図をもって，帰化を促進させる国籍法改正を導いた（鈴木 2007, 255-256 頁）。

31) ただし，当該指令の起草に際しては，国家の裁量を維持する要求が同時になされていた点も，留意する必要がある（大西 2014, 166 頁以下）。

32) MIPEX による評価は，148 の政策指標に即した質問項目に 3 択で答え 100 点，50 点，0 点を付ける。実際は 7 つの政策分野に，合計 200 を超える質問事項がおかれている。なお，日本も MIPEX の調査対象に含められている。近藤敦が，MIPEX の詳細について紹介しているが（近藤 2012），外国人の権利保障を数量化する点について，評価の恣意性を克服できない点を指摘するものの，経年的に各国の制度が進んでいるのか，あるいは後退しているのかといった，縦軸の評価の目安に使用することが可能である点で有用であるとする（近藤 2012, 105 頁）。

33) http://www.mipex.eu/（最終アクセス日 2017 年 9 月 30 日）。

34) http://eudo-citizenship.eu/about（最終アクセス日 2017 年 9 月 30 日）。また，EUDO 所属の研究者による多くのレポートは，加盟国の国籍法制等を水平的に比較するべく，統計学的視点も交えて多角的に検討している。

35) 具体的には ELECLAW（Electoral Law Indicators），CITIMP（Implementation Indicators），CITACQ（Acuisition Indicators），CITINT（Integration Indicators）がある。

36) 例えば，移民排出国では，国外の国民との関係を維持することに利益を認めるため「血統主義」が好まれるが，移民受入国では「生地主義」により永住する移民が容易に国

民となれるようにすることが好ましい。しかし，短期外国人労働者やゲストワーカーがいる国では移民が永住的に滞在することを好まず，「血統主義」が利益に適う。帰化の要件は申請者が十分にその国と結び付いていることを担保するために「生地主義」と「血統主義」が「居住主義」により補完される（Hammer 1990，pp. 72-75，翻訳書，100-102頁）。

37）　マルタの IIP については，Sergio Carrera の論文（Carrero 2014）や，EUDO Citizenship Observatory の working paper（Shachar and Bauböck 2014）を参照されたい。なお，Sergio Carrera は，論文を通じて，EU におけるマルタ以外の国家（ブルガリ，キプロスなど）の IIP をまとめている（Carrero 2014, pp. 36-52）。

38）　European Parliament（2016）Resolution of 16 January 2014 on EU citizenship for sale（2013/2995（RSP））OJ C 482, 23/12/2016, pp. 117-118.

39）　具体的には，国籍の販売価格の引き上げ，11 ヶ月の機能的居住，マルタへの忠誠などを付帯している（安江 2015，61 頁）。

40）　近隣諸国に住む在外ハンガリー人は，ハンガリー国籍保持者ではなくとも，1980 年代後半からハンガリーの政治的議論において中心的な役割を果たしている（Pogonyi 2015, p. 90）。

41）　Council of Europe Venice Commission（2001）Report on the Preferential Treatment of National Minorities by their Kin-State, adopted by the Venice Commission at its 48th Plenary Meeting（Venice, 19-20 October 2001），CDL-INF（2001）19．なお，当該裁定は，形式的にはハンガリーの地位法に限定して指摘したものではない（家田 2004，193頁）。

42）　Commission of the European Council（2001）Regular Report on Hungary's Progress Towards Accession, SEC（2001）1748, Commission of the European Council（2002）Regular report from the Commission on Hungary's progress towards accession 2002 |COM（2002）700 final| , SEC（2002）1404 final.

43）　Eurostat, Asylum quarterly report, http://ec.europa.eu/eurostat/documents/6049358/7005580/Asylum-Quarterly-Report-Q2-2015.pdf/1cb26b1c-69ef-4f39-889f-da07862b414d（最終アクセス日 2017 年 9 月 30 日）.

44）　European Commission（2015）Communication from the Commission to the European Parliament, the Council, the European Economic and Social Committee and the Committee of the Regions A European Agenda on Migration, COM（2015）240 final.

45）　European Commission（2015）Proposal for a Council Decision establishing provisional measures in the area of international protection for the benefit of Italy and Greece, COM（2015）286 final.

46）　European Commission（2016）Communication from the Commission to the European Parlimament and the Council, Communication on further measures to enhance transparency and the fight against tax evasion and avoidance, COM（2016）451 final.

47）　Council Decision（EU）2015/1523 of 14 September 2015 establishing provisional measures in the area of international protection for the benefit of Italy and of Greece,

OJ L239, 15/9/2015, pp. 146-156, Council Decision (EU) 2015/1601 of 22 September 2015 establishing provisional measures in the area of international protection for the benefit of Italy and Greece, OJ L 248, 24/9/2015, pp. 80-94.

48) ただし，ドイツもまたダブリン・システムに従っている訳ではない。ドイツはダブリン・システムを離れ，独自の庇護法体制のもとで，広く難民の受け入れを実施している。

49) Cases C-643/15 and C-647/15, Slovak Republic, Hungary v Council of the European Union, 2017.

50) Cases C-643/15 and C-647/15, para 214.

51) Cases C-643/15 and C-647/15, para 90.

52) Cases C-643/15 and C-647/15, para 133.

53) Cases C-643/15 and C-647/15, para 290.

54) https://www.ft.com/content/85c9f108-98e1-3d89-9a5f-eb67da165a42（最終アクセス日 2017 年 9 月 30 日）。なお，Reinhard Marx は，EU の共通庇護政策について，EU 加盟国の中でも政治的・経済的に強力な国が一方的に寄与していると指摘する（Marx 2016, S. 374-375）。

55) 「一口に『ヨーロッパ』といっても，個別の状況の差異はかなり大きい。あたかもヨーロッパに『純粋かつ模範的な近代』『純粋な国民国家』があったかのように想定し」ているが，「ヨーロッパ諸国においても」それが「実在したわけではない」（塩川 2008, 42 頁）。

56) ブルース・アッカマンも同様に，欧州憲法条約の批准を通じたヨーロッパの政治的アイデンティティの憲法化が成功していれば，EU 全体の正統性を脅かす近年の民族主義的運動は全く異なる枠付けがされていたであろうと指摘する（アッカマン 2015, 104 頁）。

57) Guayasén Marrero González によると，Brexit 後イギリスの領域は EU の領域ではないため，EU 法の適用から離れるが，ヨーロッパ人権条約第 8 条［私生活および家族生活の尊重についての権利］，欧州連合基本権憲章第 7 条［私的および家庭生活の尊重］の観点から，イギリスの領域内に居住する EU 市民の地位は国際法で課された限度の範囲内で，国内法に応じて保障されるであろうと指摘する（González 2016, p. 810）。なお，欧州委員会の White Paper on the Furure of Europe は，2025 年にむけた EU のあり方について 5 つのシナリオを示しており，そのシナリオによっては市民の権利享有にも変化が生じうるとするが，すべての加盟国と市民が平等に扱われることが必要である，という点に変わりはないと主張する（European Commission (2017) White Paper on the Future of Europe Reflections and Scenarios for the EU27 by 2025, COM (2017) 2025/F1）。

58) 『毎日新聞』2016 年 12 月 6 日東京朝刊「論点欧州の選択」https://mainichi.jp/articles/20161206/ddm/004/070/018000c（最終アクセス日 2017 年 9 月 30 日）。なお，「再国民化」については，高橋進・石田徹らの研究がある（高橋・石田 2016）。高橋進・石田徹は，「再国民化」を「自国民優先と移民排除という文字通りの再国民化の意味と EU 統合反対と主権回復という再国家化の意味を含むものとして捉えながら，（中略）多義的に，あるいは多様な現象を包み込む概念」としている（高橋・石田 2016, 223 頁）。

59）「EU が現に生きて多国家で包摂的なシティズンシップを具現化している限り，それ
は＜国家＝自由＞の異本合成に対し存在ごとに違和感を呈し続けるだろう。そのような意
味で『自由』は未完であり，EU シティズンシップがもたらす『静かなる革命』の行方に
目を凝らす必要がある」（遠藤 2013，345 頁）。

［参考文献］

Bauböck, R., E. Ersbøll, K. Groenendijk, and H. Waldrauch (2006), *Acquisition and Loss of Nationality Volume 2: Country Analyses: Policies and Trends in 15 European Countries*, Amsterdam University Press.

Benhabib, S. (2004), *The Right of Others: Ailiens, Residents, and Citizens*, Cambridge University Press.（向山恭一訳（2014），『他者の権利：外国人・居留民・市民』法政大学出版局。）

Broning, M. (2016), "The Rise of Populism in Europe," *Foreign Affairs*, https://www.foreignaffairs.com/articles/europe/2016-06-03/rise-populism-europe（最終アクセス日 2017 年 9 月 31 日）．（ブローニング・マイケル（2016），「ヨーロッパにおけるポピュリズムの台頭―主流派政党はなぜ力を失ったか」『フォーリン・アフェアーズ・リポート』7 号，44-49 頁。）

Brubaker, R. (1992), *Citizenship and Nationhood in France and Germany*, Harvard University Press.（佐藤成基・佐々木てる監訳（2005），『フランスとドイツの国籍とネーション―国籍形成の比較歴史社会学』明石書店。）

Busch, A. (2003), "Extensive Politik in den Klippen der Semisouveränität: Die Innen- und Rechtspolitik der rot-grünen Koalition," in C. Egle, T. Ostheim, and R. Zohlnhöfer, Hrsg., *Das rot-grüne Projekt: eine Bilanz der Regierung Schröder 1998-2002*, Wiesbaden: Westdeutscher Verlag, S. 305-327.

Carrera, S. (2014), "How much does EU citizenship cost? The Maltese citizenship-for-sale affair: A breakthrough for sincere cooperation in citizenship of the union?," *CEPS Paper in Liberty and Security in Europe*, No. 64 (April), pp. 1-52.

Chalmers, D., G. Davies, and G. Monti (2014), *European Union Law*, Third Edition, Cambridge University Press.

González, G. M. (2016), "'Brexit' Consequences for Citizenship of the Union and Residence Rights," *Maastricht Journal of European and Comparative Law*, 23 (5), pp. 796-811.

Habermas, J. (2008), *Ach Europa-Kleine Politische Schriften I -XII*, Frankfurt am Mein.（三島憲一・鈴木直・大貫敦子訳（2010），『ああ，ヨーロッパ』岩波書店。）

Haibronner, K. (2006), "Nationality in public international law and european law," in R. Bauböck, E. Ersböll, K. Groenendijk, and H. Waldrauch, eds., *Acquisition and Loss of Nationality Volume 1: Comparative Analyses: Policies and Trends in 15 European Countries*, Amsterdam University Press.

第 2 章　EU 市民権概念をめぐる収斂と揺らぎ　　39

Hailbronner, K. (2009), "Das Grundrecht auf Asyl - unverzichtbarer Bestandtei der grundgesetzlichen Wertordnung, historisches Relikt oder gemeinschaftsrechtswidrig?," *ZAR*, S. 369-376.

Hailbronner, K. (2015), "Asyl in Europa-Wenn, wie, wann, wo?," *FAZ Online*. http://www.faz.net/aktuell/politik/die-gegenwart/fluechtlinge-asyl-in-europa-wenn-wie-wann-wo-13851277.html（最終アクセス日 2017 年 9 月 31 日）.

Hailbronner, K. and D. Thym (2016), *EU Immigration and Asylum Law : A Commentary*, Second edition, C. H. BECK・Hart・Nomos.

Hammar, T. (1990), *Democracy and the Nation State-Alien, Denizens and Citizens in a World of International Migration*, Routledge.（近藤敦訳（1999），『永住市民と国民国家』明石書店。）

Heater, D. (1999), *What is Citizenship?*, Cambridge Polity Press.（田中俊朗・関根政美訳（2002），『市民権とは何か』岩波書店。）

Howard, M. M. (2009), *The Politics of Citizenship in Europe*, Cambridge University Press.

Jeffers, K., I. Honohan, and R. Bauböck (2017), *How to Measure the Purposes of Citizenship Laws : Explanatory Report for the CITLAW Indicators Version 3.0.*

Joppke, C. (2010), *Citizenship and Immigration*, Cambridge UK, Polity Press（遠藤乾他訳（2013），『軽いシティズンシップ―市民，外国人，リベラリズムのゆくえ―』明石書店。）

Kochenov, D. (2013), "The Right to Have What Rights? EU Citizenship in Need of Clarification," *European Law Journal*, Vol. 19, No. 4 (July), pp. 502-516.

Kochenov, D. (2014), "EU Citizenship without Duties," *European Law Journal*, Vol. 20, No. 4 (July), pp. 482-498.

Kostakopoulou, D. (2013), "Co-creating European Union Citizenship: Institutional Process and Crescive Norms," *Cambridge Yearbook of European Legal Studies*, Vol. 15, pp. 256-281.

Kostakopoulou, D. (2014), "When EU Citizens become Foreigners," *European Law Journal*, Vol. 20, No. 4 (July), pp. 447-463.

Marx, R. (2016), "Reform des Dubliner Systems - Kritische Auseinandersetzung mit den Plänen der Europäischen Kommission," *ZAR*, S. 366-375.

Möstl, M. (2017), "Verfassungsfragen der Flüchtlingskrise 2015/16," *AöR*, 142, S. 175-246.

Peers, S. (2006), *EU Justice and Home Affairs Law*, Second Edition, Oxford EU Law Library.

Pogonyi, S. (2015), "Transborder Kin-minority as Symbolic Resource in Hungary," *Journal on Ethnopolitics and Minority Issues in Europe*, Vol. 14, No. 3, pp. 73-98.

Sassen, S. (2006), *Territory, Authority, Rights-From Medieval to Global Assemblages*,

Prinston University Press. (伊豫谷登士翁監修・伊藤茂訳 (2011),『領土・権威・諸権利―グローバリゼーション・スタディーズの現在』明石書店。)

Schönberger, C. (2007), "European citizenship as federal citizenship. Some citizenship lessons of comparative federalism," *European Review of Public Law*, Vol. 19, No. 1, pp. 61-81.

Shachar, A. and R. Bauböck (2014), *Should Citizenship be for Sale? vol. 1. EUI Working Paper RSCAS*, Florence, Robert Schuman Centre for Advanced Studies, European University Institute.

Shimmel, N. (2006), "Welcome to Europe, but Please Stay Out: Freedom of Movement and the May 2004 Expansion of the European Union," *Berkeley Journal of International Law*, pp. 760-800.

Streinz, R. (2012), *EUV/AEUV: Das Verfassungsrecht der Europäischen Union mit Europäischer Grundrechtecharta*, München.

Strumia, F. (2016), "European Citizenship and EU Immigration: A Democratic Bridge between the Third Country Nationals' Right to Belong and the Member States' Power to Exclude," *European Law Journal*, Vol. 22, No. 4 (July), pp. 417-447.

Strumia, F. (2017), "Brexiting European Citizenship through the Voice of Others," *German Law Journal*, Vol. 17, pp. 109-116.

Weber, R. (2004), "The Kin-State and Its Minorities: Which European Standards? The Hungarian Status Law: Its Antecedents and Consequences," in Z. Kántor, B. Majtényi, O. Ieda, B. Vizi, and I. Halász, eds., *The Hungarian Status Law: Nation Building and/or Minority Protection*, the Slavic Research Center Hokkaido University.

アッカマン, ブルース／辻健太・川岸令和訳 (2015),「立憲主義への三つの道―そしてヨーロッパ連合の危機」『法律時報』第87巻第5号, 98-105頁。

家田修 (2004),「ハンガリーにおける新国民形成と地位法の制定」『スラブ研究』第51号, 157-207頁。

石村修 (2007),「欧州憲法条約における「市民像」」『専修法学論集』100号, 1-27頁。

井上典之 (2009),「国境を越える立憲主義」『ジュリスト』1378号, 39-46頁。

井上典之 (2017),「欧州連合という『国家ではない未来の形』―その核心にある基本権とともに―」工藤達朗他編『憲法学の創造的展開下巻 (戸波江二古稀記念)』(2017) 信山社。

遠藤乾 (2013),『統合の終焉―EUの実像と論理』岩波書店。

遠藤乾 (2016),『欧州複合危機―苦悶するEU, 揺れる世界』中公新書。

大西楠・テア (2014),「グローバル化時代の移民法制と家族の保護―家族呼び寄せ指令とドイツの新移民法制―」『社會科學研究』第65巻第2号, 157-184頁。

大西楠・テア (2015),「グローバル化時代の移民法制―多元的システムから見たドイツの移民法制」浅野有紀・原田大樹・藤谷武史・横溝大編著『グローバル化と公法私法関

係の再編』弘文堂。

大谷良雄（2010），「国際法方々（8）ロットマン事件（下）加盟国国籍の得喪と EU 市民権［欧州司法裁判所 2010. 3. 2 判決］」『時の法令』1869 号，52-59 頁。

岡村堯（2012），『ヨーロッパ市民法』三省堂。

近藤敦（2012），「移民統合政策指数（MIPEX）と日本の法的課題」『名城法学』第 62 巻第 1 号，77-107 頁。

佐藤俊輔（2015），「EU における移民統合モデルの収斂？―『市民統合』政策を事例として―」『日本 EU 学会』第 35 号，183-203 頁。

塩川伸明（2008），『民族とネイション―ナショナリズムという難問』岩波新書。

シュナペール，ドミニク／中嶋洋平訳（2015），『市民の共同体：国民という近代的概念について』法政大学出版局。

鈴木規子（2007），『EU 市民権と市民意識の動態』慶應義塾大学出版会。

高橋進・石田徹編（2016），『「再国民化」に揺らぐヨーロッパ：新たなナショナリズムの隆盛と移民排斥のゆくえ』法律文化社。

田村祐子（2016），「EU における『難民 12 万人割当て決定』」『外国の立法』第 268 号，3-19 頁。

土谷岳史（2006），「EU シティズンシップとネイション・ステート―セキュリティ，平等，社会的連帯―」『慶應法学』第 4 号，123-196 頁。

中坂恵美子（2010），『難民問題と「連帯」―EU のダブリン・システムと地域保護プログラム』東信堂。

中坂恵美子（2016），「EU における難民等受入れの責任と負担の分担―ダブリン規則の改正とリロケーション」『広島平和科学』第 38 巻，1-14 頁。

中村民雄（2012），「判例にみる EU 市民権の現在―移動市民の権利から居住市民の権利へ？―」『日本 EU 学会年報』第 32 巻，135-157 頁。

中村民雄（2016），『EU とは何か―国家ではない未来の形―［第 2 版］』（新山社）。

墓田桂（2016），『難民問題―イスラム圏の動揺，EU の苦悩，日本の課題』中央公論新社。

林知更（2009），「日本憲法学は EU 憲法論から何を学べるか」『比較法研究』第 71 巻，94-107 頁。

広渡清吾（2005），「EU 市民権とドイツ国籍法」『比較法研究』第 67 巻，133-139 頁。

森原隆（2016），「ヨーロッパとは何か―欧州統合の理念と歴史―」高橋進・石田徹編『「再国民化」に揺らぐヨーロッパ：新たなナショナリズムの隆盛と移民排斥のゆくえ』法律文化社，2-22 頁。

宮島喬（2004），『ヨーロッパ市民の誕生―開かれたシティズンシップへ―』岩波新書。

宮島喬（2016），『現代ヨーロッパと移民問題の原点―1970，80 年代，開かれたシティズンシップの生成と試練』明石書店。

安江則子（2015），「EU 市民権と連帯への課題」『日本 EU 学会年報』第 35 号，54-76 頁。

横山真規雄（2012），「EU の新たなる試練としてのヨーロッパ市民：法的位置付けを巡り混迷する議論の背景について」『国際開発学研究』第 11 巻第 2 号，123-158 頁。

第3章　EU民事司法協力と国際商事仲裁[*]

—— 国際仲裁の « localisation » と « délocalisation » ——

越智幹仁

1.　はじめに[1]

(a)　欧州統合と民事司法協力。　欧州連合 (EU) では，欧州共同体 (EC) の時代から，単一市場の形成・整備に力を注いできた。域内における国境を越えた人・物・サービス・資金の自由移動を促進するためには，それらの活動から生じた紛争を円滑に解決し，債権者の権利実現を容易に達成させる法的な枠組みを整備することが不可欠である[2]。そのような観点から，EC・EUは，国際私法・国際民事手続法の分野において構成国間の法の差異を減少させ，域内で統一されたルールを形成すべく積極的に取り組んできた（民事司法協力）(Goldman 1975, para. 612 et seq.)。とりわけ，民事および商事事件における裁判管轄並びに判決の執行に関するブリュッセル条約 (1968年)[3] によって，国際裁判管轄，判決の承認・執行に関して域内で統一的な規律が定められたことで，締約国裁判所が下した判決が，締約国相互の間で容易に承認執行されることが可能になった（判決の自由移動）(ibid., para. 674 et seq.)[4]。アムステルダム条約 (1997年)[5] により，民事司法協力の分野がEUの第一の柱であるECの権限に含められた（旧欧州共同体設立条約第61条，第65条[6]；現在の欧州連合運営条約第81条[7]）。それに伴い，ブリュッセル条約は，規則として派生法化された（ブリュッセルI規則[8]）。ブリュッセル条約・ブリュッセルI規則は，EC・EUの構成国の増加に伴い，順調にその適用領域を拡げていった。また，欧州自由貿易連合 (EFTA) 諸国ともルガーノ条約によって判決の相互承認執行が定められた[9]。これらの制度は，従来世界的なレベルでのルールの形成が十分でなかった外国判決の承認執行について[10]，ヨーロッパという限定された地域

内とはいえ，他の構成国の裁判制度を相互に信頼し（mutual trust）[11]，統一された基準のもとで相互に判決の承認執行を可能にする枠組みを実現したという点で画期的なものであった。さらに，欧州司法裁判所（ECJ，現欧州連合司法裁判所 CJEU）が，先決裁定（preliminary ruling）によって，ブリュッセル条約・規則の解釈の統一性を確保する機能を担っている点でも特徴的な制度である[12]。

ブリュッセルⅠ規則は 2012 年に改正され，2015 年 1 月 10 日より効力が発生している（ブリュッセルⅠ bis 規則[13]）。ブリュッセルⅠ bis 規則における改正点としては，なかでも，外国判決の承認執行にあたって，執行命令（*exequatur*）が廃止されたことで，構成国間での判決の承認執行の手続が一段と簡素化され，債権者の権利の実現がより容易に達成できるようになった点が注目される（Niboyet and de Geouffre de La Pradelle 2015, para. 795; Gascón-Inchausti 2014）。

(b) 国際商事仲裁と EU 法。 欧州統合とそれを支える国際私法の調和がヨーロッパでは EC・EU のイニシアティブによるいわばトップダウンの方式で進められてきたといえるとすれば，近代国際取引法の発展と国際的調和は，民間レベルの活動によりボトムアップの形で進められてきたということができよう[14]。国際取引から生じた紛争も，私人たる仲裁人による私的な紛争処理手続が好まれてきた（国際商事仲裁）。仲裁判断の国際的な承認執行を定める，外国仲裁判断の承認執行に関するニューヨーク条約（1958 年）[15]の採択は，国際民間経済団体であり，世界で最も主要な仲裁機関でもある国際商業会議所（ICC）の提案と推進によるものであった（Sanders 1999）。外国判決の承認執行を容易にする枠組みの整備がなかなか進展しなかったのに対し，ニューヨーク条約によって，仲裁判断の国際的通用力を確保するための制度が早くから整備されてきたことは，国際商事紛争の解決手段として裁判よりも仲裁が選択される大きな要因であろう[16]。

仲裁によって紛争を解決するためには，当事者の仲裁合意が必要である。ところが，仲裁合意の存否・有効性は往々にして，皮肉にも紛争の火種となってきた[17]。例えば，一方当事者が仲裁合意に基づいて仲裁手続を開始し，他方当事者が仲裁合意を否定して裁判所に提訴するという，手続競合の問題である。同一または関連する紛争が複数の手続で争われると，特に国際事件において，

当事者にとって手続費用等の負担は大きくなる。また，競合する手続の帰結として，一方では仲裁判断が，他方では判決・決定が下されることで，多重執行や判断の矛盾といった深刻な問題が生ずる危険性がある。仲裁廷は仲裁合意の有効性を含む自己の管轄権の存否について自ら判断する権限を有するために裁判手続中も仲裁手続を続行でき（コンペテンツ・コンペテンツ原則），裁判所もまた並行して仲裁合意の有効性を判断する可能性が残されていることから，このような仲裁対訴訟の手続競合が発生する（中野2013b，1137頁）。この問題に対し，各国仲裁法のレベルでは，英米法圏の訴訟差止命令（anti-suit injunction）やフランス仲裁法上のコンペテンツ・コンペテンツ原則の消極効（後述）などによる解決が試みられてきたものの，世界レベルで統一的な解決を可能にする枠組みは，これまで整備されてこなかった。

　ヨーロッパにおいては，このような仲裁と訴訟の競合・併存の問題はより混迷を深めることとなった。すなわち，仲裁判断はニューヨーク条約，訴訟判決はブリュッセルⅠ規則によりそれぞれ承認執行が求められ，両者の優劣関係は必ずしも明らかではない。また，あるEU構成国の裁判所が仲裁合意を否定して下した本案判決がブリュッセルⅠ規則上承認執行されることになれば，他の構成国裁判所は，仲裁合意について自ら，自国の基準で判断する機会を失うことになる。

　仲裁対訴訟の手続競合の問題に関して，欧州委員会は，ブリュッセルⅠ規則の改正案において，EU構成国間で統一した規律を定めることを提案していた。この改正案は，異なる法域の間での仲裁対訴訟の競合を解決する初の統一ルールの試みとして注目された。しかしフランスを中心とする各国の国際仲裁関係者から批判が多く寄せられ，採用されなかった。

　本章では，まずブリュッセルⅠ規則のもとで仲裁対訴訟の競合が顕在化した事件としてWest Tankers事件を取り上げる。そして，この問題を解決するための可能性として，フランス法と欧州委員会のブリュッセルⅠ規則改正案から得られる示唆を比較しながら，仲裁対訴訟の手続競合の問題について考えてみたい。

第3章　EU民事司法協力と国際商事仲裁　　　45

2.　仲裁手続と訴訟手続の競合

　ここでは改正前のブリュッセルＩ規則のもとで仲裁手続と訴訟手続の競合の問題がどのように顕在化したかを検討する（2.1）。その上で，同規則の改正に至る議論の推移を追いながら，手続競合の問題を解消するために模索された規律について，フランス法とEU法を比較しながら検討する（2.2）。

2.1　裁判所による仲裁合意の審査と手続競合問題

　まず，実際に仲裁手続と訴訟手続の競合が問題となった事例として West Tankers 事件を取り上げ（1），仲裁合意の審査における国家裁判所の介入とその態様について各国法によって差異があることが，このような手続競合の原因となっていることを観察する（2）。

(1)　West Tankers 事件にみる仲裁対訴訟の手続競合

　この事件では，仲裁合意を支援するための訴訟差止命令がブリュッセルＩ規則のもとで許容されるかが争われた。事実関係は，英国法人 West Tankers 社が所有し，イタリア法人 Erg 社から傭船された船舶が，Erg 社所有の桟橋と衝突し損害を生じさせた。Erg 社は保険会社 Allianz 社と Generali 社から損害の塡補を受けたが，塡補範囲から超過した額について，傭船契約中の仲裁条項（仲裁地はロンドン）を援用して仲裁手続を開始した。保険会社は，保険代位によって得た求償権を実現すべく，West Tankers 社を被告としてイタリア・シラクサ裁判所に訴えを提起した。これに対し，West Tankers 社は，同訴訟手続において上記仲裁合意の存在を理由とする管轄権欠缺の抗弁を提出するとともに，イングランドの高等法院（女王座部商事法廷）に，イタリアでの訴訟手続の続行を禁止する訴訟差止命令の発令を求めた。申立てを認容した高等法院の決定に対する上訴を受けた貴族院は，欧州司法裁判所（ECJ）に先決裁定を付託した。

　貴族院は，この問題につき積極的に解していた[18]。その根拠は，①構成国どうしでの訴訟競合の事例において，相互の信頼が妥当するブリュッセル条約の

適用領域内においては，ある締約国裁判所が他の締約国の裁判所の管轄権の有無を審査することは許容されていないとして，管轄合意に反して先訴が係属している場合でも先訴優先ルールを貫徹させた Gasser 事件判決[19] や，他の構成国での訴訟の開始・続行を禁じる訴訟差止命令を否定した Turner 事件判決[20] の射程は，仲裁はブリュッセルⅠ規則の適用範囲外であるので（同規則第1条2項d），本事件には及ばないこと，②訴訟差止命令は法的安定性を高め，仲裁と国内訴訟の手続競合を防止する有用な手段であり（19段），ニューヨークやシンガポールといった訴訟差止命令の制度を持つ他の主要な仲裁地に対する競争力の確保の点からも訴訟差止命令を保持する必要性が高いことである（21段）。

これに対して，欧州司法裁判所は，訴訟差止命令発令手続それ自体はブリュッセルⅠ規則の適用範囲に入らないことを認めながらも（23段），Allianz 社と Generali 社がシラクサ裁判所で開始した損害賠償請求訴訟がブリュッセルⅠ規則の範囲内に入るので，仲裁合意に基づく管轄権欠缺の抗弁もまた，仲裁合意の有効性の問題も含めて，ブリュッセルⅠ規則の範囲内に入ることになり（26段），シラクサ裁判所に，同規則第1条2項（d）と第5条3号に基づいて自己の管轄権の有無と抗弁について判断する専属的な権限がある（27段），したがって，訴訟差止命令の発令は，本来なら同規則第5条3号によって事件を裁定する権限がある構成国が同規則第1条2項（d）にしたがって，規則が事件に実際に適用されるかを判断することを妨害することになるので，同規則の実効性（effectiveness；effet utile）に反し（28段），またブリュッセルⅠ規則下での構成国の相互の信頼（mutual trust；confiance mutuelle）とも相容れない（30段）と判示した。この判決により，ブリュッセルⅠ規則の適用範囲に入る限り，構成国における裁判手続を中止させることを目的とした，仲裁合意を支援するための訴訟差止命令は許容されないことが確認された。

この欧州司法裁判所の判決に対しては，仲裁に好意的な地を仲裁地として選択した当事者の期待を裏切るものであるとして批判されている（Blackaby et al. 2015, para. 5.136）。通常，仲裁地の裁判所には，仲裁手続の進行を支援・監督したり，仲裁判断の取消しの申立てについて判断したりする役割が期待されている（Racine 2016, para. 636）。訴訟差止命令の手続競合の解決手段としての

有用性への疑問やその濫用の危険性を指摘する声もあるが（本判決 31 段，Turner 事件判決 30 段，また Gaillard 2004 参照），イングランド裁判所はこれまで自国を仲裁地とする仲裁手続を支援するために訴訟差止命令を活用し，それを前提として仲裁実務も動いていた（Poudret and Besson 2002, para. 1022）。したがって，仲裁手続を支援するためのものであったとしても，ブリュッセル I 規則のもとでの訴訟差止命令の可能性を否定した本判決は，国際商事仲裁の実務からは大きなインパクトをもって受け止められた[21)22)]。

West Tankers 事件判決により，不誠実な当事者が仲裁合意を無視して，ブリュッセル I 規則上管轄権がある構成国裁判所に訴えを提起することで，手続の競合が助長されることも懸念された（Kesserdjian 2009a, p.985）。本件で訴えが提起されたのはイタリア・シラクサ裁判所であったように，仲裁手続を麻痺させ時間を稼ぐための訴訟（torpedo action）を提起するために選ばれるのは，慢性的に訴訟遅延を抱えた国の裁判所であることが多い（Illmer 2011, p.654）。裁判所での手続において被告が仲裁合意に基づく管轄権欠缺の抗弁を提出し，結果的に仲裁合意の存在が認められたとしても，その判断にかかる手続が長引くことになれば，当事者は当該訴訟手続と仲裁手続の二重の手続への対応を迫られることになる。

本事件判決は，イタリアの訴訟の目的（損害賠償請求）がブリュッセル I 規則の適用範囲に入ることを理由に，その先決問題となる仲裁合意の存否の問題も同規則の適用範囲内であると判断したが，それに対しても，ブリュッセル I 規則第 1 条 2 項（d）が仲裁を適用除外としている以上，同規則によって規律されない問題の解決がどうして同規則の適用領域に入るのか不明瞭であるという批判が寄せられている（Bollée 2009, p.418）。また，Marc Rich 事件判決（後述 2.2 (2)）と比較すれば，紛争の主目的がブリュッセル I 規則の範囲外（仲裁人の指名など）である場合には，その先決問題として判断された仲裁合意の効力の判断は，ブリュッセル I 規則の範囲とはならないが，West Tankers 事件のイタリア裁判所での手続のように，紛争の主目的が損害賠償請求であり，したがってブリュッセル I 規則の範囲内であれば，先決問題である仲裁合意についてのイタリア裁判所の判断はブリュッセル I 規則の範囲内ということになる。事件を受理した裁判所が，仲裁合意の効力を否定して下した本案判決につ

いて，他の構成国がブリュッセルⅠ規則上承認執行の義務を負うとすると，その構成国はもはや当該仲裁合意の存在・効力について自ら判断する機会を失ってしまい，ひいては仲裁合意に関する自国の考え方を放棄することを強いられることになる（Callé 2009, p. 52）。その問題がどのような手続的文脈の中で提起されようと，仲裁合意の効力や範囲の問題は，本質的に仲裁に関する事項であり，同規則の適用範囲外ではないだろうか（ibid.）。

本判決が相互の信頼に依拠したことにも，仲裁合意の評価についてEUレベルでの共通ルールが形成されていないことを理由に，相互の信頼が妥当するのか疑問視する指摘もある（Callé 2009, p. 52; Audi 2009, para. 14）。

West Tankers事件判決に衝撃を受けたのは，仲裁手続を支援するための訴訟差止命令の可能性が否定されたイングランドだけではなかった。後述のようにフランスでは，仲裁手続が開始されているにもかかわらず裁判所に訴えが提起されたときは，裁判所は仲裁合意を審査することなく即座に訴えを却下する（コンペテンツ・コンペテンツ原則の消極効）。実際に，仲裁合意を否定して自己の管轄権の存在を宣言したイタリア裁判所の決定がフランスで承認執行が求められた事例において，当該イタリア裁判所の決定がフランス法上のコンペテンツ・コンペテンツ原則の消極効に反することを理由に，承認が拒絶された裁判例もある[23]。イングランドの訴訟差止命令について，仲裁合意を争う当事者にとっては司法へのアクセスが閉ざされてしまうと評価した本判決の論理にしたがえば，フランスにおいて仲裁合意を最大限尊重するために形成されてきたコンペテンツ・コンペテンツ原則の消極効が否定されてしまいかねないと危惧する指摘もある（Audi 2009, para. 30）。フランス法に独自のコンペテンツ・コンペテンツ原則の消極効を放棄することを提案する説もあったが（Audi 2009, para. 31），仲裁合意によって紛争を国家裁判所ではなく仲裁によって解決することを合意した以上は，当該仲裁合意の効力についての紛争も仲裁によって解決されることが当事者の意思に添うという見解も説得力がある（Mourre and Vagenheim 2010, p. 325）。

(2) 裁判所による仲裁合意の審査

仲裁廷が自己の管轄権の存否について判断する権限（コンペテンツ・コンペ

テンツ原則）が世界で広く認められているとしても，その判断は絶対のものではなく，裁判所の仲裁合意の効力，範囲についての審査は排除されない。問題は，裁判所による仲裁合意の審査が「いつ」(a)，「どのように」(b) 行われるかである。

(a)　裁判所による仲裁合意審査の時期

　まず，裁判所による仲裁合意の審査の時期とは，それが仲裁判断が下される前でも行われうるか，あるいは仲裁判断後その不服申立ての段階でのみ行われるかという問題である。

　ニューヨーク条約は，仲裁合意にかかる事項について国家裁判所に訴えが提起されたときは，裁判所は，当該合意が無効，失効または履行不能と認める場合を除き，事件を仲裁に付託すべきことを当事者に命じなければならないと定める（第Ⅱ条3項）。しかし，同条は，裁判所による仲裁合意の審査の態様や，どの国の裁判所がそのような審査をすべきかを定めていない。ただしこれは，ニューヨーク条約の目的が仲裁合意やそれに基づく仲裁判断の効力を広く尊重することを締約国に求めることであり，仲裁廷の管轄権がどのように審査されるかを規定することは同条約の目的外であったことを考えれば，当然のことであるといえる（Gaillard and Bermann 2017, Article Ⅱ, para. 3; Poudret and Besson 2002, para. 460）。

　国際連合国際商取引委員会（UNCITRAL）[24] が各国仲裁法の近代化と調和のために採択した国際商事仲裁モデル法（1985 年，2006 年修正）の起草過程では，裁判所による仲裁廷の管轄権についての判断の審査の時期について，仲裁廷による本案についての終局判断がなされた後，その判断の不服申立ての段階に限定し，事件が仲裁廷に係属している間は審査を行わないことが提案された（草案第 28 条 3 項）（UNCITRAL 1982）。しかし結局，反対論との妥協が図られた。第 8 条において，裁判手続中に妨訴抗弁として仲裁合意が援用されたときは，裁判所は仲裁合意を審査することができる一方で，仲裁廷は裁判所による当該審査中でも手続を続行することが定められた。さらに，第 16 条において，仲裁廷は，当事者から仲裁廷の管轄権について異議があったときは，管轄権の判断を先決問題として判断するか，本案についての仲裁判断において判断するかを選択できると定められた（3 項）。先決問題として判断された場合は，当事者

は即座に裁判所において当該判断について不服を申し立て，裁判所はそれについて審査することができるが，その間も仲裁廷は仲裁手続を続行することができる。それによって，当事者による仲裁廷の管轄権に関する異議申立てや裁判所による仲裁廷の管轄権審査による仲裁手続の遅延は軽減されることが期待された（Holtzmann and Neuhaus 1989, p. 486）。

（b）　裁判所による仲裁合意審査の態様

　裁判所による仲裁合意の時期の問題は，仲裁判断が下される前の段階で仲裁合意の有効性に関して裁判所の判断が求められた場合に，裁判所による仲裁合意の審査は，証明まで要求するか，一応の（*prima facie*）審査にとどまるかという問題としても顕れてくる。

　これに関連して，仲裁合意の無効，失効または履行不能性を判断するための準拠法について，ニューヨーク条約第Ⅱ条3項は基準を示していない。同条約第Ⅴ条1項（a）に規定される仲裁判断の承認執行段階における仲裁合意の抵触法規則（当事者が指定した法または指定のない場合仲裁地国法）を，妨訴抗弁の段階における仲裁合意の準拠法の決定に類推する立場が優勢であるようだが，法廷地法や契約準拠法を適用する立場も根強い（Geisinger, Pinsolle and Schramm 2010, p. 56）。フランスでは，そもそも仲裁合意の評価にあたっていかなる国家法も適用せず，実質的規範（règles matérielles）にしたがって判断する（「仲裁合意の国家法からの自律性」後述 2.2 (1)）。

　モデル法第8条では，裁判手続において仲裁合意が提出されたとき，裁判所は仲裁合意が「無効，執行または履行不能であると認める場合」を除き，当事者に仲裁に付託すべきことを命じるとされる。起草過程では，「無効」等の文言の前に"manifestly"という語を付して，この段階での裁判所の審査は一応のものにとどめることも提案されたが却下されている（UNCITRAL 1983）。起草時の多数的見解は，管轄権が争われている仲裁廷に事件を付託する前に裁判所によって仲裁合意の存否等の問題が「決着」されるべきであると考えていた（ibid.）[25]。

　諸国の立法例を概観すると，ドイツ（モデル法の採用国）やイタリアでは，妨訴抗弁として仲裁合意が援用された場合，仲裁合意の存在や効力について十分な審理を行い，有効な仲裁合意の存在が証明されれば訴えは却下される

（Gaillard and Bermann 2017, Article Ⅱ, paras. 82-84）。イングランド法では，仲裁判断前でも裁判所による仲裁判断の有効性について確認を求める余地がある（イングランド仲裁法 Arbitration Act 1996, Section 32）。また，イングランドでは，仲裁合意が証明された場合，裁判所は手続を停止（stay）する（同 Section 9 (1)，(4)）。イングランドなど英米法圏を中心として，国によってはより積極的に，仲裁手続を支援するために訴訟差止命令を発し，外国裁判所における手続の原告に対して手続の開始・続行を禁じる措置を講ずることもある[26]。フランスでは，コンペテンツ・コンペテンツ原則の消極効により，すでに仲裁廷が成立している場合は，仲裁合意を全く審査することなく常に訴えは却下され，仲裁廷が成立する前であれば，仲裁合意が明らかに無効または適用不可能でない限り，訴えは却下される（仏民訴法第1506条1号，第1448条1項[27]）。ニューヨーク条約が仲裁合意の効力を広く尊重させることを目的としていることからすれば，妨訴抗弁の段階では裁判所の仲裁合意の審査は一応のものにとどめておくことも，同条約の趣旨に添うであろう（Berg 1981, p. 155）。

　もちろん，仲裁判断の取消しまたは承認執行の申立ての段階では，裁判所は仲裁合意の有効性を含む仲裁廷の管轄権を審査できる点はいうまでもない（モデル法第34条2項a号ⅰ，第36条1項a号ⅰ）。フランス法では，仲裁判断の承認執行は国際的公序（ordre public international）に明らかに反していない限り認められ（仏民訴法第1514条），この段階では仲裁廷の管轄権は審査されない（Racine 2016, para. 891）。しかし，フランスで下された仲裁判断については取消しの申立てにおいて（第1520条1号），外国で下された仲裁判断については承認執行に関するパリ大審裁判所の決定（ordonnance）に対する控訴において，仲裁廷の管轄権を審査することが予定されている（第1525条4段，第1520条1号）。

（3）　小括

　仲裁合意の存否や有効性について裁判所による判断が求められた場合，そのような裁判所の仲裁手続に対する介入の態様については，世界的に見て法域により差異が存在する。仲裁判断がなされた後の取消し・承認執行の段階では，裁判所は仲裁合意の存否・有効性を証明度に達するまで審理することはできる

点はほぼ争いはない。それに対し，仲裁判断がなされる前の段階での裁判所による仲裁合意の審査は，フランスでは，非常に制限されている（コンペテンツ・コンペテンツ原則の消極効）。しかし，その他多くの国ではこの時点でも仲裁合意を厳格に審査する場合がある。

　このように各国法の規律が多様であるときは，当事者による利己的な訴訟戦略を可能にしてしまう。すなわち，仲裁に消極的な当事者が，仲裁合意の審査についてより厳格な態度を示す国の裁判所に訴えを提起し，仲裁手続と訴訟手続の競合を引き起こすことになる。特に，EU では，仲裁地国以外にも，ブリュッセル I 規則上裁判所が管轄権を有する国が複数存在することが少なくなく，一方当事者の恣意的な考量によって選択された国の裁判所が仲裁合意を先決問題として審査することもありうる（Bollée 2012, para. 10）[28]。そのような危険が現実化した West Tankers 事件では，仲裁地国の裁判所であっても，仲裁合意を無視して開始された他国での訴訟手続に何ら手出しを加えられないことが明らかになった。イングランド法上訴訟差止命令は仲裁対訴訟の競合を解消する制度として活用されてきたが，ブリュッセル I 規則の適用される場面では，構成国相互の信頼を理由に否定されることになった。それにより EU では，手続競合の問題がより深刻化した形で顕在化することが判明した。West Tankers 事件判決の論理にしたがえば，フランス法上のコンペテンツ・コンペテンツ原則の消極効も欧州司法裁判所によって否定されることが危惧されている。

2.2　手続競合問題解消の試み

　仲裁手続と訴訟手続の競合を解消するアプローチとして，ここでは，フランス仲裁法とブリュッセル I 規則改正案を比較してみたい。前者は国際仲裁の自律性（autonomie）を尊重する観点から，仲裁合意の判断について仲裁廷に時間的な優先権を与え，仲裁廷が仲裁合意の有効性を判断するまでは，国家裁判所は自ら判断することを差し控える（1）。一方後者は，仲裁地裁判所の仲裁合意についての判断を，他の EU 構成国裁判所の判断に優越させるものである（2）。

(1)　国際仲裁の自律性のアプローチ——フランス法からの示唆

West Tankers 事件欧州司法裁判所判決に対するフランス法からの批判や懸念は，主として，フランス法上独特な理解がなされているコンペテンツ・コンペテンツ原則の消極効の視点に立ったものが多い。確かに，裁判所による仲裁合意の評価する時点を仲裁判断の取消しまたは承認執行の段階に限定すれば，仲裁手続と訴訟手続の競合が避けられるという考え方は説得力がありそうである。そこで，フランス法上のコンペテンツ・コンペテンツ原則の消極効の内容 (a) や背景にある国際仲裁に関する考え方 (b) を探ってみることにする。

(a)　仲裁廷による管轄権判断（コンペテンツ・コンペテンツ原則）

仲裁合意の当事者に向けられた効果として，当事者は仲裁合意に係る事項についての紛争を仲裁人による裁定に委ねる義務を負う（David 1981, para. 232）。仲裁合意の仲裁廷に向けられた効果という側面から見れば，仲裁合意は仲裁廷が仲裁合意の範囲に属する紛争を裁定する権限を基礎づけるという効果を有する（仲裁合意の積極効）（Gaillard 1999, p. 387）。仲裁廷に裁判権能が付与された結果，その付与された「裁判権能に本質的に属する権限として（un pouvoir inhérent à la fonction juridictionnelle）」[29]，仲裁廷は自己の権限の存否，範囲について判断する権限を有する（コンペテンツ・コンペテンツ原則の積極効）[30]。このようなコンペテンツ・コンペテンツ原則は，仲裁合意それ自体の効果というよりは，仲裁地国や，（潜在的な）仲裁判断の承認・執行地国の仲裁法の総体に基礎を置くものと理解されている（Gaillard and Savage 1999, para. 658）[31]。実際，このようなコンペテンツ・コンペテンツ原則の積極効は，フランス民事訴訟法第 1466 条（第 1506 条 3 項により国際仲裁に準用）をはじめ，世界で広く受け入れられている（欧州国際商事仲裁条約（1961 年）第Ⅴ条 3 項[32]，モデル法第 16 条参照）。仲裁廷が自己の管轄権の有無を判断する権限を保持することは，当事者が仲裁廷の権限を争って国家裁判所で手続を開始することで仲裁手続を妨害することを防ぐという点で正当化される（Seraglini and Ortscheidt 2013, para. 673）。

仲裁合意のもうひとつの側面として，仲裁合意に係る法的紛争について，当事者が国家裁判所で手続を開始・遂行することを禁じる効果がある（David 1981, para. 232）。換言すると，仲裁合意の国家裁判所に向けられた効果として，

仲裁合意に係る事項について裁判所は判断する権限を失う（仲裁合意の消極効）。仲裁合意が妨訴抗弁として機能すると言われる所以である。この仲裁合意の消極効については，ニューヨーク条約第Ⅱ条3項でも定められ，モデル法第8条でも採用されるなど，やはり広く受け入れられているといってよい。しかしフランスでは，仲裁合意の消極効をある意味でより発展させた形で，仲裁廷の管轄権の存否についての判断権が仲裁廷に属する結果，裁判所は（仲裁判断の取消し，承認執行の段階に進まない限り）仲裁合意の存在・有効性を含む仲裁廷の管轄権，裏返して言えば当該裁判所自身の管轄権の存否を判断する権限さえも（一時的にであるにせよ）失うと考えられている（コンペテンツ・コンペテンツ原則の消極効）（Boucaron-Nardetto 2013, para. 32 et seq.）[33]。すなわち，妨訴抗弁の段階の仲裁合意の審査では，仲裁廷が未成立の場合は仲裁合意が明らかに無効または明らかに適用不可能でない限り訴えを却下し（contrôle prima facie），仲裁廷がすでに成立している場合にはそのような一応の審査さえすることなく直ちに訴えを却下することになる（仏民訴法第1506条1号，第1448条1項）（Loquin 2011, para. 35）。仲裁合意があるときは，まずは仲裁廷にそれを評価させることが，コンペテンツ・コンペテンツ原則消極効の趣意である（Loquin 2006, p. 764）。コンペテンツ・コンペテンツ原則の消極効は，当事者が仲裁廷の管轄権を争う引き延ばし戦術（manœuvres dilatoires）を防ぐだけでなく，仲裁合意の存否・有効性も含めてすべての紛争を1個の手続によって解決することを可能にする点で正当化される（Gaillard 1999, paras. 15-16）[34]。手続競合の防止という観点からは，仲裁廷または裁判所のうち，先に事件が係属した方を優先させるという考え方もありうるが，コンペテンツ・コンペテンツ原則の消極効は，仲裁廷の管轄権判断権を裁判所に優先させるという政策的な意思の帰結である（Gaillard 2006, para. 75）。

（b） フランス法上の「仲裁合意有効性の原則」

　このようなコンペテンツ・コンペテンツ原則の消極効は，仲裁廷の管轄権についての判断について仲裁廷に時間的な優先権を与え，仲裁廷の管轄権を広く認め，仲裁手続の円滑な進行を可能な限り保護しようとする点で，国際仲裁に好意的な制度であるといえる。実際，ICC の本部をパリに擁し，仲裁の一大中心地であるフランスは，仲裁事件を自国に誘致することを目的として，国際仲

裁に対する制限をできる限り廃し，国際仲裁に好意的な法制度を形成すること
に心を砕いてきた（2011年Prada報告書）。そのようなフランスにおいては，
国際仲裁法は，他国に類を見ない独特な発展を遂げ，国際仲裁は，いかなる国
家法秩序にも属さないひとつの自律した（autonome），超国家的な（transnation-
al）法秩序（l'ordre juridique arbitral）を構築しているという国際仲裁観が広く
受け入れられている（Gaillard 2006）。国際仲裁が国際取引紛争の解決手段とし
ての主たる地位を占め，国家がその判断の効力を広く承認する法制度が整備さ
れてきたことを背景に，国家が国際仲裁に真の自律性（une réelle autonomie）
を与えたと説明される（ibid., para. 62; Racine 2016, para. 54）。すなわち，国際
仲裁は，その正当性を各国家から承認されることによって成立した，各国家の
国内法制度からは超越した世界であり，そのような国際仲裁の世界は，国内法
の適用は排除され，多様な国内法から収斂された，法の一般原則にのみ規律さ
れる（Gaillard 2006, para. 50）。

　国際仲裁の自律性は，仲裁合意の主契約からの自律性[35]と方式自由（仏民訴
法第1507条）[36]，仲裁判断の国家法からの自律性[37]など国際仲裁のさまざまな
面において顕在化する。その他の重要な国際仲裁の自律性の発現に，仲裁合意
の国家法からの自律性がある[38]。仲裁合意の存否，有効性，（客観的，主観的）
範囲の解釈，評価の際には，いかなる国家法も適用せず，「仲裁に関する国際
法の実質規範（règle matérielle du droit international de l'arbitrage）」，すなわち，
国内事件から区別された国際仲裁において特別に形成された，抵触法規則を介
さずに事案に直接適用される法規範によって判断される（Seraglini and Orts-
cheidt 2013, para. 587 et seq.）。また，仲裁合意に署名していないなど，一見仲
裁合意の当事者とは思われないような者に対しても，契約の実現への関与を理
由に仲裁廷の管轄権を認めるなど，仲裁合意の範囲もかなり広く解されている
（越智2017：Casteele 2012, para. 273 et seq.）。

　このように，仲裁合意を各国国内法に見られる特異な制限から解放し，その
効力を可能な限り広く認めようとする態度は，「仲裁合意有効の原則（principe
de validité de la clause compromissoire あるいは validité de principe de la clause
compromissoire）」と表現される（Casteele 2012参照）。次節で見るブリュッセ
ルⅠ規則の改正案に対するフランス法からの反対は，国際仲裁を国家法秩序か

ら自律させ，仲裁合意の効力を広く認めようとするフランス仲裁法における国際仲裁観を念頭におく必要があろう。

(2) 仲裁地国の優越性のアプローチ——ブリュッセルⅠ規則改正案からの示唆

フランス流コンペテンツ・コンペテンツ原則の消極効は，仲裁合意の判断について仲裁廷に時間的な優先権を与えることで，仲裁廷の管轄権に関する紛争について仲裁手続と訴訟手続が並行して続行される事態を防ぐ。これに対して，仲裁合意の判断について，仲裁地国裁判所の判断を他国裁判所の判断に優越させるという考え方もありえよう（Poudret and Besson 2002, para. 520）。ブリュッセルⅠ規則改正案はこの流れに添うものであった。そこで，ブリュッセルⅠ規則の改正案とそれに対する主にフランス法からの批判について（b），前提となる「仲裁」の同規則からの適用除外に触れながら考察する（a）。この改正桉は結局は採用されなかったが，現行のブリュッセルⅠ *bis* 規則での議論も参照する（c）。

(a) 背景——「仲裁」のブリュッセルⅠ規則からの適用除外

West Tankers 事件欧州司法裁判所判決に対する批判を目の当たりにした欧州委員会は，ブリュッセルⅠ規則の改正において，仲裁合意の評価や仲裁判断の承認執行に関し，EU 共通の抵触法規則や裁判管轄規則を導入しようとした。仲裁に関する事項について，ブリュッセルⅠ規則上に規定を設けるためには，同規則第1条2項（d）で定められた，仲裁の規則からの適用除外を修正しなければならない。そこで，まず，ブリュッセル条約・規則下の「仲裁」の適用除外について検討する。

ブリュッセル条約は，「仲裁」について，同規則の適用から除外している（第1条2段4号）。ブリュッセル条約の起草と同時に作成された公式報告書である Jenard 報告書によると，その理由には，仲裁に関してはニューヨーク条約によって，外国仲裁判断の承認執行を容易にする枠組みがすでに整備されていたことが挙げられている（p. 13）。同報告書では，ブリュッセル条約は，仲裁判断の承認執行には適用されず，また仲裁判断の取消しといった仲裁に関連した手続についての裁判所や仲裁廷の権限の決定や，そのような手続で下され

第 3 章　EU 民事司法協力と国際商事仲裁　　　57

た決定の承認執行にも適用されないことが確認されている（ibid.）。

　連合王国等のブリュッセル条約加盟に際して作成された Schlosser 報告書でも，同条約は，仲裁手続を補助（ancillary）する裁判手続，例えば仲裁人の任免，仲裁地の決定，仲裁判断作成の時間制限の延長，また実体問題について下される先決裁定といった手続には適用されないこと，同様に，仲裁合意の有効性，無効性についての判断，無効である場合に当事者に対し仲裁手続の続行を禁ずる命令に関する裁判手続にも適用されないことが確認された（64 段）。

　ブリュッセル条約・規則からの仲裁の適用除外について，欧州司法裁判所は，Marc Rich 事件判決において，ニューヨーク条約の存在に言及しながら，仲裁を条約の適用範囲からの除外は，（仲裁に関する）裁判所手続も含めて仲裁の「全体について（in its entirety; dans son ensemble）」及ぶとする趣旨であるものと解釈している（18 段）[39]。

　また，欧州司法裁判所は，すでに開始されている仲裁手続の申立人が仲裁地国であるオランダの裁判所に仮の救済を申し立てた Van Uden 事件[40] において，「紛争の目的が条約の事項的範囲に入るか否かは，仮の救済手続それ自体ではなく，仮の救済によって保護される権利の性質により判断する（第 33 条）」と示した上で，ある締約国の裁判所が事件の本案につき管轄権を有するとしても，紛争の目的が条約の事項的範囲（すなわち民事および商事事件）に入る限り他の締約国の裁判所に仮の救済を申し立てることを認める条約第 24 条は，本案についての手続が仲裁手続に付託される場合でも適用されるとして，同条による仮の救済の可能性を認めた（34 段）。

　しかし，この事件では，仲裁手続の申立人が，裁判所に仮の救済を申し立てた事件であった。この場合，何もブリュッセル条約第 24 条を適用せずとも，仲裁に関する手続であることを理由にブリュッセル条約全体の適用を否定した上で，各国法に照らして仮の救済の可否を判断することも可能であった（Gaudemet-Tallon 1999, p. 156）。したがって，Marc Rich 事件判決において欧州司法裁判所が仲裁を全体として適用除外としたのと比較して，Van Uden 事件判決は，仲裁の適用除外の範囲を狭めようとする欧州司法裁判所の態度を読み取る見解もあった（Briggs 2008, para. 12.67; Menétry and Racine 2014, para. 10）。

(b)　仲裁対訴訟の手続競合に関するヨーロッパ・ルールへの挑戦と挫折

　ブリュッセルⅠ規則は，委員会に対し，同規則の発行後遅くとも5年以内に，同規則の適用に関する報告書を提出することを義務づけていた（第73条）。欧州委員会の要請を受けて，「ハイデルベルク報告書（Heidelberg Report）」（2007年）など，いくつかの専門家グループによる報告書が作成されたこれらの報告書をもとに，欧州委員会はブリュッセルⅠ規則の適用に関する報告書とグリーンペーパーを作成した（European Commission 2009a, b）。グリーンペーパーに対して寄せられた意見を踏まえて，ブリュッセルⅠ規則の改正案が提案された（European Commission 2010）。

　まず，ハイデルベルク報告書では，訴訟競合および関連訴訟に関する節に，新第27条Aとして，「構成国の裁判所は，被告が仲裁合意の存在と範囲に基づきその管轄権に異議を申し立てた場合に，仲裁合意において仲裁地（place of arbitration）として指定された構成国の裁判所に，当該仲裁合意の存在，有効性かつ／または範囲に関する確認の訴えが係属したときは，手続を停止（stay）する」という定めを追加することが提案されている（134段）。

　グリーンペーパーでは，ブリュッセルⅠ規則上の仲裁の適用除外を部分的に廃止し，仲裁合意の有効性の判断につき，仲裁地の裁判所に優先権を認めることや，仲裁合意の有効性について仲裁地国法を準拠法とする旨のEU共通の抵触法規則を定めること，仲裁判断が出た際には，仲裁地構成国の裁判所に，仲裁判断の執行可能性を判断する専属的な管轄権を付与し，これが肯定された場合にはEU内における当該仲裁判断の自由移動を認める（当該仲裁判断と両立しない判決の承認執行が否定される）ようなルールを策定することも提案された（p. 9）。

　最後に，欧州委員会による規則改正案では，訴訟競合及び関連訴訟について定めた第10節29条（改正前第9節27条）に4項を追加している：

　　「　同意されまたは指定された仲裁地が構成国にある場合において，仲裁合意に基づいてその管轄権が争われた他の構成国の裁判所は，仲裁地が存在する構成国の裁判所または仲裁廷において当該仲裁合意の存在，有効性または効力について，主たる問題としてか先決問題としてかを問わず，判断することを目的として提起された訴えが係属したときは，手続を停止す

る。

　この段は，右の場合において，管轄権が争われた裁判所が，その国の法
が求めるときに訴えを却下することを妨げるものではない。

　仲裁合意の存在，有効性または効力が認められたときは，裁判所は管轄
権を辞退（decline; décline[r]）する。」

　また，訴訟係属の時点について，第33条（改正前第30条）3項において，
「当事者が仲裁人を指名した時または当事者が仲裁廷の成立のため仲裁機関，
当局または裁判所に支援を求めた時に事件が仲裁廷に係属したものとみなす」
と規定していた。

　この委員会案は，ハイデルベルク報告書同様，仲裁合意の有効性の判断につ
いて，仲裁地国の裁判所が他の構成国の裁判所に対して優越権を与えるものと
されている（Nuyts 2013, para. 9）。

　委員会案が，ハイデルベルク報告書やそれまでのグリーンペーパーと比して
特徴的なのは，訴訟競合の場合に，構成国裁判所は，他の構成国裁判所に訴訟
が係属している場合だけでなく，仲裁廷に事件が係属している場合にも，自国
の手続を停止または却下することが定められている点である（第29条4項1段，
2段）。それに関連して，仲裁廷への事件係属の時点を定める規定も設けられ
ていた（第33条3項）。これを理由に，フランスの裁判所が，コンペテンツ・
コンペテンツ原則の消極効にしたがって，仲裁廷での事件係属を理由に自国裁
判所で提起された訴えを却下することは妨げられていないという見解もある
（Illmer 2011, p. 664）。またフランス国内でも，この規定により，仲裁手続と訴
訟手続の競合の問題が解消されると積極的に評価する向きもあった（Bollée
2012, para. 10）。しかし，フランス流コンペテンツ・コンペテンツ原則の消極
効の主眼は，仲裁合意があるときは，まずは仲裁廷にそれを評価させることに
ある。しかるに，改正案のように，仲裁廷が仲裁合意を評価する前に事件が構
成国の裁判所に係属することを許容し，裁判手続での妨訴抗弁の段階で仲裁合
意の存在や有効性を証明させることは，フランス仲裁法の立場とは異質のもの
であった[41]。また，確かに改正案第29条4項3段は，先訴が係属した他の構
成国裁判所または仲裁廷が仲裁合意を有効と判断した場合のみを規定し，その
場合に後訴裁判所は訴えを却下すると定めている。しかし，同規定の解釈次第

によっては，先訴裁判所が仲裁合意を無効と判断した場合にも準用され，後訴裁判所がその判断に拘束される帰結を招く（Illmer 2011, p. 664）。この場合には，コンペテンツ・コンペテンツ原則の消極効が発動される余地はなくなってしまう。実際に，規則の解釈権を有する欧州連合司法裁判所が，フランス法上のコンペテンツ・コンペテンツ原則の消極効を，第29条4項とは両立しないと判断することを危惧する声もあった（Train, 2012, p. 48）。

　また，仲裁合意の有効性判断やその判断の域内承認執行に関してEUレベルでの統一規則をつくることに対しても，国際仲裁により好意的でない構成国の裁判所の判断に全EU構成国の裁判所が足並みを揃えることになるという批判がされている（Groupe de Travail ICC-France 2008）[42]。なかでも，パリ，ロンドンといった世界をリードする仲裁地を抱えるヨーロッパ諸国は，国際仲裁を自国の重要な産業と位置づけて，事件を自国に惹きつけるために法制度や環境を整備してきたのであり，仲裁についてEU規則で統一ルールを定めることは，こうした戦後仲裁法の発展を支えてきた仲裁地相互の競争を無くし，香港，シンガポール，ニューヨークといった他の仲裁地に比して欧州の仲裁地としての魅力を下げてしまうという危惧は傾聴に値する（Groupe de Travail ICC-France 2008, p. 3185）。

　欧州議会でも，この欧州委員会のグリーンペーパーに対して，仲裁の適用除外を，部分的であっても，廃止することに強い反対が示され（9段），各加盟国の国内法において仲裁廷の管轄を保護するために形成されてきたさまざまな措置（訴訟差止命令，コンペテンツ・コンペテンツ原則の消極効など）を保存し，West Tankers事件判決以前の状態のように，それらの手続や裁判の他の構成国における効果は，それぞれの構成国の法に委ねられるべきことを確認されている（M段）（European Parliament 2010; European Parliament, Committee on Legal Affairs 2010）。

(c)　ブリュッセルI *bis* 規則での規律

　ブリュッセルI規則を改正する欧州委員会案は，通常立法手続に付されたが（欧州連合運営条約第294条），欧州議会の第一読会において，改正案第29条4項，第33条3項は削除され，仲裁の規則からの適用除外は維持されることとなった（European Parliament 2012）[43]。

改正規則（ブリュッセルⅠ bis 規則）は，第 1 条 2 項（d）において従来規則と同様，同規則が仲裁には適用されないことを定めている。さらに，新しい条文として，「本規則は，1958 年ニューヨーク条約の適用を妨げない。」と規定する第 73 条 2 項が追加された。しかし，それらの条文の解釈指針が示された前文（12）の文言は，Marc Rich 事件判決や West Tankers 事件判決で示された欧州司法裁判所の判断を焼き直したに過ぎないものと捉えられている（Gaudemet-Tallon and Kesserdjian 2013, para. 8)[44]。したがって，本案につき本規則上管轄権が認められる構成国の裁判所が，先決問題として，自国法にしたがって仲裁合意を評価する可能性は以前残っており，前文（12）の立場はフランス仲裁法上の立場（コンペテンツ・コンペテンツ原則の消極効）とは異なる（ibid.）。さらに，構成国の裁判所が仲裁合意の存在・効力を否定して本案について判決を下した場合，前文（12）3 段によれば，当該判決はブリュッセルⅠ bis 規則上承認執行の対象となるが，それでは他の構成国は，判決において裁判所が下した仲裁合意を不存在・無効とする判断を受け入れることになってしまい，仲裁合意の存在や有効性に関する判断について同規則は適用されないとする前文（12）2 段と整合性がとれない（Menétry and Racine 2014, para. 42; Gaudemet-Tallon 2015, para. 48)[45]。

（3）　小括

仲裁対訴訟の手続競合の問題を解消するルールの可能性として，フランス法上のコンペテンツ・コンペテンツ原則の消極効と，欧州委員会によるブリュッセルⅠ規則改正案を比較した。フランス法では，仲裁合意について仲裁廷が優先的に評価する機会を与え，仲裁廷の判断があるまでは裁判所は仲裁合意の審査を控える。それに対し，ブリュッセルⅠ規則改正案では，仲裁地国の裁判所が仲裁合意を有効と判断した場合，他の構成国の裁判所はその判断に従うことを規定し，仲裁地国裁判所に優越的な地位を認めている。

ブリュッセル条約・規則が「仲裁」を適用除外としていたにもかかわらず，欧州司法裁判所は Marc Rich 事件，Van Uden 事件，West Tankers 事件の過程で規則の適用範囲を拡張する傾向にあった。ブリュッセルⅠ規則改正案は，「仲裁」の適用除外の廃止を提案したハイデルベルク報告書（paras. 115-120)

ほど急進的ではないものの，仲裁対訴訟の手続競合の問題に関する規律を定めることで，適用除外の範囲を縮小している。EU法（ブリュッセルⅠ規則）の適用範囲が広くなるほど，仲裁法の分野について各国の立法に残された範囲は狭まることになり，欧州司法裁判所による解釈でその傾向が加速することが危惧された（Train 2012, p. 52）。結局，改正案の手続競合ルールは採用されず，改正後のブリュッセルⅠ *bis* 規則では問題は先送りされた。

3. 仲裁判断と裁判判決との競合

ブリュッセルⅠ規則の改正に関する欧州委員会案の内容の適否はともかく，もしこれが採用されていれば，仲裁手続と訴訟手続の競合の問題は減少したかもしれない。しかし委員会案は採用されず，手続競合の問題は据え置かれた。その結果，仲裁判断と裁判判決が併存する可能性が残った。そこで，仲裁判断と裁判判決との競合について，改正前のブリュッセルⅠ規則（3.1）と改正後のブリュッセルⅠ *bis* 規則（3.2）に分けて検討する。

3.1 ブリュッセルⅠ規則での仲裁判断と判決との競合

ヨーロッパにおいて，仲裁判断と裁判判決の併存は深刻な問題を起こす。仲裁判断はニューヨーク条約（EU構成国，ルガーノ条約締約国のすべてが締約国となっている）による承認執行が可能であり，他方裁判・判決はブリュッセルⅠ *bis* 規則やルガーノ条約によって承認執行が義務づけられているからである。

ある EU 構成国の裁判所が，仲裁合意を否定して本案判決を下したとき，その判決はブリュッセルⅠ *bis* 規則上承認執行されるかという問題は，ブリュッセル条約の時代から指摘されていた。

Schlosser 報告書（1978年）によると，「仲裁」の適用除外の効果について，連合王国より疑義が示された。すなわち，同条約第1条2段4号における「仲裁」には，当事者が仲裁によって解決されることに有効に合意した紛争はすべて，それに付随する紛争も含まれるか（連合王国の立場），仲裁に関連する国家裁判所での手続のみを含むか（既存の締約国の立場）という問題である。こ

の差異は，ある締約国の裁判所が仲裁合意を無視しまたは適用不可能と判断して実体問題について判断した場合に，その判決が同条約上の承認執行の対象となるか否かについて，その答を左右するものであった。しかし結局，同条約の文言には修正を加えず，新締約国は，国内立法を通じてこの解釈上の問題を斟酌すべきものとされた（61段）[46]。

連合王国においてブリュッセル条約を国内法化するために制定された Civil Jurisdiction and Judgments Act（1982年）では，仲裁合意や管轄合意に違反して係属した外国訴訟によって下された判決は承認執行の対象とならないことが定められたが（Section 32（1）），しかし同時に，当該規定は，ブリュッセル条約（や後のブリュッセルI規則）上承認執行される外国判決には適用されないことも定められた（Section 32（4））。肝心の仲裁合意の効力を否定した上で本案について判断を下した構成国の判決が，ブリュッセル条約・規則上承認執行の対象になるかは，依然として未決着であった（Briggs 2008, paras. 12.63-12.72）。

前述のように，ブリュッセルI規則改正の過程では，仲裁合意の有効性について仲裁地国裁判所の判断の優越を認め，また仲裁判断の承認執行可能性についても仲裁地国裁判所の判断の域内承認執行を認める可能性が提案されたが，そのような提案に対してはフランスをはじめ各方面から反対された[47]。

3.2 ブリュッセルI *bis* 規則での仲裁判断と判決との競合

ブリュッセルI *bis* 規則のもとでは判決と仲裁判断の併存・矛盾の処理もオープンなままである（中野2013b，1157頁）。すなわち，判決はブリュッセルI *bis* 規則に則り，仲裁判断はニューヨーク条約に則って他の構成国で承認執行が申し立てられうる。ニューヨーク条約がブリュッセルI *bis* 規則に優先するという一点のみからは，仲裁判断が判決に優越することを導くことができない（Menétry and Racine 2014, para. 48; Magnus and Manakoski 2016, Article 73, para. 11）。

両判断の優劣につき，執行命令（*exequatur*）を取得した時間的先後関係によるという処理も考えられるが，この場合，ブリュッセルI *bis* 規則が執行命令手続を廃止したことで，判決の方に軍配が上がる可能性が高まった（Menétry and Racine 2014, para. 49)[48]。

　仲裁判断と裁判判決の内容が矛盾する場合に，両立しない「裁判」の存在を承認執行の拒絶事由とするブリュッセルⅠ *bis* 規則第 46 条，第 45 条 1 項（c），(d) を援用することが考えられる。ところが，ここでの「裁判」とは，裁判所が仲裁判断に付与する執行命令と仲裁判断そのもののいずれが該当するか。ルガーノ条約（1988 年）下での事例であるが，パリを仲裁地として下された仲裁判断に付与されたフランス裁判所による執行命令は，ルガーノ条約が仲裁を適用除外としていることから，同条約第 27 条 3 項（ブリュッセルⅠ *bis* 規則第 45 条（c）に相当）の「裁判」にあたらないとして，仲裁判断と両立しない内容のスイス裁判所判決に執行命令を付与した例がある[49]。また，『執行命令に対する執行命令なし（*L'exequatur sur l'exequatur ne vaut*）』の法格言から推論すれば，仲裁判断について他国で得た執行命令は，ブリュッセルⅠ *bis* 規則上の承認執行の対象とはならない（Gaudemet-Tallon 2015, para. 49, 365)[50]。したがって，他の構成国で得た仲裁判断の執行命令は，同規則 45 条 1 項（c）(d) の「裁判」にはあたらない（中野 2013a，45 頁)[51]。もっとも，ひとつの国の法秩序の中に両立しない内容の判断が存在することの異常性から，執行付与の裁判をここでの「裁判」に含めることを提案する論者もいる（Bollée 2007, paras. 5-6; Usunier 2007, para. 10)。

　仲裁判断そのものが「裁判」に含まれるかは，仲裁判断が国家裁判所の下した裁判ではないことから否定する向きが多い（ブリュッセルⅠ *bis* 規則第 2 条（a），ルガーノ条約（1988 年）第 25 条参照）（Bollée 2007, para. 7; Usunier 2007, para. 9)。特に，フランスでは，国際仲裁はいかなる国家法秩序からも自律していることの帰結として，仲裁判断もまたいかなる国家法秩序に帰属しないとされていることから推し測れば，仲裁判断を国家裁判所が下した「裁判」と同視することはできないだろう[52]。そこで，他の構成国や第三国が，承認執行の目的となる判決よりも先に抵触する判決を下した場合と類推し，規則第 45 条 1 項（d）を準用して，仲裁判断と判決のうち，先に下された方を承認執行することも考えられる（Gaudemet-Tallon and Kesserdjian 2013, para. 46)。

　いずれにせよ，仲裁判断と判決の併存・矛盾の問題については，ブリュッセルⅠ *bis* 規則のもとでは明確に解決されていない。フランスでは有効と認めら

れる仲裁合意について，他の構成国が仲裁合意を無効と判断して下した本案判決を，フランスの裁判所がブリュッセルⅠ *bis* 規則に基づいて承認執行の義務を負うという帰結は受け入れることができないようで，ブリュッセルⅠ *bis* 規則を通底する構成国裁判所相互の信頼が，仲裁廷も相互の信頼の対象に含まれるように期待されている（Menétry and Racine 2014, para. 53）。仲裁判断と訴訟の併存の問題は，ブリュッセルⅠ *bis* 規則の文言上からは明確な解決が得られず，今後の欧州連合司法裁判所の解釈が待たれる。

4.　おわりに

本章では，仲裁手続と訴訟手続の競合を解消するための方策として，フランス仲裁法のコンペテンツ・コンペテンツ原則の消極効と EU ブリュッセルⅠ規則の改正案を比較した。その背景を探れば，EU 案は国際仲裁を仲裁地国の法秩序に取り込もうとする « localisation » の考え方があるのに対し，フランスでは国際仲裁はいかなる国家法秩序にも帰属しない自律した法秩序を構成すると考えられているといえよう（délocalisation あるいは dénationalisation; Seraglini and Ortscheidt 2013, paras. 568 et seq.）（中野 2013b，1161 頁）。手続競合，あるいはその後の段階での仲裁判断と判決の併存の問題は，仲裁合意の評価についての態度が，各国の裁判所によって異なることに起因する。したがって，仲裁合意の評価を仲裁地国裁判所に委ねることで，手続競合の問題を解決しようというブリュッセルⅠ規則改正案に見られる発想には一定の理解を示すことはできる。しかし，仲裁「地」を決めたとしても，実際に仲裁人や当事者がその地で一堂に会して仲裁手続を行ったり仲裁判断を下したりするとは限らず，仲裁地は純粋な法的概念（notion purement juridique）として形骸化している[53]。国際仲裁を仲裁地国と結びつけようとする考えは，国際潮流と比べても時代遅れになりつつあることはかねてから指摘されていた（Paulsson 1999, p. 579）。フランスでは，国際仲裁の « délocalisation » の傾向が一段と進められ，国際仲裁が国家法から自律した法秩序をなすと考えられるようになった。自国の裁判所による進歩的な判例法の蓄積が世界の国際仲裁法の近代化と調和の一翼を担っているとも自負されている（Boisséson 1999, p. 597）。そのようなフランスでブリ

ュッセルⅠ改正案に対する反対の声が大きかったことも，宜なることといえよう。

　結局，改正案が頓挫したのは，フランス仲裁法をはじめ各国仲裁法の足並みがそろわなかったことが大きな要因であったと思われる。ブリュッセルⅠ規則の改正案とその失敗は，仲裁法の世界的調和がいかに困難であるかを示す一例といえよう。同時にEUレベルで仲裁に関する共通ルールを定めることの必要性，適切性や国際仲裁の分野におけるEUや欧州司法裁判所（欧州連合司法裁判所）の能力も鋭く問われる問題であった[54]。ハイデルベルク報告書や欧州委員会のブリュッセルⅠ規則改正案からは，構成国間の相互の信頼を核とするEU民事司法協力と，国家による私的な国際取引紛争処理制度である国際商事仲裁の承認を軸とした近代国際仲裁の発展との間の不協和音も感じられる。

　しかしそれ以上に，欧州委員会のブリュッセルⅠ規則改正案の不採用は，仲裁地国裁判所の優越という，国際仲裁を仲裁地国の法秩序に組み込もうとする考え方を拒絶したという意味で，今後の国際仲裁の行く末を占う象徴的な意味を読み取ることができよう。

　昨今では，国際商事仲裁によらない国際商事紛争の解決手段として，国際商事裁判が見直されつつある（Menon 2015；齋藤 2016）。管轄合意版ニューヨーク条約とも称すべきハーグ管轄合意条約が2015年10月1日に発効し，管轄合意に基づく裁判所の判決が締約国の間で相互に承認執行されることが可能となった[55]。日本ではシンガポール国際商事裁判所（SICC）の開設が耳目を集めているが，ヨーロッパ各地でも国際商事事件に特化した裁判所の設立が構想されている[56]。その背景には，デンマークを除くEU構成国がハーグ管轄合意条約の締約国となったことをうけ，同条約とブリュッセルⅠ bis 規則を組み合わせることで自国の裁判所の判決を広く世界的に承認執行させることが可能になったという事情がある。このような国際商事裁判の台頭に対抗して，今後も国際商事仲裁が現在の地位を維持していくためには，よりいっそう，世界レベルでの制度改革が必要ではないだろうか。その場合，国際仲裁についての観念のパラダイムシフトもひとつの可能性と浮上する。このように考えたとき，仲裁対訴訟の手続競合の問題について，仲裁地国裁判所の優越を認めるという方向での規整よりも，国際仲裁の自律性を尊重し，仲裁廷の判断があるまでは自国裁

判所の判断を差し控えるというフランス法上のコンペテンツ・コンペテンツ原則の消極効がますます諍いがたい魅力を持って理解されよう。国際商事仲裁は，元来 ICC 等の民間機関や，仲裁廷による判断の蓄積といった私人の活動によって，国際ルールの形成が進められてきた分野であり，基本的には今後もそうあるべきであろう。利己的な訴訟戦略の懸念も確かに存在するが，国際取引におけるルールの形成は，実務の知恵に負うところが大きい。フランス法のコンペテンツ・コンペテンツ原則の消極効は，国家裁判所の仲裁に対する介入を制限することで，こうした私人レベルでのルール形成を支える可能性も有している。

[注]
＊　本研究は JSPS 科研費 JP17J04474 の助成を受けたものである。
1)　本章で検討の対象とする West Tankers 事件は，すでに中西（2009），小田（2013），中野（2013a）の各評釈によってわが国に紹介されている。また，ブリュッセル I 規則改正に関する一連の議論は，中野（2013b）で紹介・検討されている。同文献では，同規則改正案とそれに対する批判は，手続競合を解消するための方策として仲裁を規則の枠内に取り込むことで両者の連携を図ろうとするか，仲裁の自律性を守ろうとするかという考え方の衝突であったことが指摘され，欧州委員会案は前者，欧州理事会・欧州議会は後者であったとされる（p. 1161）。なかでも仲裁の自律性を推し進める代表格はフランス仲裁法であろう。本章では，将来の国際商事仲裁の発展の手がかりとして，ブリュッセル I 規則改正案にみる仲裁対訴訟の手続競合規整について，フランス法の視点に立って今一度再検討を行いたい。
2)　欧州経済共同体（EEC）設立に関するローマ条約（1957 年）第 220 条 4 号では，構成国は，裁判所判決や仲裁判断の承認執行の簡素化について，必要な限り交渉を行う旨が定められている。また，『六つの構成国の間の真の域内市場は，十分な法的保護が保証されない限り実現しないだろう。多様な法律関係から生まれる個人の権利について，必要な場合には法的な手段によって確認または執行することができないならば，共同体の経済生活において混乱や困難を来すことが始ぶまれる。裁判権は，民事においても商事においても，構成国の主権に属するものであり，裁判上の行為・文書の効果はその国の領域内にのみ及ぶ。共通市場における司法による保護や，したがって法的安全は，必然的に，裁判の承認執行に関して構成国間でひとつの十分な解決を採択することに依る。』（各構成国に向けられた欧州諸共同体委員会の覚書（1959 年 10 月 22 日），Jenard 報告書 3 頁所収）。
3)　Convention on jurisdiction and the enforcement of judgments in civil and commercial matters, 27 September 1968 [1972] OJ L 299/32.　英語版は，[1978] OJ L 304/36.
4)　ブリュッセル条約に関する主要な邦語文献として，岡本（1977）参照。

5) Treaty of Amsterdam Amending the Treaty on European Union, the Treaties establishing the European Communities and Certain Related Acts, 2 October 1997 [1997] OJ C 340/1. アムステルダム条約後の国際私法に関する民事司法協力の発展およびブリュッセル条約の規則化について，Fiorini（2008）；中西（2001a）参照。

6) Consolidated version of the Treaty Establishing the European Community [1997] OJ C 340/173; [2002] OJ C 325/33.

7) Consolidated version of the Treaty on the Functioning of the European Union, 13 December 2007 [2008] OJ C 115/47.

8) Council Regulation（EC）No 44/2001 of 22 December 2000 on jurisdiction and the recognition and enforcement of judgments in civil and commercial matters [2001] OJ L 12/1. 翻訳として，中西（2002）。

9) 1978年デンマーク，アイルランド，連合王国のブリュッセル条約加盟に伴う条約改正に関する解説と条文の翻訳として，岡本（1979）参照。ルガーノ条約によって，ECに加盟しないEFTA諸国・EU非加盟国との間でもブリュッセル条約とほぼ同一の内容の規律が適用された（Convention of 16 September 1988 on jurisdiction and the enforcement of judgments in civil and commercial matters, 88/592/EEC [1988] OJ L 319/9）。ブリュッセルI規則と平仄を合わせるために2007年に新しいルガーノ条約が採択され，現在EU構成国の他にスイス，ノルウェー，アイスランドがこれに加盟している（Convention of 30 October 2007 on jurisdiction and the recognition and enforcement of judgments in civil and commercial matters [2007] OJ L 339/3）。

10) ハーグ国際私法会議が1971年に採択した民事及び商事に関する外国判決の承認及び執行に関する条約は1979年8月20日に効力が発生しているが，2010年にアルバニアが批准したのを最後に，締約国数は5か国（キプロス，ネーデルラント，ポルトガル，クウェート，アルバニア）にとどまっている。Hague Convention of 1 February 1971 on the recognition and enforcement of foreign judgments in civil and commercial matters, 1144 UNTS 249.

11) EU民事司法協力の核となる相互の信頼（mutual trust）につき，Weller（2015）参照。

12) 欧州連合運営条約第267条。旧欧州共同体設立条約第234条。またルクセンブルク解釈議定書（1971年）（Protocol concerning the interpretation by the Court of Justice of the convention of 27 September 1968 on jurisdiction and the enforcement of judgments in civil and commercial matters [1975] OJ L 204/28）。

13) Regulation（EU）No 1215/2012 of the European Parliament and of the Council of 12 December 2012 on jurisdiction and the recognition and enforcement of judgments in civil and commercial matters（recast）[2012] OJ L 351/1. 翻訳として，法務省大臣官房司法法制部『欧州連合（EU）民事手続法』47頁以下。

14) 国際取引法における商人，民間団体の役割について，絹巻（2006），曽野（2006）参照。

第 3 章　EU 民事司法協力と国際商事仲裁　　69

15)　Convention on the Recognition and Enforcement of Foreign Arbitral Awards, 10 June 1958, 330 UNTS 38; 7 ILM 1046 (1968). 昭和 36 年 7 月 14 日条約第 10 号。

16)　2017 年 12 月 31 日の時点で，157 の国・地域がニューヨーク条約の締約国となっている。

17)　本章でとりあげる手続競合の問題の他に，仲裁合意の存否・有効性を巡る紛争の類型として，多数当事者仲裁における第三者の仲裁合意の認定の問題もある（越智 2017）。

18)　*West Tankers Inc v RAS Riunione Adriatica di Sicurtà SpA* [2007] UKHL 4.

19)　Case C-116/02, *Erich Gasser GmbH v MISAT Srl* [2003] ECR I-14693.

20)　Case C-159/02, *Gregory Paul Turner v Felix Fareed Ismail Grovit u a* [2004] ECR I-3365, pts. 24-28；小田司 (2013)。

21)　もっとも，仲裁地としてのロンドンの優位性は，この分野での長い伝統など他の要素に裏付けられている部分が多く，訴訟差止命令が禁じられたという一点のみをもっては，ロンドンの仲裁地としての魅力が大きく揺らぐことはないだろう（Howell and Thomas 2009; Noussia 2009, p. 333）。

22)　National Navigation 事件では，ロンドンを仲裁地とする仲裁合意にかかわらずスペインの裁判所に訴訟が提起され，スペイン裁判所は仲裁合意の存在を否定した事件において，イングランド控訴院は，West Tankers 事件欧州司法裁判所判決を引用して，手続の主たる目的がブリュッセル I 規則の適用範囲に入るときは，それに付随する問題（仲裁合意の存否・有効性）に関する判断も同規則の適用範囲に入ることを理由として，当該スペイン裁判所の仲裁合意の存否に関する判断をブリュッセル I 規則のもとで承認している。*National Navigation Co v Endesa Generacion SA* [2009] EWCA (Civ) 1397.

23)　Paris, 1re Ch. C, 15 juin 2006, *Rev. arb.*, 2007, p. 87, note S. Bollée. なお，この事件のイタリア裁判所の決定は管轄権の存否（仲裁合意の存否）の判断であり，ブリュッセル条約・規則上の承認執行の対象とはならない。

24)　http://www.uncitral.org

25)　モデル法のもとでも裁判所による審査を一応のものに限定することを認めるものとして，Bachand (2006)。

26)　*Aggeliki Charis Compania Maritima SA v Pagnan SpA* [1995] 1 Lloyd's Rep 87; *Through Transport Mutual Insurance Association (Eurasia) Ltd v New India Assurance Co Ltd, The Hari Bhum* [2003] EWHC 3158 (Comm); [2004] EWCA Civ 1598.

27)　Décret n° 2011-48 du 13 janvier 2011 portant réforme de l'arbitrage, *JORF* n° 11 du 14 janvier 2011, p. 777.

28)　Bollée は，これを理由に，一方当事者の選択によって係属した法廷地よりも，当事者が合意によって決定された仲裁地国に管轄を認める方が中立的であるとする。一考に値するが，当事者が仲裁合意によって仲裁廷の管轄権に服する旨を合意したのであるから，仲裁廷に仲裁合意の審査をまずは行わせる方がより自然ではないか（Mourre and Vangenheim, *op. cit.*）。また，仲裁地について当事者が合意していない場合も考えられる。改正案前文（20）によれば，このような場合には仲裁機関等の第三者が仲裁地を決定すると

されるが，このようにして決定された仲裁地国の裁判所にまで，仲裁合意の評価について優越的な管轄権を認めるのは，果たしてどこまで適切であろうか（Kesserdjian 2009b, paras. 22-26）。

29) Racine（2016, para. 382）.

30) Boucaron-Nardetto（2013, para. 473）は，「管轄権を判断する権限は，法を宣言する権限（*jurisdictio*）を構成する要素であり，すべての裁判権に本質的に属する権限である」とする。

31) コンペテンツ・コンペテンツ原則（積極効）は仲裁合意の積極効の延長ではある（Seraglini and Ortscheidt 2013, para. 670）。しかし，コンペテンツ・コンペテンツ原則（積極効）は仲裁合意そのものから導かれるものではない。仲裁合意が無効，不存在である場合でも，仲裁廷は仲裁合意が無効，不存在であると裁定する権限を有するのである（Gaillard and Savage 1999, para. 658; Racine 2016, para. 383）。

32) European Convention on International Commercial Arbitration, 21 April 1961, 484 UNTS 349.

33) 欧州国際商事仲裁条約第Ⅵ条3項は，コンペテンツ・コンペテンツ原則の消極効を部分的に取り入れたものとされる。

34) Gaillard（1999, para. 14）では，コンペテンツ・コンペテンツ原則の消極効の正当化として，仲裁廷の管轄権を仲裁廷が優先して判断できることで，紛争を早く決着させることができる点で訴訟経済に資することも挙げる（la réalisation d'économie de moyens）。裁判所で仲裁合意の争いについて決着させることが早期解決に資する場合もあるという反論や，上訴による訴訟手続の長期化や仲裁合意に関する紛争が仲裁手続と訴訟手続の両面で争うことの不経済という再反論のどちらにも一理あるが，本章ではより説得的と思われる引き延ばし戦術の防止と手続の一本化の2点を採用する。

35) Cass., 1re civ., 7 mai 1963, *Gosset, JCP*, 1963, Ⅱ, 13405, note B. Goldman.

36) Cass. 1re civ., 9 nov. 1993, *Bomer Oil, JDI*, 1994, p. 690, note E. Loquin; v. également Cass. 1re civ., 3 juin 1997, *RCDIP*, 1999, p. 92, note P. Mayer.

37) 仲裁地で取り消された仲裁判断がフランスで承認執行が申し立てられた事例で，破毀院は仲裁判断がいかなる国家にも帰属しないことを理由に申し立てを認容している。このような処理は，仲裁地国1か国の特異な制限による仲裁判断の取消しが，他の世界各国における仲裁判断の承認執行に影響することを防ぐものとして積極的に評価されている（Boisséson 1999, p. 595）。Cass. 1re civ., 23 mars 1994, *Hilmarton, Rev. arb.*, 1994, p. 327, note Ch. Jarosson; *JDI* 1994, p. 701, note. E. Gaillard; *RTD com.*, 1994, p. 702, obs. E Loquin; Cass. 1re civ., 29 juin 2007, *Putrabali, Rev. arb.*, 2007, p. 507, note E. Gaillard.

38) Cass., 1re civ., 20 déc. 1993, *Dalico, JDI*, 1994, p. 432, note E. Gaillard; *Rev. arb.*, 1994, p. 118, note H. Gaudemet-Tallon.

39) Case C-190/89, *Marc Rich and Co AG v Società Italiana Impianti PA* [1991] ECR Ⅰ-3894, pt. 18.

40) Case C-391/95, *Van Uden Maritime BV v Firma Deco-Line* [1998] ECR I-7901,

Rev. arb., 1999, p. 152 note H. Gaudemet-Tallon.

41) Kesserdjian（2011, p. 125）は, 改正案第29条4項3段で, 管轄権を「辞退する（décliner）」という語が使われていることについて, 裁判所は管轄権があるにもかかわらずそれを行使しないという意味合いを読み取り, この立場は, 有効な仲裁合意が存在するならばもはや国家裁判所の管轄権はないと扱う近時仲裁法の発展とそぐわないので, 「管轄権がない（incompétent）」,「訴えを却下する（se dessaisir de l'affaire）」の語を用いるべきである. また専属的管轄合意に関する規定に関する改正案第32条2項の規定（専属的管轄合意において指定された裁判所が管轄権を辞退するまでは他の構成国の裁判所は管轄権を有しない）を準用すべきであったと批判する.

42) 具体例として, 知的財産権に関する紛争が, フランスでは仲裁可能性が肯定されるのに対し, 他の構成国（例えばリトアニア）では仲裁可能性が否定される場合, 仮にリトアニア裁判所が仲裁地国裁判所として当該仲裁合意を無効と判断すれば, フランスを含むEU全体で仲裁合意の効力が否定されることになることが挙げられている（3184頁）. また, 仮に構成国のうちニューヨーク条約第1条3項に基づき商事性の留保を付している国（キプロス, デンマーク, ギリシア, ハンガリー, ポーランド, ルーマニア）が仲裁地である場合に, それらの国の裁判所の仲裁合意に関する判断を, 商事性留保を付していない他の構成国が承認しようとするときにニューヨーク条約と整合性が取られないことも指摘されている（ibid.）.

43) 欧州議会に提出されたTadeusz Zwiefkaによる法務委員会報告書では, 仲裁はニューヨーク条約等の国際条約によって十分に対処されており, 引き続き規則の適用範囲から除外すべきことが示されている. European Parliament, Committee of Legal Affairs（2012, para. 4）. 理事会から諮問を受けた経済社会評議会は（欧州連合機能条約304条参照）, 改正案中の仲裁合意の承認に関する新規定は十分でなく, また仲裁判断の承認執行についてスプラナショナルな機関を創設することを求める旨の意見を付している（European Economic and Social Committee 2011, paras. 4.5 & 4.5.1）.

44) したがって, West Tankers事件のような事実関係のもとでの訴訟差止命令は, 依然として禁じられている（Hartley 2017 para. 24.47; Menétry and Racine 2014, para. 52; Magnus and Manakoski 2016, Article 1, para. 52）.「ブリュッセルI *bis* 規則は, 現状を維持するのみで何も解決していない」（Menétry and Racine 2014, para. 33）.

45) ニューヨーク条約がブリュッセルI *bis* 規則に優越することを理由に, 仲裁判断が優先されるとする説につき, Hartley（2017, para. 24.26）. Hartleyは, 判決が下された国では, その判決の前提として仲裁合意が無効であると判断されているので, 仲裁判断を承認執行しなくともニューヨーク条約の違反にはならず（また, 判決国内の問題であるのでブリュッセルI *bis* 規則は無関係である）, 仲裁地国ではブリュッセルI *bis* 規則第45条1項（c）による判決の承認執行拒絶を認め, そして第三国では, ニューヨーク条約のブリュッセルI *bis* 規則に対する優越を理由に仲裁判断が優先されるとする（para. 24.49-24.52）.

46) ギリシアのブリュッセル条約加盟の際に作成されたEvrigenis and Kerameus報告

書では，仲裁に直接関わる問題が主たる問題として提起されている手続はブリュッセル条約の範囲には入らない一方で，裁判所の管轄権を争うために訴訟当事者より主張された仲裁合意の効力が，手続の従たる問題として審査される場合には，条約の適用範囲に含まれることが確認されている（35段）。

47) グリーンペーパーに対するフランス弁護士会の回答につき，Délégation des bar-reaux de France；貴族院の回答につき，House of Lords（2009）；European Parliament, Resolution of 7 September 2010；European Parliament, Committee on Legal Affairs Report（2010）。

48) 特に，仲裁地国の裁判所の（仲裁合意を有効とする）判断が，他の構成国の（仲裁合意を無効とする）判断に劣後する帰結は認められるべきでないと指摘されている（Magnus and Manakoski 2016, Article 1, para. 51）。

49) Cass. 1re civ., 4 juillet 2007, *RCDIP*, 2007, p. 822, note L. Usunier；*Rev. arb.*, 2007, p. 806, note S. Bollée. 両立しない仲裁判断と外国判決の双方に執行命令を付与した後の処理については，破毀院は沈黙している。もっとも，この事件では，仲裁判断とスイス裁判所判決の内容の非両立性は表面的なものであったと指摘されている（Bollée 2007, para. 3）。

50) しかし，裁判所が仲裁判断を取り消した後に下した本案判決は，再びブリュッセル I *bis* 規則に規律される（Gaudemet-Tallon 2015, para. 49）。

51) これと反対の立場として，Hartley（2014, p. 866）。現に，West Tankers 事件では，欧州司法裁判所の判決を受けてイングランドの裁判所は訴訟差止命令を取り消していたが，並行して，高等法院は，イタリアの保険会社（Allianz 社と Generali 社）は仲裁合意に拘束されると判断していた。これを受けて仲裁手続は進行し，Erg 社の債務の不存在を確認する仲裁判断が下された。この仲裁判断の執行命令がイングランド裁判所に申し立てられ，認容されている（*West Tankers Inc v Allianz SpA et al* [2012] EWHC 854（Comm）；[2012] EWCA Civ 27）。債務不存在を確認する内容にもかかわらず執行命令が求められたのは，依然としてイタリアで続いていた訴訟手続から下されるであろう判決がブリュッセル I 規則に基づいてイングランドで執行されるのを防止する目的であったのは明らかである（中野 2013a, 44 頁）。この立場は，フランス破毀院 2007 年判決とは異なる。

52) Cass. 1re civ., 8 juillet 2015, *Rev. arb.*, 2015, p. 1131, note M. Laazouzi. また注 37) も参照。

53) Paris, 28 oct. 1997, *Rev. arb.*, 1998, p. 399, note B. Leurent.

54) West Tankers 事件において，先決裁定を求めた貴族院が，ニューヨーク，シンガポールといった他の仲裁地にヨーロッパの仲裁地が対抗するためにも訴訟差止命令を維持する必要性を訴えていたのに対し，欧州司法裁判所は何ら回答しなかったことから，仲裁における EU の介入の適切性が疑問視された（Kesserdjian 2009a）。

55) Hague Convention on Choice of Court Agreements, 44 ILM 1295（2005）。

56) パリにおける国際商事裁判所構想について，Haut Comité Juridique de la Place financière de Paris（2017）。

第 3 章　EU 民事司法協力と国際商事仲裁　　73

［参考文献］

Audi, B. (2009), note sous CJCE, 10 févr. 2009, *West Tankers*, aff. C-185/07, *JDI* 2010, p. 1281.

Bachand, F. (2006), "Does Aricle 8 of the Model Law Call for Full or *Prima Facie* Review of the Arbitral Tribunal's Jurisdiction?," *Arbitration International*, vol. 22, no. 3, p. 463.

Berg, A. J. van de (1981), *The New York Arbitration Convention of 1958*, Kluwar Law and Taxation Publishers.

Blackaby, N. et al. (2015), *Redfern and Hunter on International Arbitration*, 6th edn., OUP.

Boisséson, M. (1999), "Enforcement in Action: Harmonization Versus Unification," in A. J. van den Berg (ed.), *Improving the Efficiency of Arbitration Agreements and Awards: 40 Years of Application of the New York Convention*, Kluwar Law International.

Bollée, S. (2007), note sous Cass. 1re civ., 4 juillet 2007, *Rev. arb.*, 2007, p. 806.

Bollée, S. (2009), note sous CJCE, 10 févr. 2009, *West Tankers*, aff. C-185/07, *Rev. arb.*, 2009, p. 413.

Bollée, S. (2012), « Les questions liées l'appréciation et aux effets de la convention d'arbitrage », in P. Mayer (dir.), *Arbitrage et droit de l'Union européenne, Actes du colloque du 4 novembre 2011*, LexisNexis.

Boucaron-Nardetto, M. (2013), *Le principe compétence-compétence en droit de l'arbitrage*, PUAM.

Briggs, A. (2008), *Agreements on Jurisdiction and Choice of Law*, OUP.

Callé, P. (2009), note sous CJCE, 10 févr. 2009, *West Tankers*, aff. C-185/07, *JCP* G 2009, n° 37, p. 49 (227).

Casteele, L. B. van de (2012), *Les principes fondamentaux de l'arbitrage*, Bruylant.

David, R. (1981), *L'arbitrage dans le commerce international*, Economica.

Délégaton des Barreaux de France, « Livre vert sur la révision du règlement (CE) n° 44/2001 du conseil concernant la compétence judiciaire, la reconnaissance et l'exécution des décisions en matière civile et commerciale », < http://ec.europa.eu/justice/news/consulting_public/0002/contributions/civil_society_ngo_academics_others/barreaux_de_france_fr.pdf> accessed on 29 November 2017.

European Commission (2009a), "Report from the Commission to the European Parliament, the Council and the European Economic and Social Committee on the application of Council Regulation (EC) No 44/2001 on jurisdiction and the recognition and enforcement of judgments in civil and commercial matters", COM (2009) 174 final, 21 April 2009.

European Commission (2009b), "Green Paper on the Review of Council Regulation (EC)

No 44/2001 on Jurisdiction and the Recognition and Enforcement of Judgments in Civil and Commercial Matters", COM (2009) 175 final, 21 April 2009.

European Commission (2010), "Proposal for a Regulation of the European Parliament and of the Council on jurisdiction and the recognition and enforcement of judgments in civil and commercial matters (recast)", COM (2010) 748 final, 14 December 2010.

European Economic and Social Committee (2011), "Opinion on the 'Proposal for a Regulation of the European Parliament and of the Council on jurisdiction and the recognition and enforcement of judgments in civil and commercial matters" [2011] OJ C 218/78.

European Parliament (2010), "Resolution of 7 September 2010", P7_TA (2010) 0304.

European Parliament (2012), "Position of the European Parliament adopted at first reading on 20 November 2012 with a view to the adoption of Regulation (EU) No.../2012 of the European Parliament and of the Council on jurisdiction and the recognition and enforcement of judgments in civil and commercial matters (Recast)", EP-PE_TC1-COD (2010) 0383.

European Parliament, Committee on Legal Affairs Report (2010) (Rapporteur: Zwiefka, T.), "Report", A7-0219/2010.

European Parliament, Committee of Legal Affairs (2012), "Report on the proposal for a regulation of the European Parliament and of the Council on jurisdiction and the recognition and enforcement of judgments in civil and commercial matters (recast)", A7-0320/2012, Explanatory Statement.

Evrigenis., D. I. and K. D. Kerameus (1986), "Report on the accession of the Hellenic Republic to the Community Convention on jurisdiction and the enforcement of judgments in civil and commercial matters" [1986] OJ C 298/1 (Evrigenis and Kerameus 報告書).

Fiorini, A. (2008), "The evolution of European private international law", *International and Comparative Law Quarterly*, Vol. 57, No. 4 (October), p. 969-984.

Gaillard, E. (1999), « L'effet négatif de la compétence-compétence », in J. Haldy, J.-M. Rapp et P. Ferrari (éd.), *Etudes de procédure et d'arbitrage en l'honneur de Jean-François Poudret*, Faculté de Droit de l'Université de Lausanne.

Gaillard, E. (2004), « Il est interdit d'interdire: Réflexions sur l'utilisation des anti-suit injunctions dans l'arbitrage commercial international », *Rev. arb.*, 2004, p. 47.

Gaillard, E. (2006), *Aspects philosophiques du droit de l'arbitrage international*, Recueil des cours vol. 326.

Gaillard, E. and G. A. Bermann (2017), *UNCITRAL Secretariat Guide on the Convention on the Recognition and Enforcement of Foreign Arbitral Awards*, Brill Nijhoff.

Gaillard, E. and J. Savage (1999), *Fouchard Gaillard Goldman on International Com-*

第 3 章　EU民事司法協力と国際商事仲裁　　75

mercial Arbitration, Kluwar Law International.

Gaudemet-Tallon, H. (1992), note sous CJCE, 17 nov. 1998, *van Uden*, aff. C-391/95l, *Rev. arb.*, 1999, p. 152.

Gaudemet-Tallon, H. and C. Kesserdjian (2013), « La refonte du règlement Bruzelles I », *RTD eur.*, 2013, p. 435.

Gaudemet-Tallon, H. (2015), *Compétence et exécution des jugements en Europe*, 5ᵉ éd., LGDJ.

Gascón-Inchausti, F. (2014), « La reconnaissance et l'exécution des décisions dans le règlement Bruxelles I *bis* », in: E. Guinchard (dir.), *Le nouveau règlement Bruxelles I bis*, Bruylant.

Geisinger, E., Ph. Pinsolle, and D. Schramm (2010), *Recognition and Enforcement of Foreign Arbitral Awards : A Global Commentary on the New York Convention*, Kluwar Law International.

Goldman, B. (1975), *Droit commercial européen*, Dalloz.

Groupe de Travail ICC-France (2008), « Rapport du groupe de travail et résolution d'ICC-France sur l'appliction à l'arbitrage du rapport relatif à l'application du Règlement de Bruxelles I dans les États membres de l'Union européenne (22 mai 2008) », *Gaz. Pal.*, 2008, p. 3181.

Hartley, T. C. (2014), "The Brussels I Regulation and Arbitration," 63 *ICLQ* 843

Hartley, T. C. (2017), *Civil Jurisdiction and Judgments in Europe - The Brussels I Regulation, the Lugano Convention and the Hague Choice of Court Convention*, OUP.

Haut Comité Juridique de la Place financière de Paris (2017), « Préconisations sur la mise en place à Paris de chambres spécialisées pour le traitement du contentieux international des affaires », <http://www.justice.gouv.fr/publication/Rapport_chambres_internationales.pdf> accessed on 14 November 2017.

Hess, B., Th. Pfeiffer, and P. Schlosser (2007), "Report on the Application of Regulation Brussels I in the Member States" (Study JLS/C4/2005/03) <http://ec.europa.eu/civiljustice/news/docs/study_application_brussels_1_en.pdf> (ハイデルベルク報告書).

Holtzmann, H. M. and J. E. Neuhaus (1989), *A Guide to the UNCITRAL Model Law on International Commercial Arbitration : Legislative History and Commentary*, Kluwar Law International.

House of Lords (2009), "Green Paper on the Brussels I Regulation", <http://ec.europa.eu/justice/newsroom/civil/opinion/files/090630/ms_parliaments/united_kingdom_house_of_lords_en.pdf> accessed on 15 November 2017.

Howell, D. and S. Thomas (2009), "UK: West Tankers - how arbitrators could respond", <http://globalarbitrationreview.com/article/1027614/uk-west-tankers-how-arbitrators-could-respond> accessed on 5 May 2009.

Illmer, M. (2011), "Brussels I and Arbitration Revisited - The European Commission's Proposal Com (2010) 748 final -" 75 RapelsZ Bd 645.

Jenard, M. P. (1979), "Report on the Convention on jurisdiction and the enforcement of judgments in civil and commercial matters", O. J. 1979 C 59/1 (Jenard 報告書).

Kesserdjian, C. (2009a), note sous CJCE, 10 févr. 2009, *West Tankers*, aff. C-185/07, *D.*, 2009, p. 981

Kesserdjian, C. (2009b), « Le Règlement 44/2001 et l'arbitrage », *Rev. arb.*, 2009, p. 699.

Kesserdjan, C. (2011), « Commentaire de la refonte du règlement n° 44/2001 », *RTD eur.*, 2011, p. 117.

Loquin, E. (2006), « Le contrôle de l'inapplicabilité manifeste de la convention d'arbitrage », *RTD com.* 2006, p. 764.

Loquin, E. (2011), « La réforme du droit français interne et international de l'arbitrage », *RTD com.*, 2011, p. 255.

Magnus, U. and P. Manakoski (2016), *Brussels I*bis *Regulation*, Ottoschmidt.

Menétry, S. and J.-B. Racine (2014), « L'arbitrage et le Règlement Bruxelles I *bis* » in: E. Guinchard (dir.), *Le nouveau règlement Bruxelles I bis*, Bruylant.

Menon, S. (2015), "International Commercial Courts: Towards a Transnational System of Dispute Resolution," *Opening Lecture for the DIFC Courts Lecture Series 2015*, <https://www.supremecourt.gov.sg/docs/default-source/default-document-library/media-room/opening-lecture---difc-lecture-series-2015.pdf>.

Ministère de l'Économie, des Finances et de l'Industrie & Ministère de la Justice (2011), *Rapport sur certains facteurs de renforcement de la compétitivité juridique de la place de Paris*, établie par M. Prada (Prada 報告書).

Mourre, A. and A. Vagenheim (2010), « A propos de la portée de l'exclusion de l'arbitrage dans le Règlement 44/2001, notamment après l'arrêt West Tankers de la CJCE », *Cah, arb.*, vol. V, p. 313

Niboyet, M.-L. and G. de Geouffre de La Pradelle (2015), *Droit international privé*, 5ᵉ éd., LGDJ.

Nuyts, A (2013), « La refonte du règlement Bruxelles I », *RCDIP*, 2013, p. 1.

Noussia, K. (2009), "Antisuit Injunctions and Arbitration Proceedings: What Does the Future Hold?", 26 (3) J. Int'l Arb. 311

Paulsson, J. (1999), "Towards Minimum Standards of Enforcement: Feasibility of a Model Law" in: A. J. van den Berg (ed.), *Improving the Efficiency of Arbitration Agreements and Awards: 40 Years of Application of the New York Convention*, Kluwar Law International.

Poudret, J.-P. and S. Besson (2002), *Comparative Law of International Arbitration*, 2ⁿᵈ edn., Sweet&Maxell

Racine J.-B. (2016), *Droit de l'arbitrage*, PUF.

第 3 章　EU 民事司法協力と国際商事仲裁　　　77

Sanders, P. (1999), "The History of the New York Convention" in: A. J. van den Berg (ed.), *Improving the Efficiency of Arbitration Agreements and Awards: 40 Years of Application of the New York Convention*, Kluwar Law International.

Schlosser, P. (1979), "Report on the Convention on the Association of the Kingdom of Denmark, Ireland and the United Kingdom of Great Britain and Northern Ireland to the Convention on jurisdiction and the enforcement of judgments in civil and commercial matters and to the Protocol on its interpretation by the Court of Justice", O. J. 1979 C 59/71.

Seraglini, Ch. and J. Ortscheidt (2013), *Droit de l'arbitrage interne et international*, Montchestien.

Train, F.-X. (2012), « Les articles 29.4 et 33.3 du projet de la Commission: un objet limité, mais en apparence seulement », in: P. Mayer (dir.), *Arbitrage et droit de l'Union européenne, Actes du colloque du 4 novembre 2011*, LexisNexis.

UNCITRAL (1982), "Note by the Secretariat: Model Law on International Commercial Arbitration: Draft Articles 25 to 36 on Award", A/CN. 9/WG. II/WP. 38, 31 August 1982, Yearbook of United Nations Commission on International Trade Law, vol. XIV, p. 56.

UNCITRAL (1983), "Report of the Working Group on International Contract Practices on the work of its fifth session", 22 February-4 March 1983, A/CN. 9/233, Yearbook of United Nations Commission on International Trade Law, vol. XIV, p. 60.

Usunier, L. (2007), note sous Cass. 1re civ., 4 juillet 2007, *RCDIP*, 2007, p. 822.

Weller, M. (2015), "Mutual trust: in search of the future of European Union private international law," 11 (1) *Journal of Private International Law* 64.

岡本善八 (1977),「我が国際私法事件における EEC 裁判管轄条約 (一)(二)」『同志社法学』29 巻 4 号, 1 頁, 同 29 巻 5 号, 15 頁。

岡本善八 (1979),「一九七八年『拡大 EEC 判決執行条約 (一)(二)』『同志社法学』31 巻 2 号, 81 頁, 31 巻 3 号, 129 頁。

小田司 (2013),「ブリュッセル条約 (ブリュッセル I 規則) の下における訴訟差止命令の許容性」石川明・石渡哲・芳賀雅顕編『EU の国際民事訴訟法判例 II』信山社。

越智幹仁 (2017),「超国家法的仲裁への希求―フランスにおける仲裁合意の人的範囲の拡張事例を契機として―」『国際商取引学会年報』2017 年第 19 号, 91 頁。

絹巻康史 (2006),「国際ビジネスのルール―国家法と国際商慣習法」絹巻康史・齋藤彰『国際契約ルールの誕生』同文舘出版。

齋藤彰 (2016),「国際商事仲裁と国際商事裁判―競争と協力のための関係理論に向けて―」『国際商取引学会年報』2016 年第 18 号, 81 頁。

曽野裕夫 (2006),「商人による私的秩序形成と国家法の役割」絹巻康史・齋藤彰『国際契約ルールの誕生』同文舘出版。

法務省大臣官房司法法制部編 (2015),『欧州連合 (EU) 民事手続法』法務省大臣官房司

法法制部司法法制課。

中西康（2001a），「アムステルダム条約後の EU における国際私法－欧州統合と国際私法についての予備的考察－」『国際法外交雑誌』100 巻 4 号，31 頁。

中西康（2001b），「ブリュッセル I 条約の規則化とその問題点」『国際私法年報』第 3 号，147 頁。

中西康（2002），「民事及び商事事件における裁判管轄及び裁判の執行に関する 2000 年 12 月 22 日の理事会規則（EC）44/2001（ブリュッセル I 規則）〔上〕〔下〕」『国際商事法務』30 巻 3 号，311 頁以下，同 30 巻 4 号，465 頁。

中西康（2009），「仲裁合意を支援するための訴訟差止命令とブリュッセル I 規則」『貿易と関税』27 巻 2 号，75 頁。

中野俊一郎（2013a），「内国仲裁手続と外国訴訟手続の競合事例において，英国裁判所が，確認的仲裁判断の執行許可及び仲裁判断内容に準拠した判決を付与した事例」『JCAジャーナル』第 60 巻 1 号，42 頁。

中野俊一郎（2013b），「仲裁手続と訴訟手続の競合規整－West Tankers 事件判決とブリュッセル I 規則の改正－」伊藤眞ほか編・石川正先生古稀記念論文集『経済社会と法の役割』商事法務。

第4章　EU を揺さぶる法的原理としての民主制
―― 英国の EU 脱退を1つの例に ――

井上典之

1. はじめに――「欧州はどこへ行くのか（Quo vadis Europe）」？

　欧州連合（以下，EU とする）は，ギリシャ危機やここ数年の移民・難民問題をきっかけにして，その構成単位である既成の主権的国民国家の利益を最重要課題とする加盟各国から，その存在・役割に疑問が提起されるようになっている。すなわち，欧州統合のプロセスにおいてかつて輝きを放っていた自由，平和，福祉，連帯といった理念にも EU 域内で陰りがみえるようになっているとの，ドイツ連邦憲法裁判所長官が指摘（Voßkuhle 2016, pp. 162-163）するような状態になっているのが現状である。そして，その陰りに反応するかのように，いくつかの EU 加盟国では，反 EU 的な姿勢・政策が，それこそ国内の民主的システムを通じて主権的国民国家への回帰を模索するかのように展開されているのであった。

　その最近の例が，ポーランドでの国内制度の改革という名のもとでの国内法の制定になる。そして，ポーランドでの憲法裁判所の権限を制限しようとする法律の制定や，下級裁判所を含めた裁判官人事への政治部門の介入権限の強化などを盛り込んだ司法制度改革の名のもとでの法案成立に関して，特に「司法の独立」という「法の支配」の原理に対する「脅威」として欧州委員会からの是正勧告が出されるに至っているのである[1]。ただ，そのような EU において基礎となる理念（法的にみれば EU の存立を支える基本的な価値）に対する脅威とされるもともとの出発点は，ポーランドでの2015年選挙での保守系政権の誕生にある。ポーランドでのような極端な対応に至らないとしても，2017年に行われた EU 加盟各国での選挙結果[2]によれば，政権奪取にまで至らずと

も，主権的国民国家の枠組みにおいて自国利益を優先しようとする保守系右派の政党が一定の票を獲得するという形で，加盟各国内での政治地図（特にEUに対する加盟各国の姿勢）に変化をもたらしていることは否定できない。すなわち，「法の支配」と同じくEUの基礎となる理念・根本原理の1つである民主制[3]が，加盟国内の法秩序においていわば「法の支配」の原理と矛盾・対立を惹起しつつ，それがEUに対する個々の加盟国である主権的国民国家の姿勢を変化させているような様相を呈しているのである。

EUそれ自体は，その出発点である欧州石炭鉄鋼共同体の設立段階から，17世紀以来の欧州のモデルとされる主権的国民国家のように，一定の領土を基礎に国民を構成員として，その地理的・人的対象に対する統治権を行使する存在ではない。EUには「固有の領土を画定したり，自ら国民を定義することも許されていない」（中村 2015, 26頁）ことから，それは，主権的国民国家間の条約に基づき組織された一種の組合のようなもの，すなわち一種の国家間ネットワークのような存在と考えられている[4]。そして，EUは，「加盟国の平等，ならびに加盟国の地域的および地方の自治を含む政治的，憲法上の基本構造に固有の国民のアイデンティティ」と，「領土保全の確保，法と秩序の維持，安全保障を含む国家の本質的な役割」を尊重する（欧州連合条約第4条2項）として，近代国家の最も重要な構成要素である絶対的な統治権限たる主権を持たず，さらに，「より大きな単位の社会は，より小さな単位の社会が十分にできないことだけを補完的に担当すべき」（中村 2015, 27頁）とする「補完性の原理」に基づいて付与された権限のみを行使すべき存在とされている（欧州連合条約第5条1項および3項）。そうだとすれば，EU自体は近代の国家学の理解では十分適切にとらえきれない，まさに「国家ではない未来の形」[5]であり，それは，加盟国によって締結された条約に基づき創設された1つの法的結晶体である（井上 2017, 13頁）ということになる。

EUが加盟国によって締結された条約に基づき人為的に創り出された国家間ネットワークのような存在だとすれば，そのような国家間ネットワークに新たに加盟したり，あるいはそこから脱退したり，または完全にそのネットワークを解消することも，個々の主権的国民国家の判断に委ねられることになる。実際に，リスボン条約以降の欧州連合条約（本章では単に「欧州連合条約」とす

る）は，EU の基本条約の改正手続（第 48 条），EU への新規加盟（第 49 条）そして EU からの脱退（第 50 条）についての規定を設け，そこでは「すべての加盟国によるそれぞれの憲法上の要件に従った批准」（第 48 条 5 項および 6 項，第 49 条 6 文）あるいは「脱退の決定」（第 50 条 1 項）を要件として課している。ここに，EU への加盟・脱退という国家単位での自己決定は，EU それ自体によっても，加盟国あるいは加盟を求める国家政府の独断で決定できるわけではなく，それぞれの国の国内憲法の要件に従うことが要求されているのである。そして，通常の場合，その「憲法上の要件」とは，各加盟国の民主的システムである議会の関与が存在することになる。言い換えれば，EU の維持・存続・改変は，まさに主権的国民国家である加盟国の民主制原理が重要な役割を果たすことになるのである。

　本章は，そのような EU における民主制原理をめぐる問題を，2016 年 6 月 23 日に行われた国民投票を背景に離脱を決定した英国における Brexit を 1 つの実例として憲法上の視点から検討することを目的とする。というのも，加盟国は「条約締結主体にして，また理事会の代表として，EU に組み込まれている」だけでなく，加盟国国民である「EU 市民も EU の中にいく層にもわたって組み込まれている」がゆえに，「理論的には確かに EU 条約 50 条により脱退権が保障され，脱退手続が定められたが，実際にそれを行使できるかどうかは別問題」（中西 2012, 90 頁）といわれていたにもかかわらず，英国は，まさに民意を背景にした脱退権の行使に踏み切ったのであり，そこに民主制という憲法原理がどのように機能していたのかを考えるには非常に有意義な素材になると思われるからである。ただ，EU という地域的な主権的国民国家の共同体をめぐる問題は，英国という一国の法的問題としてだけではなく，経済学や政治学などのさまざまな分野の知見を総合的に取り上げた上で，全体的な動きの中で検討する必要がある。そこで以下では，まず EU 全体の中での民主制原理の意義を取り上げた上で，英国の憲法原理の中での民主制の機能や役割を EU 法と連携させながら，今後の EU の行方を考えるための法的素材を描き出す試みとして，Brexit をどのように考えるのかという観点で検討することにする。

2. 民主制原理が持つ意味

2.1 EU レベルでの民主制原理と民主主義の赤字

　EU において民主制原理が持つ意味は非常に重いものになる。それは，欧州連合条約第2条において，EU の存立そのものと同時に，EU 加盟国において成立する社会を特徴づける原理としての役割を果たす価値になるからである。そして，当該原理は，すべての国家行為を市民の意思に基づかせるよう要請し，適切な時間的間隔で行われる立法機関の選挙において，自由かつ秘密投票を保障する条件のもとで市民の意思表明が行えるようにすることを求めることになる（Geiger et al. 2010, p. 14）。ただ，確かに市民の側からみれば，それは基本権の内容としての保障を必要とすることになり，欧州議会議員選挙における選挙権・被選挙権を保障する EU 基本権憲章第39条および加盟国の地方自治体選挙における選挙権・被選挙権を保障する同憲章第40条や，立法機関の代表者選出にあたっての自由選挙に対する権利を保障するヨーロッパ人権条約第一議定書第3条がその点を明示する規定[6]となる一方で，EU そのものに対しては，民主制原理の具体的内容形成が必要とされ，欧州連合条約第二編（第9条から第12条）においてそれが行われることになる。

　EU そのものにおける民主制原理は，その設立当初から，「民主主義の赤字」と揶揄されるような状態であった。というのも，EC 時代から域内市場形成に向けての立法が大量になされ，EU への変遷後になるとさまざまな政治的課題が表面化する一方で，市民の代表機関であるはずの欧州議会が立法に深く関与できない状態が続き，EU は本当に民主的に運営されているのかという観点からの批判が強まっていたという背景（中村 2015, 81頁）があったからである。そこでは，EU レベルの法定立権限が，統合プロセスにおいて徐々にその権限が強化されていったとはいえ共同立法機関にすぎなかった欧州議会ではなく，政府代表によって構成される理事会やエリートの専門家集団である欧州委員会にどの程度委ねられうるのか，という問題として提起されていたのであった。ただ現実には，法定立権限をできる限り欧州議会に委ねるだけで本当に EU 諸機関を総合的にみた構造原理としての民主制が実現されているのか否か（要す

るに，欧州議会への権限のできる限りの移行が本当に民主制原理の実現という視点のもとでの適切な方法といえるのか否か）はさらなる問題として議論され，リスボン条約制定までの数次の条約改定において，その都度改善措置が模索され続けたのであった（Streinz 2012, p. 128）。

　現行の欧州連合条約では，「代表民主主義，欧州議会を通じた市民による民主主義の実現，構成国政府の国内議会または市民に対する民主的責任，EU の民主的運営に参加する市民の権利及び欧州レベルでの政党について」詳細な規定を設けることにより，「民主主義の赤字を解消すべく，大きな変更が加えられている」（中西 2012, 46 頁）。すなわち，「EU の運営は，代表民主主義に基礎を置く」（第 10 条 1 項）こととし，「市民は，EU レベルにおいて欧州議会に直接代表される」（同条 2 項 1 文）ものとされ，欧州理事会や理事会のメンバーを送り込む加盟国「政府は，国内議会またはその市民に対して民主的に責任を負う」（同条 2 項 2 文）こととし，すべての市民には「EU の民主的運営に参加する権利」（同条 3 項）が認められ，「欧州レベルの政党は，欧州の政治的意思の形成および EU 市民の意思の表明に寄与する」（同条 4 項）との規定が明文で定められたのである。それと同時に欧州連合条約では，EU の諸機関は市民（およびその代表団体）に対して意見表明や公開での意見交換の機会を付与すること（第 11 条 1 項）とし，さらに，EU の法定立についての市民イニシアティヴを規定（同条 4 項および欧州連合運営条約第 24 条）することで EU 内部での民主化を進め，EU での「決定は，できる限り公開の場で行われ，かつ，できる限り市民に近いところで行われる」（第 10 条 3 項 2 文）よう規定するのであった。

　この改革のみで EU レベルでの「民主主義の赤字」が解消されたといえるか否かは必ずしも明確ではなく，EU 自体の法定立機関や政策決定への市民参加の機会を増大するのみで十分であるということにはならないとの指摘も存在する。そこでは，民意の反映が EU レベルでのみ貫徹されるだけでは全体的に構造原理としての民主制が実現するわけではなく，加盟国内の議会や，それによる加盟国政府のコントロールも同時に民主制に基づくものにならなければならないとの指摘（Geiger 2010, p. 57）もなされているのである。要するに，EU の「民主主義の赤字」を解消するためには，EU レベルの民主化とともに，加盟

国内の統治構造も民主化されている必要があるということである。それは，加盟国の国内議会がEUの法定立行為に関与し，その草案について事前に補完性の原理や比例原則遵守の監督を行い，また，自由，安全，司法の領域でのEUの政策実施評価機構に参加するなど，EUの運営に積極的に貢献する体制（欧州連合条約第12条）が構築されている（中西2012，121-122頁）ことを背景にする。言い換えれば，EUの運営に加盟国の国内議会を積極的に関与させる体制を構築することで「民主主義の赤字」を補塡しようとするがゆえに，加盟国における議会制民主主義が十分に確立・機能していなければならないとされているのである。そしてその体制は，本質的部分において，EUの運営の法的基盤になる法定立の内容の補完性原理の遵守を加盟国の国内議会を通じてコントロールし，活動に関するEUの説明責任を履行させようとするものとして構築されているということができるのであった（Geiger 2010, p. 62）。

なお，EUレベルでの「民主主義の赤字」が叫ばれて久しい今日においても，直近になる2014年5月の欧州議会議員選挙では，債務危機が問題として取り上げられていたギリシャなどの一部の加盟国を除き，全体としては各加盟国での投票率が非常に低く[7]，欧州懐疑主義とされる政党の台頭が目立つ結果となっている。1979年に始まる市民の直接投票によって議員を選出する選挙は2014年で8回目になり，また，欧州議会の政治会派（欧州レベルでの政党）の多くが欧州委員会委員長候補を立てて戦った初めての選挙であったにもかかわらず，2009年選挙よりも全体の投票率は0.46%下がり，42.54%で過去最低を更新する結果になっている。ここには，たとえ欧州議会の権限を拡張し，プロセスにおいて民主的正当性を確保しようとすると同時に，政治的に独立（欧州連合条約第17条3項3文）し，必ずしも選挙によって直接選ばれたわけではない欧州委員会によって立法行為の発議権を独占させている（欧州連合条約第17条2項）EUのガバナンスの仕組みが，「欧州レベルで人々を代表する機関に対して人々が無関心であることを明らかに示している」（マヨーネ2017，（下）398頁）ことの例証となってしまったのである。結局，EUの運営にいかに民意を反映させるかについては，欧州議会の権限のみを形式的に拡張するだけで「民主主義の赤字」が必ずしも解消されるわけではないというのが，現在のEUにおける民主制原理を取り巻く問題になっているのである。

2.2 加盟国でのレファレンダムによる民意

　ECからEUへの変遷は，主権的国民国家間の自由な競争秩序に基づく経済的ネットワークから近代の立憲主義的原理・理念に基づく国家間の価値のネットワークへの展開であるということができる。そのために，民主制原理に関しては，欧州連合条約第10条1項によってEUの運営を代表民主主義に基づくものとし，同条2項2文ならびに第14条2項1文で欧州議会をEU市民の代表機関と位置づけ，加盟国における議会制民主主義の拡張バージョンでとらえようとする形式で，「民主主義の赤字」の解消を図ろうと模索することになった（Geiger 2010, p.56）。そして，政策のもたらす成果よりも統合プロセスを優先するということがEUにおける「政治文化の主要な要素」とされ，将来的にEUを伝統的な主権的国民国家の「拡大版」へと向かうものと想定することで，EUの諸機関を加盟各国に存在する国家諸機関と同一視する方向へと向かう方法がとられるようになっていく。その結果として，多くの欧州統合派のリーダーは，「厳密に手続的な見方としての『形式だけの民主主義』が目的に対し十分であるとみなされる」（マヨーネ 2017，（下）278頁）ようになるのであった。

　このような具体的な結果よりも統合へと向かうプロセスを強調するEUの運営に関する傾向は，民主的正当性をどこまで調達するのかという面のみが強調され，EUの政策立案方法の実効性や効率性に関する議論を抑制する可能性を秘めることになる（マヨーネ 2017，（下）290頁）。もちろん，民主的正当性を確保するための政策立案過程の構築と，実効的で効率的な政策立案とは区別されるべき内容であり，正当性と実効性は概念的にも区別される。そこで，そもそもEUの「政策はしばしば，具体的な問題を解決するより，統合プロセスを推し進めたり，あるいは加盟国間の政治取引をしやすくする」ように立案され，それによって「様々な国内利益と超国家的な利益を満足させねばならず，それゆえさまざまな解釈ができるように十分に曖昧なまま」に留めおかれることになる。その結果，EU市民の民意に依拠し，その代表機関となるはずの欧州議会は，政策問題について欧州委員会を問責することが難しく，「民主主義の赤字」と同様に「説明責任の赤字」もまた，「およそEUの構造に制度として組み込まれている」（マヨーネ 2017，（下）295-296頁）との指摘がなされているのである。そしてその背後には，「小国から大国にいたるまで，全加盟国の基本

的平等と等しい尊厳」というEUにおける欧州統合のイデオロギーが重要な構成要素として存在し，政治的に重要な決定に関しての「全加盟国の平等と，全会一致が最善の政策決定ルールだという信念」（マヨーネ 2017,（下）360-361頁）が強く機能することになるのであった。

　EUにおける以上のような特徴は，結局のところ，市民の支持を失い，その運営に対する無関心へと導く。それは，まさに欧州連合条約や欧州連合運営条約の基礎にある欧州統合のための手法そのものを原因とするとの見解により，より一層明確に描かれる。すなわち，当該見解は，現在のEUが欧州という広い地域において，近代以降モデルとされ，その存在に疑問を抱くことなく維持され続けてきた主権的国民国家を主体にした統合を目指しつつ，その最終目標を「緊密な国家結合」という形式で曖昧にしたまま，主権的国民国家の構成員である人民のほとんどが関知しないところで一定範囲のエリートたちにより当該国家組織をモデルとして統合を進めていくという手法によっているとの前提から出発する。ところが，このような手法は，域内市場の完成という経済統合までは何とか機能できたものの，主権的国民国家構築のための立憲主義の価値・理念に基づき政治統合を目指すという段階になると，統合自体が人民の支持を直接必要としない形で進められることから，EUの組織構造において「民主主義の赤字」や「説明責任の赤字」という事態が発生し，一般の市民層が理解できる結果よりも赤字解消のための超国家的機関のエリート層によるトップダウン方式で行われる制度構築という側面のみが重視され，それが既成事実化することによってひずみやゆがみが目に付くようになってくるということである。そこでは，統合の主体になる個々の主権的国民国家が増えていけば（言い換えると統合の地理的範囲が拡大すれば），各主体間の異質性が増大するにもかかわらず，「調和」という名のもとでトップダウン方式により一本化された政策やルール制定を通じて統合が進められ，主体であるはずの主権的国民国家の存在意義を奪うような外観を呈することになる。そこに，本来ならば人民に直接影響するが故にその支持を必要とするはずの重大な問題（具体的には統一通貨ユーロの危機が1つの例になる）が発生すれば，「民主主義の赤字」のために政策立案に正当性を失っていることが原因となって対処方法に人民・市民の支持は得られず，逆に彼らのEUに対する不信感から欧州懐疑主義の台頭を

促し，さらには多くの市民の EU の政策に対する無関心を惹起するということである[8]。

　そこで，EU の運営に関する民主的正当性を確保しようとして，加盟国においてレファレンダムの手法をとることが，加盟国内およびそれが広がることで EU 全体の民主制原理の実現のために検討される可能性がある。しかし，EUにおける一定の政策に関する民主的正当性確保のための手段としても，加盟国国民によるレファレンダムには「伝統的に欧州懐疑主義的な諸国においてだけではなく，全加盟国において確かに」一定のリスクがあることも否定できないとされている（マヨーネ 2017，（下）285 頁）。その 1 つの例が，2005 年 5 月 29 日および 6 月 1 日に行われたフランス，オランダでの欧州憲法条約批准に関する国民投票である。フランスでは批准反対が 54.68%，オランダでは批准反対が 61.54% となり，この国民投票の結果が EU の連邦化のプロセスを減退させたと一般にみられたのであった。これを国民投票の 1 年前の 2004 年欧州議会議員選挙との比較でみてみれば，確かに欧州懐疑主義への投票は一定の範囲であったものの，フランスでの議会選挙の投票率が 42.76% に対して国民投票の投票率 69.34% となり，オランダは 39.3% に対して 63.30% と，国民投票の方が数段に有権者の関心を呼び，高い投票率によって結果が得られていることが示されている。ここからもわかるとおり，実はレファレンダムは，有権者が「欧州のプロジェクトに対する自らの評価を示す稀有な機会として……利用する」（マヨーネ 2017，（下）288 頁）傾向にあり，そこに強い関心を呼び起こすと同時に，投票において EU に対する消極的な結果に導く原因があると考えられている。そのために，統合を推進しようとするグループにとって，レファレンダムという手法によることは，たとえ直接的な民意による支持・正当性を得られる可能性があるとしても，逆の結果に終わる可能性の方が高く，そこにある種の脅威を感じる手法と考えられているようであった（マヨーネ 2017，（下）282 頁）。

　このような状況は，まさに何度も指摘している EU の運営に関する現在の構造をもとに導かれている。欧州議会議員選挙は，加盟国の国内議会議員選挙のように，それを通じて EU の政策立案者や運営についての市民の評価を示すものでも，政府を選択する機能を持つものでもない。しかし，民主制原理に関し

て，特に直接民主制の制度としてのイニシアティヴの可能性（欧州連合条約第11条4項および欧州連合運営条約第24条）を除き，代表民主主義の具体化として，EU市民の民意の発露は議会議員選挙が唯一の場とされている。もちろん意見交換や意見表明の機会（欧州連合条約第11条1項），欧州議会への請願権（欧州連合運営条約第227条）は認められるものの，EUの政策立案者に説明責任を負わせるための有効かつ適切な活動の場が与えられていない市民にとっては，まさにたまたまめぐってきたレファレンダムを，EUそれ自体に対する賛否の論争の機会に変えるほかなく（マヨーネ2017，（下），285頁），そのためにそこでの議論への関心や参加意欲も高められることになる。結局，EUへの不満やEUへの加盟に失望を感じる市民は，EUそのものの存続や自らが帰属する主権的国民国家のEUへの加盟自体をレファレンダムの対象として取り上げ，問題を大きくさせる傾向を持つのであった。

　この事態が現実化したのが，Brexitの発端となった2016年6月23日に実施された欧州連合離脱の是非を問う英国での国民投票（以下，2016年レファレンダムとする）になる。もちろん，そこでのレファレンダムの対象は，直接的に英国のEU離脱の可否であった。そして，そのようなレファレンダムの実施へと導いた背景には，民主制原理に関連する上記のようなEUにおける構造上の問題があるということができる。しかし他方，加盟国のEUからの離脱は，「憲法上の要件に従い」（欧州連合条約第50条1項）加盟国独自の判断に基づき決定することができる。そこで，Brexitが果たして本当に英国における民主制原理の観点から問題なく実現されるのかという点を検討するためには，その法的仕組み・問題を，英国国内法に関連づけて考えることが必要であろう。

3. 法的視点からみるBrexit

3.1　英国国民の自己決定としてのEUからの離脱

　政治的にみると，ある方向に進むとの一般的合意の成立を前提に，EUにおける積極的な政策は，まさに欧州統合のプロセスを後戻りできないようにするために，重要な問題の多くが未解決であっても合意が成立したことこそが重要との観点から展開されてきた。その結果，非常に広範囲で多様な文化的・歴史

的背景を持つ 28 の主権的国民国家の連合体としての EU は，その諸機関において機能不全を惹起し，決定プロセスにおいて十分な効果を上げることができない状況に陥っている。このような状況を背景に，EU 加盟国の構成員である各国民は，EU の諸機関に対する不信感を強め，欧州統合という発想自体に幻滅し，欧州レベルでの政策展開に無関心となっていく（マヨーネ 2017,（上）32-33 頁）との傾向が近年になって現れている。そこに，直接 EU の是非を問うような機会を与えられると，不満を持つ人々や普段は無関心の人々も，自らの不満をぶちまける絶好のチャンス到来として，その機会に積極的に参加するという態度を示す。2005 年の欧州憲法条約に対するフランス・オランダのレファレンダムもそうであったが，2008 年 6 月 12 日にリスボン条約批准に伴う憲法改正の是非を問うアイルランドでの国民投票でも，投票率 53.13%[9] のもとで憲法改正・条約批准反対票が 53.4% となり，ここでも EU の改革に対する消極的結果が示されていた[10]。そして同じ結果というだけでなく，まさにこれまで前進すると考えられていた欧州統合に対して直接に「待った」をかけ，主権的国民国家に対する外からの障害を除去しようとする古くて新しい試みの出発点となったのが英国での 2016 年レファレンダムである（Kotzur and Waßmuth 2017, p. 490）。

　この 2016 年レファレンダムは，EU 残留支持が 48.11% に対し離脱支持が 51.89% となり，離脱支持側の僅差での勝利となった。そこでの投票率は 72.21% で，この 2 年前の 2014 年欧州議会議員選挙の投票率が 35.40% であったこととの比較において，まさにレファレンダムの持つ市民・人民の EU への否定的評価の表明の場としての機能が現れた結果となっている。この結果の背景には，英国への EU 域内からの移民の多さ，特に東欧への EU の拡大以降の移民数の増加と，それに伴う英国内の労働市場における移民との競争の激化と公的サービスにかかる負荷に対する政治面での対応のまずさがあり，有権者はこの状況に不満を抱き，僅差ではあっても今回のレファレンダムの結果になったといわれている。

　英国は，1973 年の EC への加盟以来，欧州統合への多くの積極的施策に対しては用心深い態度で対応してきた国の 1 つであり，1992 年の共通通貨の導入の決定にも，1997 年のシェンゲン協定の EU 条約への編入による国境の開

放政策にもオプト・アウトを行使してきた。そして，その後もさまざまな場面で英国は「緊密な国家結合」という欧州統合のプロジェクトに対しては慎重な態度をとりつつ，同時に，経済的ガバナンス，競争政策および権限分配に関連した加盟国の主権そして移民問題の領域でEUにおける英国の地位に関する議論を英国首相をもメンバーにする欧州理事会において積極的に展開していた。特にレファレンダムが控えていた2015年から16年にかけて，当時の英国首相デイヴィッド・キャメロン（David Cameron）はEU側との交渉により，英国に有利となる地位をEUの中で認めてもらう改革案を引き出すことに成功し，EU残留を強く主張していた。その中で僅差とはいえEU離脱派が勝利した背景には，EU残留派が経済的な理由からのみその議論を展開していたために，域内からの移民との厳しい競争にさらされている人々にとっては，EU残留が経済的な苦境からの適切な処方箋になるとは考えられない（Fabbrini 2017, pp. 2-4）というEUに対する不満があるといわれているのであった。

　2016年レファレンダムの結果，英国はEUからの離脱を国民の民意を背景にして民主的に決定したかのように考えられたが，法的にみればそれほど単純なものではない。欧州連合条約第50条は，確かに脱退を決めた加盟国が一方的にEUから脱退する権利を有することを規定している。そこでは，EUの加盟国が他の加盟国の同意を必要とすることなくEUから脱退することを自律的に決定できることが保障されている。そして，この脱退のプロセスは，第50条において明文で，脱退決定，欧州理事会への脱退の通知，脱退の交渉と協定作成，脱退の効果発生という4段階に分けられている（中村 2017, 4頁）が，第3段階の交渉において脱退協定が成立しなくても，第2段階の脱退通知が行われて2年が経過すれば，脱退通知国に対する欧州連合条約，欧州連合運営条約の適用が終了し，自動的にEUからの脱退の効果が発生することが規定されている（欧州連合条約第50条3項）。しかし，この一方的な脱退権の行使は，条約の主体である加盟国，すなわち主権的国民国家に認められる権利であって，加盟国の個々の国民（一般に人民といわれる具体的な個々人の集合体）に認められた自己決定の権利ではない。この点は，別に脱退の場合に限られたことではない。EU法は確かに直接加盟国国民に対しても効力を有しているが，欧州連合条約および欧州連合運営条約というEUの存在を根拠づける基本条約の主

体は主権的国民国家としての加盟国であって，EU そのものが加盟国国民を母体にし，それを主体として設立されている機関ではないからである。したがって，たとえレファレンダムによって個々の国民（すなわち人民（people））による脱退の自己決定が行われたとしても，それが国民国家（Nation-State）の決定であるといえなければ，EU からの脱退の決定があったとはいえないことになる。レファレンダムによって人民の民意が表明されても，それが国民国家としての加盟国の決定にならなければ，欧州連合条約第 50 条によって規定される脱退権の行使はできないのであった（Levrat 2017, pp. 4-5）。

　それでは，人民の決定が国民国家の決定といえるようにするためにはどのようにすればよいのか，という問題が提起される。この点が，欧州連合条約第 50 条 1 項の加盟国の「憲法上の要件」に従った脱退決定になっているか否かになる。ここで，2016 年レファレンダムの結果だけでこの「憲法上の要件」に従った英国の決定として十分なのかという点が問題とされる。確かに，レファレンダムによって英国人民の民意は EU からの離脱が多数であるということは確認された。それが果たして英国という国民国家の決定になるのか否かである。この問題は，日本や欧州大陸諸国とは異なり，英国は形式的意味の実定憲法典を持たないために，英国においてコモン・ローとして展開されてきた憲法原理あるいは憲法習律に照らして，英国憲法において誰が EU 離脱を決定する権限を持つのか，すなわち，どのような手続を経て誰が下した決定が国民国家としての英国の決定になるのかを考えること（中村 2017, 6 頁）が必要とされるのである。2016 年レファレンダムの後に誕生したテリーザ・メアリー・メイ（Theresa Mary May）を首相にする英国政府は，レファレンダムの結果はいずれにしても Brexit だとして，それを英国国民の決定ととらえ，政府が欧州連合条約第 50 条の権限を行使するとしていた（Fabbrini 2017, p. 5）。ただ，少なくとも 2016 年レファレンダムの結果が英国国民の EU 脱退という自己決定であったということができたとしても，本当にそれを背景にするだけで英国政府は EU からの脱退を，2 年後には自動的に効果を発生させる欧州理事会への通知を行うことができるのか，英国国内の憲法上の要件はレファレンダムの結果だけで充たされているのかという点の検討は，やはり避けて通ることができない問題として残ることになる。

3.2 　民意実現のための英国憲法の原理

　2016 年レファレンダムを実施する法的根拠は，2015 年 EU 国民投票法（The European Union Referendum Act 2015）である。この法律は，確かに国民投票に参加する有権者の範囲や投票方法などの手続を定め，国民投票で国民の判断を仰ぐ問いを「英国が加盟国の一員として EU に残るべきか，あるいは EU から去るべきか」とし，「残る（remain）」または「去る（leave）」の二者択一で回答する形式でそれを実施するよう規定していた。ただ，この法律は 2016 年レファレンダムの結果に法的拘束力を付与するようには規定しておらず，このレファレンダムの結果についての議会や政府に対する法的拘束力のなさをどのように解するべきかがまず問題とされるようになる（中村 2017，19-20 頁）。そして，この問題を考えるためには英国憲法の内容に照らして検討する必要があるのだが，成文憲法典を持たない英国では，いかなる憲法原理・習律に関連する問題であるのか，そしてそこで取り上げるべき憲法原理・習律の内容はどのようなものかを明らかにしていかなければならないのであった。

　もともとキャメロン前首相が，2013 年 1 月に 2015 年の英国議会総選挙のマニフェストとして英国と EU との関係について再交渉して EU を離脱するかどうかの選択肢を 2017 年末までに国民に与えると発表し，2016 年 2 月 20 日，同前首相が同年 6 月 23 日に EU 残留を問うレファレンダムを実施すると発表した際には，当該レファレンダムの結果が離脱多数ならば，英国国民の意思として英国そのものの EU 離脱決定が下ったものとみなし，その民意を背景に英国政府が欧州理事会に EU からの離脱の通知を行うことができる，すなわち，レファレンダムで直接民意が表明された以上，議会の関与を要せず，政府がその人民の意思に直接依拠して欧州連合条約第 50 条の権利を行使することができると考えられていた。キャメロンの後をうけて保守党党首となり，首相に就任したメイも，自らはレファレンダムにおいて残留に投票したものの，EU 離脱問題については僅差ではあるものの離脱多数の結果をうけて，「Brexit は Brexit である」とし EU 離脱を遂行させると表明するとともに，前任者のキャメロンと同じく，民意が表明された以上，議会の関与はそれ以上必要はなく，英国政府が EU からの離脱についての権利を行使できるとの見解を明らかにしていた（Fabbrini 2017, p. 5）。

ただ，レファレンダムの結果が残留多数であったならば政府の責任の範囲で
その結果を受け入れるだけでよい（つまり英国内の法秩序に変更をもたらすこ
とも，EUへの通知も必要はないため何も変わらない）が，今回のように離脱
支持が多数になった場合，その民意を現実に履行するためには政府による当該
結果を受け入れる決定だけでは不十分で，現在のEU法の効力を英国内におい
て認める法制度を変更する必要性が当然に出てくる。そして，EUからの離脱
が民意である今回の結果を履行するためには英国内の法秩序の変更を必要とす
る以上，その権限を持つのは政府ではなく議会であり，英国憲法においてキー
となる「議会主権」の原理に基づいて，EUからの離脱についての議会の承認
がない以上，いかにレファレンダムによって民意が表明されていようとも政府
に直接欧州連合条約第50条の権利を行使することができないといわれること
になる。ここに，議会と政府という英国内の国家機関の権限分配に関しての議
論が「議会主権」と「国王大権」という憲法原理の理解になっていくのであっ
た（Alter 2017, p. 405）。なお，この国家機関の間の権限分配の問題に関しては，
垂直的権力分立の観点から，ウエストミンスターの議会だけでなく，北アイル
ランドやスコットランドの分権議会での承認も必要ではないかとの議論も提起
される。というのも，2016年レファレンダムでは北アイルランドでは55%が，
スコットランドでは62%が残留支持の投票をしており，イングランドとウエ
ールズの多数が離脱支持を示していても，北アイルランドとスコットランドで
は異なった結果になっている以上，憲法原理に照らすとその分権議会での承認
も政府の権限行使の前提になるとの意見も主張されていたのであった（Alter
2017, p. 411）。

17世紀の英国において，絶対主義王政における国王の専制に対抗してそれ
を克服したのが議会であったという歴史的背景から，議会が国政の中心に位置
づけられ，法的に無制限の法定立権限を持ち，「議会主権」が英国憲法の際立
った1つの原理とされている。つまり，中世以降近世の絶対主義の時代まで，
英国ではすべての国家権力は国王のもとにあったが，名誉革命（Glorious Revo-
lution）において議会と国王の関係が変革し，1689年の権利章典において規律
された新たな君主制のもとでは，議会に広汎な自由が認められ，それゆえに主
権は議会に委ねられるようになったのであったということである。その「議会

主権」の原理では，議会が自らの欲するように法を制定し，それを維持し続ける権力を持つこと，さらに，いかなる制度も議会が制定した法を無効あるいは無視する法的権限を持つものではないとされる（リンバッハ 2002，4 頁）[11]。ただ，この英国の「議会主権」の原理は，それが国民主権の思想に基づく議会制民主主義を基盤にして認められる憲法原理ではなく，議会が有権者の政治的意思に拘束されるのは単なる事実上のものにすぎず，そのような事実上の拘束から議会はいつでも解放され，時にはその拘束を無視することさえできると考えられている。その結果，議会で行われた決定を覆すことができるのは議会のみであり，他のいかなる国家機関あるいは国民の決定も議会の明示的判断を否定することができない（Alter 2017, p. 406）とされるのであった。

これに対して，EU からの離脱についての議会承認がなくても政府が独自にレファレンダムの結果に基づいて欧州連合条約第 50 条の権利を行使しうるとの主張の法的根拠とされるのが，議会の関与を必要とせずに政府の独自の判断で行使することができる「国王大権」の領域である。それは，伝統的には国王の権限領域にあったものであったが，現在ではその権限は行政府，言い換えると内閣によって行使されることはいうまでもない。そしてその典型的領域が，他国との条約の交渉・締結・解除に関する外交権限になり，まさに，2016 年レファレンダムの結果に基づく政府の権限行使も，この外交に関する国王大権のもとで認められると政府は考えていた（中村 2017，21 頁）。ただし，この見解に対しては，条約交渉・締結・解除に関する大権が認められるのは，条約が英国を拘束するとしてもそれ自体が直接英国の国内法として有効になるわけではなく，国内法上の権利義務を創造するわけではないという，国内法・国際法の二元論が前提になっている点からの限界が導かれている。すなわち，条約の締結・廃止に関する外交上の大権を政府が行使しうるのは，少なくとも英国の国内法を変更しないというルールに反しない場合でなければならない，ということである（Alter 2017, pp. 406-407）。

2017 年 1 月 14 日，英国最高裁は，まさにこの権限分配に関する問題についての判断を下した。英国最高裁は，結論として 8 対 3 の評決で，議会による承認がない限り政府は欧州連合条約第 50 条の権利を行使することはできないとの判断を下した。英国最高裁がその判断を下すための重要なポイントになった

のが，英国が EC に加入することを承認した 1972 年欧州共同体法（European Communities Act 1972）である。すなわち，同法に基づいて英国は当時の EC に加盟したが，そこには英国の政府・行政府が英国議会の廃止決議なしに同法を廃止できるかどうかについては明示されていないこと，また，欧州共同体法に基づき英国国民には EU 法上の一定の権利が直接認められることになり，当該権利を政府の国王大権の行使のみによって変更することはできない，という点がこの事案の判断においてポイントになるとされたのであった。2015 年 EU 国民投票法も EU からの離脱に関するレファレンダムを創設しその実施に結びついた法律であるが，やはり政府・行政府に欧州連合条約第 50 条の手続を開始させる権限を直接にも黙示的にも付与しておらず，かつ，レファレンダムの結果そのものにも法的拘束力を認めていない，そして，欧州連合条約第 50 条の発動は英国の EU からの離脱という効果を招来し，その意味で欧州連合条約第 50 条の発動は 1972 年欧州共同体法を無効にするという効果を生じさせることになる。もし以前に議会により制定された法律を議会が認めた以外の方法，すなわち政府による国王大権の行使で実質的に改廃することを認めることになれば，それは英国の憲法原理の中核をなす議会主権の原理に反するものであると最高裁は結論づけ，欧州連合条約第 50 条の手続を開始するには英国議会による承認を要すると判断した（Fabbrini 2017, pp. 5-7）[12]。

　なお，垂直的権力分立に関しても英国最高裁は判断を下し，英国議会が EU 離脱の承認を行う場合，北アイルランドやスコットランド自治政府・分権議会の合意は必要ないとの結論を示している。1998 年に行われた地方分権議会設立に際して各地方政府へ権限委譲が行われたが，その権限内容の変更を行う場合には，地方政府・議会の承認を求める仕組みが一種の慣習（一般にスウル慣習（Sewel Convention）と呼ばれている）となっているが，最高裁では「欧州連合条約第 50 条の行使に限っては，承認をとる必要はない」との判断を下している。ここでは，確かにスウル慣習も憲法習律とみなすことができるが，欧州連合条約第 50 条の権利行使は国家レベルの外交事項に関連する問題であるために，地方分権に関する当該慣習の適用領域とは次元が異なるというのが英国最高裁の判断理由になっている（Alter 2017, p. 411）。

4. まとめとして——統合とは何か？

　2016年レファレンダムを直接的な契機にする英国のEUからの離脱は，英国国内の憲法原理に関する論争，すなわち議会主権，行政の国王大権そして地方の自律権をめぐる憲法上の論争へと導いた。大陸のEU加盟国にすれば，成文法主義とは異なるコモン・ロー体制に基づく法秩序における憲法原理の間の衝突ではあるものの，近年，これほどメディアでの注目を集めたものはない（Alter 2017, p. 405）といわれている。英国最高裁の判断の後，2017年2月8日，英国議会庶民院は，英国首相に欧州連合条約50条2項に基づき英国がEUから離脱する旨の通知を欧州理事会に行うことを認める法案を可決し，貴族院に当該法案を送付した。貴族院は，2017年3月7日，英国内に居住するEU市民の地位を保護することと，EUからの離脱に関する最終的決定権は議会にあるとの修正を施す修正案を提案したが，英国政府は，それらはEUとの交渉の内容になるとの理由で拒否し，文字通りの意味でのBrexit法案を再度議会に提出した。3月13日，庶民院でその法案が可決され，同日午後には貴族院でも承認され，最終的に3月16日に女王の同意を得て2017年EU離脱の通知法が成立した。そして，この法に基づき，2017年3月29日，メイ首相（名義上は英国政府）は，欧州理事会議長に対して，英国がEU（ならびに欧州原子力共同体も）から離脱する旨の通知を行った。この通知の結果，欧州連合条約50条に定められた離脱までの2年の時間枠がスタートしたのであった（Fabbrini 2017, p. 8）。

　現在，Brexitの発端となった2016年レファレンダムの結果は，1989年の「ベルリンの壁」崩壊以後の欧州において最も重要な政治的出来事であると評されている（Fabbrini 2017, p. 1）。それは，どちらの出来事も人民の不満が爆発して現状の政治体制に異議を申し立てることにより，体制変革をもたらしたという共通の特徴からとらえられたものということができる。そして同時に，どちらの場合も現状の政治体制において「民主主義の赤字」という問題が背景にあることも共通している。「ベルリンの壁」崩壊は，まさに社会主義・共産主義の一党独裁体制における民衆の不満が爆発したものであり，Brexitは，欧

州統合を急ぐあまり政策立案過程における「民主主義の赤字」から無関心となった市民が不満を爆発させることができるレファレンダムという機会を利用した現状に対する異議の表明であった。そして，国家あるいはその段階にまで至らないとしても公共的な事項に関する公権力の行使を前提にする政治的共同体の運営においては，その人的構成員である国民・市民の支持が必要不可欠であり，その意味で民主的正当性が常に確保されていることが安定的な発展のための必須の前提になるということができるのかもしれない。

　しかし，「ベルリンの壁」崩壊を引き起こした人民の蜂起や Brexit のきっかけとなったレファレンダムは，純粋に近代立憲主義の基本原理とされる民主制の具体化のための法的手法とは必ずしもいえない。EU を含め，EU 加盟国の基本原理としての民主制は，通常，議会制民主主義という形式で具体化される。民意を実効的に表明するためにはレファレンダムのような直接民主主義的制度が必要とされる制度構築のあり方は，本来の民主制原理のあり方とは異なっているのではないのかという疑問が提起される可能性がある。そして，そのような疑問は，まさに現在の EU による欧州統合のプロジェクトのあり方そのものに対する問題の指摘ということができる。EU による欧州統合は，近代の主権的国民国家をモデルとして，EU そのものを当該国家の拡大バージョンへと進化させ，それとほぼ同じ機能を持たせることで達成できるとする想定に誤りがあるのではないかということである（マヨーネ 2017，（上）27 頁）。すなわち，地理的に拡大した現在の EU において，英国を除く歴史的・文化的背景の異質な大陸の 27 ヵ国にとって，「統合とは一般にどのような概念なのかというより，これまでどのような統合の手法が用いられてきたのか」（マヨーネ 2017，（上）24-25 頁）を検証し直し，今後の欧州統合のあり方をここで再考する必要があるのではないかという点を，まさに Brexit を引き起こした 2016 年レファレンダムの結果が問いかけているのではないだろうか。

　この点は，EU 自身も気づいているようであり，2017 年 3 月 1 日に欧州委員会から Brexit 後の EU の今後についての白書が公表された。それは「欧州の将来についての白書（White Paper on the Future of Europe）」と題され，そこには 2025 年へ向けての EU 27 カ国にとっての 5 つのシナリオが提示されている[13]。それは，現状継続，単一市場のみ，多くを望むものが多くを行う，行為

を少なくより効率的に，より一層の協働，という5つのシナリオであり，2019
年の欧州議会議員選挙に向けてこの5つのうちどのシナリオでEUが前進する
かを検討していこうとするものである。この5つのシナリオのどれがあるべき
進路になるのかは今後の課題であり，それに対応する形での条約改正などが行
われるかもしれない。その際には，国家の主権を維持しようとして国内での民
主制原理を利用する抵抗が，現在の東欧諸国，特にポーランドでの抵抗[14]の
ような形で現れるかもしれない。そこでは，「グローバリゼーションと地域統
合にもかかわらず，国民国家が依然として死活的にも重要であるという認識」
を持っておくことが必要なのか否かという点をも含めて，民主制原理に基づき，
選挙によって選択された加盟国の自己決定を削減するような方向へと向かう方
法との比較において今後検討してくことが，EUの将来についての法的，特に
憲法的次元での課題になると思われる。

[注]
1)　2015年12月の憲法裁判所の権限制限の法案に対しては，ポーランド国内でもさまざ
まな批判がなされていた。特にワレサ元大統領が，法案を成立させた与党「法と正義」に
対して強い批判と，政府の権限行使に大きな懸念を表明していたことが報道されていた。
2)　3月15日のオランダ下院選挙では，与党自由民主党が第1党の地位を確保しつつも，
極右のポピュリズム政党の自由党が議席を伸ばす結果になった。また，フランス大統領選
挙では，4月23日の第1回投票の結果，中道系の独立候補マクロン氏と極右政党「国民
戦線」のルペン氏が決選投票に進出し，5月7日の決選投票では，マクロン氏が約66%
を獲得して勝利したものの，ルペン氏も約34%とかなりの票を獲得した。ただ，6月11
日の第1回投票と18日の第2回投票で行われたフランス国民議会総選挙は，マクロン大
統領の新党「共和国前進」が過半数を獲得すると同時に，これまでの中道右派の「共和
党」やオランド前大統領の「社会党」などの中道左派は大きく議席を減らし，ルペン氏の
「国民戦線」は8議席しか獲得できない結果に終わっている。さらに，ドイツで行われた
9月24日の連邦議会議員総選挙ではメルケル首相率いるキリスト教民主・社会同盟
（CDU/CSU）が第1党となったものの，「ドイツのための選択肢」（AfD）が第3党となり，
右翼国家主義政党が第二次世界大戦後の連邦議会で初めて議席を獲得するに至っている。
なお，2020年の総選挙を前倒しするために5月3日に議会下院を解散し，6月8日に投票
が行われた英国の下院選挙ではEU離脱の交渉を争点にしつつも，メイ首相率いる保守党
が得票率（42.4%）を伸ばすものの，単独過半数（獲得議席は318で過半数は326）を得
ることはできなかった。
3)　この点については，欧州連合条約第2条1文が「EUは，人間の尊厳，自由，民主主

義，平等および法の支配（法治国家）の尊重，ならびに少数者に属する人々の権利を含む人権の尊重という価値を基礎にする」とし，同条2文は「これらの諸価値は，多元主義，非差別，寛容，正義，連帯および男女の平等が広く受け入れられた社会を持つ加盟国に共通のもの」としている。

4）　ただし，EU理解の手がかりとしての「組合のようなもの」とのとらえ方は，近代の主権的国民国家のような既存の統治体制に引きずられないようにするための比喩であることも指摘されている（中村 2015，7頁）。

5）　中村（2015，4頁）では，「EUは〈国家ではない未来の形（かたち）〉の一つを示す政治・法・思想の実験とも受け取れる」としており，同書の副題が「国家ではない未来の形」になっている。

6）　この基本権としての保障のほかにも，EU市民権の内容として欧州連合運営条約第20条2項c号および第22条が欧州議会議員選挙や加盟国の地方選挙における選挙権・被選挙権の保障規定を定めている。

7）　特に東欧諸国の投票率が低く，Visegrád 4と呼ばれている国では，チェコの18.2%をはじめ，スロバキア13.05%，ポーランド23.83%，ハンガリー28.97%にとどまっている。その他の東欧諸国でも，ルーマニア32.44%，ブルガリア35.84%にとどまり，主要国においてもベルギーの89.64%やルクセンブルクの85.55%を別格にして，イタリアの57.22%，ドイツの48.10%を除けば，フランスは42.43%，オランダや英国に至っては30%台になっている。

8）　この欧州統合の手法に対する問題についての見解は，マヨーネ（2017）の主張であるとされている。それは，監訳者・庄司氏の解説として，マヨーネ（2017，（下）488~489頁）に的確にまとめられている。

9）　この国民投票を挟んで行われた2004年および2009年の欧州議会議員選挙におけるアイルランドの投票率は，59.7%ならびに58.64%と国民投票よりも高く，この点は，アイルランド国民がEUに対して他の加盟国に比べて関心を持っていることがうかがえ，この傾向は2014年選挙でも投票率52.44%となっており，現在でもその傾向は確認できる。

10）　このアイルランドの国民投票の否決の背後には，EUの権限拡大に伴いアイルランドから欧州委員会委員を出せなくなるという点が反対された大きな原因であると判断し，加盟各国首脳はリスボン条約が発効していても欧州委員会には加盟各国から1人ずつ委員を出す従来の制度を維持することで合意し，同時にアイルランドに対する特別な配慮をまとめた附属議定書を作成することでリスボン条約批准に向けての対応を行うことになった。その対応を受けて，アイルランドでは2009年10月2日に2度目の国民投票が実施され，投票率59%で賛成67.13%，反対32.87%でようやく憲法改正，リスボン条約批准が国民によって承認されたのであった。

11）　なお，この「議会主権」の原理の内容は，英国の19世紀の憲法学者 Albert Venn Dicey によって定式化された内容とされており，これによると当時，「議会は男を女に，女を男にする以外，自らの欲するあらゆることをなし得る」というのが英国憲法の基本原理とされていたといわれている（リンパッハ 2002，4頁）。

12) R（Miller）v. Secretary of State for Exiting the European Union［2017］UKSC 5. なお，本章においてこの判決の詳細な内容は Alter（2017, pp. 407-412）に依拠していることを付記しておく。

13) この白書の内容，特にそこで提示されている 5 つのシナリオについては，マヨーネ（2017，（下）491 頁）において監訳者・庄司氏が解説の中で取り上げている。

14) なお，この東欧諸国の問題については，すでに「経済統合には賛成であるが，回復したばかりの国家主権を手放す用意はないことを明らか」にしているとの指摘もなされるところとなっている（マヨーネ 2017，（上）28 頁）。

[参考文献]

Alter, M. J.（2017）, "Der "Brexit" zwischen Parlamentssouveränität, Prärogativbefugnissen und regionaler Autonomie," *JuristenZeitung*, 72（8）, pp. 405-413.

Fabbrini, F.（2017）, "Introduction," in F. Fabbrini, ed., *The Law & Politics of Brexit*, Oxford University Press, p. 1.

Geiger, R., D.-M. Khan, und M. Kotzur（2010）, "Vertrag über die Europäische Union und Vertrag über die Arbeitsweise der Europäischen Union," *Kommentar*, 5. Aufl.

Kotzur, M. and M. Waßmuth（2017）, "Do you "regrexit"? Die grundsätzliche Möglichkeit des（unilateralen）Widerrufs einer Austrittsreklärung nach Art. 50 EUV," *JuristenZeitung*, 72（10）, pp. 489-496

Levrat, N.（2017）, The Right to National self-determination within the EU: a legal investigation, https://ecpr.eu/Filestore/PaperProposal/d0d39dde-15ad-4462-994a-a9e4a2fa24a6.pdf.

Streinz, R.（2012）, *Europarecht*, 9. Auflage, C. F. Müller.

Voßkuhle, A.（2016）, ""Integration durch Recht"- Der Beitrag des Bundesverfassungsgerichts," *JuristenZeitung*, 71（4）, pp. 161-168.

井上典之（2008），「立憲主義と憲法パトリオティズム」『公法研究』70 号，83 頁以下。

井上典之（2017），「欧州連合という『国家ではない未来の形』－その核心にある基本権とともに－」戸波江二先生古稀記念論文集『憲法学の創造的展開 下巻』信山社，5 頁以下。

中西優美子（2012），『EU 法』新世社。

中村民雄（2015），『EU とは何か』信山社。

中村民雄（2017），「イギリスの EU 脱退（Brexit）の法的諸問題」『比較法学』50 巻 3 号，1 頁以下。

マヨーネ，G.（庄司克宏監訳）（2017），『欧州統合は行きすぎたのか（上・下）』岩波書店。

リンバッハ，J.（井上典之訳）（2002），「憲法の優位か，議会主権か？」『自治研究』78 巻 6 号，3 頁以下。

第 2 部

転換期にある EU 政治

第5章 「ドイツのための選択肢」と欧州懐疑主義

近藤正基

1. 欧州懐疑主義政党の台頭

欧州連合（EU）が試練に立たされている。2005年にフランスとオランダで欧州憲法条約が否決されてから，連邦制国家に向かうようなEU統合はすでに頓挫していた（遠藤2016）。それでもなおEUは生き残り，ガバナンスの多元化を通じて新たな一歩を踏み出したかにみえた。しかし，2015年の「難民危機」や「ブレグジット（Brexit）」によってEU諸国の足並みは乱れ，再びEUが「揺らぎ」始めている。

もちろん，EUの発展は危機と隣り合わせに進んできたことを考慮するなら，この点をことさらに取り上げる必要はないのかもしれない。しかし，現在の「揺らぎ」には以前の危機とは異なる点もみうけられる。状況は深刻さを増しているといっていいだろう。そう評価する根拠の一つとして，「欧州懐疑主義」の拡がりが挙げられるだろう。「欧州懐疑主義」政党は今やヨーロッパ各国で無視できない勢力になった。フランスの国民戦線，イギリスのUKIP，オランダの自由党，オーストリアの自由党，ポーランドの法と正義，ハンガリーのフィデス＝ハンガリー市民同盟などはその代表格といえよう。フランスやオランダではすでに政党システムに根付いており，ポーランドやハンガリーでは政権を握るまでになっている。これらの政党は「右翼ポピュリズム」政党とも呼ばれているが，欧州懐疑主義は右翼の専売特許というわけではない。たとえばスペインのポデモスは左派ポピュリズムとも呼ばれるが，この政党もEUを厳しく批判している。

では，こうした政党が唱える「反EU」，「EU懐疑主義」，「欧州懐疑主義」とは具体的にはどのような内容なのだろうか。EUまたはヨーロッパの何に

「反対」しており，どのような「懐疑」を持っているのだろうか。また，何を根拠として「反対」や「懐疑」を正当化しているのか。

本章ではドイツに注目して分析を進めていく。一般的に親 EU とみなされるドイツでも欧州懐疑主義は観察されるし，とりわけユーロ危機以降は国内外で注目を集めるようになっている。ドイツの「欧州懐疑主義」政党の代表格は「ドイツのための選択肢（Alternative für Deutschland，略称，AfD）」である。AfD は「反ユーロ」を旗印として 2013 年から急速に台頭し，2017 年連邦議会選挙では第三党へと躍進した[1]。本章では，分析の焦点を AfD に置くことにしたい。

では，AfD はどのように発展し，変容してきたのだろうか。党内の権力関係はどのように変化し，その「欧州懐疑主義」とは具体的にどのような内容なのだろうか。以下で検討していきたい。

2.「ドイツのための選択肢」の躍進——結党から欧州議会選挙まで

本節と次節では，結党から原則綱領採択までの時期，すなわち 2013 年 2 月から 2016 年 5 月までを扱い，AfD の路線が明確化されていくプロセスを検討したい[2]。

2.1 ユーロ批判の拡がり

2010 年 3 月にメルケル首相は EU 首脳会議でギリシャ救済策を承認した。2010 年 5 月には欧州金融安定基金（EFSF）によるギリシャへの大規模な金融支援（総額 1,100 億ユーロ）が決まった。2011 年 7 月には，EFSF に代わる欧州安定メカニズム（ESM）設立条約がユーロ圏 17 ヵ国の財務相により調印され，恒久的な財政支援制度が立ち上がることになった。この条約は 2012 年 10 月に発効されることが予定されていた。

総額 1,300 億ユーロにもなる第 2 次ギリシャ支援がまとまりつつある一方で，ドイツ国内では支援策の内容だけでなくユーロそれ自体への不満が高まりつつあった。2012 年 9 月の意識調査では，質問を受けた者の 65% が，ユーロがなければ自分の生活状況は大いに，あるいは幾分よくなると答えていた。草の根

第 5 章 「ドイツのための選択肢」と欧州懐疑主義　　　105

レベルでは ESM 阻止のためのオンライン署名運動が起こり，反ユーロ運動が拡大しつつあった。政党レベルでも自由有権者（Freie Wähler）など新興政党，自由民主党（FDP）内部の「自由への旅立ち（Liberaler Aufbruch）」，CDU 内部の中間層・経済連盟を中心とした議員たち（シュラーマンやロバヌス）がユーロを批判していた。ただ，これら反ユーロ運動が一致した見解を有しているわけではない。ドイツの過重な経済負担，EU における民主主義の赤字，政治家たちのユーロ破たんリスクの軽視，経済・社会的諸関係の自由化の阻害など，批判するポイントは異なっている。また，ドイツ各地で反移民・反難民・反イスラムの活動を活発化させてきたプロ運動・政党も，第一の政治目標ではないものの，反ユーロを掲げている。以上のように，保守，新自由主義者，右翼勢力による反ユーロ運動が隆盛しつつあった（中谷 2014）。

2.2　「ドイツのための選択肢」の結党

　ユーロ危機に対する救済策が問題視され，ESM 設立条約発効が近づく 2012 年 9 月に「選挙選択肢 2013（Wahlalternative 2013）」が設立される。ルッケ，ロバヌス，ガウラント，アダムといったメンバーが中心となった。経済界の重鎮であり，ドイツ産業連盟（BDI）元会頭であるヘンケルも，債務国救済に反対する選挙選択肢 2013 の設立を祝福した。後に AfD の代表となるルッケは，キリスト教民主同盟（CDU）に入党した経験を持ち，ハンブルクで教鞭をとる大学教授である。ガウラントは長年 CDU に所属しており，ヘッセン州首相府次官も務めた人物である。アダムは，『フランクフルター・アルゲマイネ（FAZ）』などのクオリティ・ペーパーに寄稿する著名な論壇人である。このように，エリート層が集ったことが注目を浴びた。選挙選択肢 2013 は当初は ESM 批判を掲げていた自由有権者（Freie Wähler）[3] と連携するが，ニーダーザクセン州議会選挙で得票率 1.1% にとどまった。そのため，ルッケらは，独自の政党，すなわち AfD の設立に向かうことになる（中谷 2014）。

　2013 年 2 月 6 日，AfD が設立される。フランクフルト・アム・マイン近郊での集会では，ルッケ，アダム，そして女性実業家のペトリが党代表に選出された。党員は増加の一途をたどり，5 月には 10,476 名となった。その後，党員はさらに増加していく。結局，CDU から 1,008 名，FDP から 587 名，社会民

主党（SPD）から 558 名，キリスト教社会同盟（CSU）から 220 名が党に参加した。

　AfD の結党は，とりわけ右翼政党とその党員から歓迎された。『シュピーゲル』は，2013 年の AfD 結党の直後，「ほとんどすべての AfD 州組織が自由党（Die Freiheit）や共和党やシル党の旧党員」を受け入れたと伝えている（Spiegel Online 2013/9/2）。例えば，イスラムへの敵視が特徴であった右翼政党・自由党の党首であったシュタットケヴィッツは公式に党員が AfD に入党することを認め，およそ 350 人の党員が AfD へと流れたと述べていた（Spiegel Online 2013/10/1）。その後，自由党にとどまらず広範な右翼政党の党員が AfD に流れ込んでいくことになる。

　急速に組織された州組織には，右翼政党の元党員が主要な役職を得ることになった。ノルトライン＝ヴェストファーレン州の連邦議会選挙候補のヴレッケは共和党の元党員であり，ハンブルクでは州組織設立にかかわったエックレーベンが自由党の州委員長を務めた経験を持っていた（中谷 2014）。右翼政党の旧党員の一部は，州レベルでの活動を活発化させていった。メクレンブルク＝フォアポンメルン州においては，自由党の旧党員が州組織代表に選出された（Märkische Allgemeine 2013/5/7）。ルッケはこうした動向に批判的だったが，多くの州組織は厳しい党員統制を行わず，まずは党組織の拡大に努めたのだった。

2.3　2013 年連邦議会選挙

　AfD は，2013 年 9 月 22 日の連邦議会選挙で，4.7%（2,056,985 票）を得た。5% に届かなかったが，急造の政党としては大きな成功を収めたといえる。得票率は，旧西ドイツ地域では 4.4% だったが，旧東ドイツ地域では 5.8% だった。政党別でみると，FDP から最も票が多く流れた。その数は 43 万票にのぼった。そのほか，左翼党からは 34 万票，CDU/CSU からは 29 万票，SPD からは 18 万票，右翼政党など小政党から 41 万票を得ている。

　「反ユーロ」を旗印とする AfD だったが，その主張は従来の右翼政党のそれとは異なっていた。AfD は EU の解体を目指しているわけではなく，主権国家の集合体としての EU を是認している。単一市場に賛成しており，これを維

第5章 「ドイツのための選択肢」と欧州懐疑主義　　107

持するべきと主張している。一方，経済，社会，財政政策は各国家に委ねられるべきであり，それを阻害しているのがユーロであるとみなしていたのである（中谷 2014）。

　反ユーロ以外の政策に目を向けると，AfD は，カナダモデルの移民政策（ポイントシステム）の導入[4]，少子化対策のための家族の保護，年金制度の防衛，フラットな所得税，再生可能エネルギー法の廃棄を主張している（AfD 2013）。これらの多くは目新しいものではなく，これまで CDU/CSU や FDP が掲げてきた政策である。家族の保護という場合，男性稼ぎ手家族が想定されているため，保守主義的な色彩が強く，CDU の政策にきわめて近い。フラットな所得税は，CDU が 2005 年連邦議会選挙で掲げた政策そのものである。この税制改革プランには FDP も同調していた。さらにいえば，年金制度の防衛という点では，SPD や左翼党とも近しい主張を掲げている。このように，反ユーロを除けば，AfD は既存政党のいずれかとほぼ同様の政策を打ち出していたのだった。

2.4　連邦議会選挙後の動向

　連邦議会選挙の後，AfD 内部で混乱がみられた。ヘッセン州では激しい党内対立があった。旧指導部の入れ替えが行われたばかりか，党の利益に反する行動をしたとみなされ，新たに選ばれた州組織代表と財務担当が解任されることになる。テューリンゲン州でも新指導部選出で党内が数ヵ月にわたる内紛を繰り広げたのだった。このような党内対立の背景には，家族，ジェンダー，イスラム系移民をめぐる論点で，党内でさまざまな意見があったことを指摘できる。

　ヨーロッパレベルでの党戦略をめぐっても，対立がみられた。2013 年 11 月に AfD 幹部会は，ヨーロッパ各国の右翼政党ではなく，保守政党や改革派と協力するという方針を立てた。つまり，イギリスの保守党やチェコの市民民主党などとの協力を打ち出したのである。一方，UKIP が加盟し，同党のファラージ党首が主導する「自由と民主主義のヨーロッパ」との協力については「明確な拒否」を唱えていた。しかし，州レベルではこれに反する動きがみられた。ノルトライン＝ヴェストファーレン州とメクレンブルク＝フォアポンメルン州

の AfD 州組織幹部は，ルペンの会見が行われた 2013 年 11 月にファラージと会談し，友好関係を築いていたのだった（Cisero 2013/4/8）。

路線対立や内紛がみられたものの，2014 年 1 月のアシャッフェンブルク党大会ではルッケが候補者リストの最上位に選出されることになった。リスト 2 位は，経済界の重鎮で，反ユーロを持論とする，BDI 元会頭のヘンケルであった。新自由主義者がリストの上位に入り，一方で右派グループの政治家は少数だった。

2.5 欧州議会選挙

先述のエアフルト党大会では，欧州議会選挙綱領が採択された。その中で，連邦議会選挙と同様に，ユーロからのドイツの脱退が主張されており，加盟国が再び経済・社会政策の権限を取り戻す必要があると説かれている。また，銀行や債務国の救済にかかわって，ドイツの負担が増加していることを批判し，各国の自己責任を唱えている。ESM を通じたドイツの負担増については，ドイツ国民の意思に反して決定されたことを問題視し，民主主義の不足が指摘されている。ここから，EU 官僚制批判が導き出され，より多くの市民参加が不可欠だとしている。ただ，これも連邦議会選挙と同様であり，AfD は反ユーロではあるが，EU の解体を支持しているわけではない。

移民については，経済的に有用な移民は必要であることが説かれる。そして，カナダモデルに基づくポイントシステムを導入すべきだとしている。厳格な入管が主張され，ブルガリアやルーマニアが加盟することで，ドイツ社会国家の負担が重くなるようなことがあってはならないとしている。難民については，人道的に庇護されることが必要であると述べられている。ただ，EU の周辺に位置する国々の負担だけが増加することは避けるべきであり，この負担を加盟国で公平に配分していくことを提唱している。EU のジェンダー平等にかかわる政策は批判され，「性別アイデンティティ」を無視するような「ジェンダー主流化」は拒否される。エネルギーと環境に関しては，再生可能エネルギー法の廃止を主張している。農業関連政策については，補助金の削減を目指すべきであり，EU の医療保険政策についても改革が必要だとしている。EU 域内での医療保険の平準化は，ドイツにとっては医療保険水準の低下をもたらすおそ

れがあることから，拒否している（AfD 2014a）[5]。AfD は連邦議会選挙より一歩踏み込んだ EU 批判を展開したといってよいだろう。

　では，欧州議会選挙の際の AfD は，どのような性格を持っていたのだろうか。この選挙における政党の位置づけに関するガートらの研究をみてみよう（Gath et al. 2014）。彼らの研究では，それぞれの政党の政策をスコア化した上で，①社会・経済，②社会・文化，③ヨーロッパ政策という軸を設定し，政党を配置している。社会・経済の軸では，AfD は SPD と緑の党の間に置かれる。その理由は，AfD は EU 市民税やアメリカと EU との自由貿易協定に反対していることにある。社会・文化の軸では，AfD は CDU より保守の側に位置し，CSU とほぼ同じ位置づけとなる。ただ，この軸の極は CSU である。なぜなら，CSU はトルコの EU 加盟や EU 共通の難民政策に明確に反対しているからである。ヨーロッパ政策をめぐる軸では，一方に超国家機関，もう一方に主権国家の連合体が置かれる。この軸の上では，AfD は CSU や FDP と重なっており，主権国家の連合体の極に位置づけられる。総じていうなら，AfD には左派的な主張と右派的な主張が入り混じっており，その複雑な性格が明らかになっている。

　そして，2014 年 5 月に欧州議会選挙が行われた。AfD は 7.1% の得票率で，7 議席を獲得することになる。AfD は，前回の欧州議会選挙で CDU/CSU に投票した有権者から 51 万票，SPD 支持者から 18 万票，左翼党支持者から 11 万票，緑の党支持者から 3 万票を得た。FDP 支持者から 6 万票を獲得したが，FDP から得た票は連邦議会選挙に比べて大きく減少した。AfD に投票した有権者をみると，全体の 40% が 44 歳以下であり，26% が高等教育を修了している。支持者は，比較的若く学歴が低いわけではない（Tagesschau 2014/5/25）。

3.「ドイツのための選択肢」の変容
──5 つの州議会選挙，党分裂，原則綱領

　本節では，ザクセン，ブランデンブルク，テューリンゲン，ハンブルク，ブレーメンの州議会選挙から党分裂を経て 2016 年 4 月の原則綱領採択までの AfD の展開を追っていく。

3.1 旧東ドイツ3州の州議会選挙

2014年8月31日に行われたザクセン州議会選挙では，AfD の得票率は 9.7 % であり，14 議席を獲得することになった。前回の州議会選挙では，そのうち 22% が CDU，12% が FDP，11% がドイツ国家民主党（NPD），11% が無投票，10% が左翼党，5% が SPD，2% が緑の党，27% がそのほかの政党に投票していた（AfD 2014b）。

AfD に投票した有権者のうち，30% 程度が 30 歳以下であり，およそ半数がアビトゥア取得または高等専門学校・大学卒業である。また，自身の経済状態に関する調査をみると，AfD の支持者の 73% が「よい」と答えている。これは全有権者の平均である 80% を下回っている。一方，AfD 支持者の 73% が近年の経済成長の恩恵を受けていないと答えている。この値は，ほかのどの政党の支持者より高い。同様に，経済発展の勝利者か敗北者かという自己認識を聞いたアンケートをみると，AfD 支持者の 46% が敗北者と回答しており，これもほかのどの政党の支持者よりも高い（Friedrich 2015）。

では，AfD はザクセン州議会選挙戦においてどのように戦ったのだろうか。AfD は，従来のユーロ批判とギリシャ危機へのドイツ政府の対応を批判した。これと並んで，選挙プログラムには，「庇護権申請数を減らす」，「社会保障制度への移民の流入を抑止する」，「EU 域外からの外国人に対する福祉の見直し」，「二重国籍反対」，「ミナレットを伴うモスク建設に対する国民投票の実施」，「ドイツ語によるテレビ・ラジオ放送の拡大」，「ナショナルなシンボルに関する教育の導入」，「学校におけるドイツ国歌斉唱」，「国境地帯における犯罪への対処」，「より少ない議員，より多くの警察官」といった主張が観察される（AfD Sachsen 2014）。AfD の看板である反ユーロは掲げられているものの，以前にはみられなかった主張がザクセン州議会選挙で強調されたといえよう。例えば，モスク建設に関する国民投票，ドイツ語放送の拡大，ナショナルなシンボルに関する教育の導入，公教育における国歌斉唱，国境地帯の犯罪対策などがそうである。『ツァイト』が指摘しているように，ザクセン州議会選挙戦では AfD は右翼ミリューの票を狙った戦略を打ち出しており（Zeit Online 2014/8/14），党の方針が大きく変わったように映る。

これまでの選挙ではみられなかった，党の自己規定もあった。AfD の最上

位候補者であるペトリは、これまで AfD が繰り返してきた「左右の対立を超えた政党」という規定ではなく、AfD は「保守政党」であると主張した。ペトリは、同性愛を容認するような教育、家族の軽視、移民の社会保障制度への流入を問題視する発言をしており、学校における国旗掲揚を当然としていた（Spiegel Online 2014/8/7）。さらにいえば、外国人の存在を問題視する姿勢も顕著であった（Focus Online 2014/9/4）。

　2014 年 9 月 14 日、ブランデンブルク州議会選挙が行われた。ザクセン州議会選挙に続き、この選挙でも AfD は好成績を収めた。得票率は 12.2%（119,989 票）であり、11 議席を獲得したのである。票の流れをみてみると、前回選挙で左翼党に投票した 2 万人の有権者が AfD に乗り換えたとされている。そして、CDU から 1 万 8,000 票、FDP から 1 万 7,000 票、SPD から 1 万 2,000 票、緑の党から 1,000 票を獲得した。前回の投票を棄権した人からは 1 万 2,000 票を獲得した（Raabe 2014）。なお、当選した 11 名の議員のうち、6 名は以前 CDU に所属していた経歴を持っている。中でも、最上位候補者のガウラントは長らく CDU に所属し、ヘッセン州首相府次官も経験していた。

　ブランデンブルク州議会選挙で、ガウラントに率いられた AfD は、連邦議会選挙や欧州議会選挙とは異なる主張を繰り広げた。その主張は FDP や CDU と大きく変わるものではなかったという評価がある。確かに、都市政策の重要性を説き、家族の保護や財政赤字の解消、そして治安問題への対処を訴えたことは、CDU や FDP と共通していた（Süddeutsche Zeitung 2014/12/22）。その一方で、ユーロ問題は前面に押し出されることはなかった。これに代わって、治安問題が最も重要なテーマとされ、「国境地帯における犯罪」が焦点化されたことには留意すべきであろう。「外国人の犯罪」という表現も多用された。ブランデンブルク州議会選挙の選挙プログラムには「厳罰化と不法滞在の厳しい取り締まり」が記載されている（AfD Brandenburg 2014）。さらに、ガウラントは、徴兵制の廃止と原発の段階的廃止を批判し、CDU との違いを打ち出そうとした。加えて、ドイツで暮らす外国人であっても、税や社会保険料を支払っていない場合、ドイツではなく出身国の社会保障制度から給付を受け取るべきだと主張した。彼は児童手当目当ての外国人がいるとし、これを厳しく批判していた。また、「平行社会」の原因は移民側にあるとして、ドイツ社会に

適合しようとしない外国人がいることを問題視するような発言をしていた（Zeit Online 2014/9/10）。こうした点を捉えて，多くのメディアは AfD が右傾化していると報じたのだった（Cf. Berliner Zeitung 2014/9/14）[6]。

　ブランデンブルク州議会選挙と同じ日に，テューリンゲン州議会選挙が行われた。AfD は得票率 10.6% で，11 議席を獲得した。票の流れをみてみよう。CDU から 1 万 8,000 票，左翼党から 1 万 6,000 票，SPD から 1 万 2,000 票，FDP から 1 万 1,000 票，そのほかの政党から 1 万 2,000 票が AfD に流れた。また，前回の州議会選挙を棄権した有権者 1 万 2,000 人が AfD を選んだ。

　それでは，ホフの研究に基づいて，この州議会選挙における AfD 支持者の特徴をみていきたい。AfD 支持者の経済的状況は，他の政党の支持者と大差がない。自身の経済状況を悪いと答えたのは 21% にとどまり，79% はよいと答えていた。アンケート項目で，AfD 支持者の特徴が示されるのは，現在の政治状況に関する質問である。今のテューリンゲン州の政治に満足しているかどうかという質問に対して，AfD 支持者の 85% が「いいえ」と答えており，「はい」を選んだのは 15% にとどまった。また，州議会選挙に際して，どのような政策に関心があるのかについてもアンケートが行われている。AfD 支持者の 42% が社会的公正を重視していると答えている。そして，32% が治安対策を重視し，26% が外国人にかかわる政策を挙げている。ユーロにかかわると考えられる金融政策は 22% であり，関心政策分野の 5 位に過ぎない（Hoff 2014）。

　選挙戦においては，AfD はヘッケ最上位候補者を中心に戦った。ヘッケが押し出したのは，反ユーロではなく，反ジェンダー主流化であった。彼は「性別アイデンティティ」を無視する考え方に反対する姿勢を強調した。選挙戦において，ヘッケは「子どもが 3 人いる家族」が望ましいとして，これを取り戻すために家族政策の転換が必要だと主張した（Der Tagesspiegel 2014/9/13）。「三世帯同居」の復活も前面に押し出され，こうした家族を形成するために州が独自の児童手当を支給するとされた。選挙プログラムにおいても家族政策は「社会政策の中心」と位置づけられており，移民政策や反ユーロを押しのけて，政策リストのトップで論じられている（AfD Thüringen 2014）。また，移民の流入と治安の悪化を結びつけ，東欧に接するドイツがヨーロッパの中で過重な

負担を強いられているということを主張した（Die Welt 2014/9/14）。一方，反ユーロはほとんど取り上げられることはなかった。選挙プログラムにおいても扱いは大きくなく，財政，経済，交通政策の章の中でわずかに触れられるにとどまっている。

3.2　州議会選挙後の展開と旧西ドイツ 2 州の州議会選挙

　ザクセン，ブランデンブルク，テューリンゲン州議会選挙でみられたように，次第に AfD はユーロ危機におけるドイツ政府の対応を批判するのではなく，とりわけ治安と移民・難民を結びつけることで，排外主義的姿勢を鮮明にしていった。また，反ジェンダー主流化や社会国家の防衛といった争点も重視するようになっていった。これは，新自由主義的傾向のある党指導部とは異なる主張だった。しかし，こうした主張でもって州議会選挙で成果を収めたことから，次第に党内で右派グループが影響力を拡大していくことになる。これに対して，自由主義者のグループは劣勢であり，中心的な人物が離党するという状況にあった。メルツやメッツガーなど，党の要職を担っていた政治家が党を離れていった。その結果，メルツによれば，「AfD の内部に，もはや自由主義者はいない」という状態になっていった（Friedrich 2015）。

　AfD の自由主義者を代表する政治家であるヘンケルは『シュピーゲル』のインタビューの中で，「非合理的で，教養がなく，寛容性に乏しい人々」が党に流れ込んできていることを警告している。こうした発言に対して，右派グループを代表する政治家であるガウラントは，ヘンケルが AfD を「CDU やFDP が主張する価値を共有する政党にしたいようだが，AfD はそのようにはならない」と主張したのだった（Spiegel Online 2014/11/1）。党幹部レベルでも，右派グループが勢いを増していた。2014 年 11 月の幹部会では，ドイツの「イスラム化」に反対する決議があった。ルッケはこの方針に反対し，すぐさま声明を出して，2015 年 1 月のブレーメン党大会で代表を一人とし，自分が代表になることを望んでいることを明らかにした。しかし，こうしたルッケの動きを快く思っていない有力者たちがいた。それは，先の州議会選挙で成果を収めた面々であった。ガウラントはルッケを「人をコントロールするのが好きな人だ」と揶揄し，ペトリとヘッケはルッケの行動を「ワンマンショー」だと非難

したのだった（Die Welt 2014/11/24）。

2015年1月のブレーメン党大会では，大きな波乱があっても不思議ではなかった。だが，最終的に，ルッケが主張してきた党の代表を一人とするという案が，参加者の3分の2の多数を得て採択された。こうして，注目は党代表選挙へと移っていくことになる。

2015年2月15日，ハンブルク州議会選挙が行われた。AfDは，主として旧東ドイツ地域で支持を得てきたため，旧西ドイツ地域で議席を獲得できるかが注目されていたが，この選挙で，AfDは6.1％の票を獲得し，8議席を確保することになった。AfDは，CDUから8,000票，SPDから7,000票，FDPから4,000票，そして棄権者から8,000票を得た（Spiegel Online 2015/2/16）。ハンブルク州議会選挙で，ルッケは「ペギーダ[7]は地域限定の現象だと思う。これは，ドイツのそのほかの地域では賛同を得られないだろう。もちろん，ハンブルクでもだ」と述べ，有権者から右翼政党とみられないように配慮をしていた（Handelsblatt 2015/1/22）。しかし，そのほかの党幹部から，反イスラムや反移民の言説が飛び出すことになった。例えば，ハンブルク州組織代表のクルーゼはムスリム女性を「黒いモンスター」と揶揄した（Zeit Online 2015/2/16）。AfDに投票した有権者への調査では，移民や難民に対する厳しい姿勢が見て取れる。その59％が「ハンブルクは多すぎる難民を受け入れている」と回答し，42％が「難民の存在が日常生活で問題となっている」としている。そして，73％が反イスラム運動を肯定的に捉えている。これらの事実は，AfDが旧西ドイツ地域でも右傾化していることを示唆しているといえよう。

ハンブルク州議会選挙での選挙プログラムをみると，そこでは反ユーロの姿勢が前面に押し出されていることがわかる。選挙プログラムの前文では，ユーロ圏内の債務国を他国が支援することへの批判や，EUの巨大で非民主的な官僚機構が国民国家を侵食していることへの異議申し立てがみられる。こうした点は結党時の主張と変わらない。続いて，こうした政策を後押ししてきた既成政党に対して強い批判が並んでいる。ほかの選挙とハンブルク州議会選挙で違いがあるのは，教育政策が主要政策として掲げられた点である。世界水準の経済都市であるハンブルクでは，平等主義的な教育よりエリートを養成する教育が必要であり，また，ドイツ語を理解できないような学生がいることが問題で

あるとも述べられている。これは移民に対する批判とも理解できよう。一方，反ジェンダー主流化に対する反対は，選挙プログラムの第7章で福祉国家改革の一つとして取り上げられるにとどまっている（AfD Hamburg 2015）。

2015年5月10日，ブレーメン州議会選挙が行われた。投票率は低かったが[8]，この選挙でAfDは5.5%の得票率（64,310票）を得て，4議席を獲得した[9]。当初，AfDは，右翼政党である「怒れる市民（BIW）」と票を奪い合うと考えられていた。事実，ブレーメン州が多すぎる難民を受け入れてきたことに不満を抱いている点で，両政党の支持者には共通性がみうけられた（Neu 2015）。

では，選挙プログラムからどのような主張が読み取れるだろうか。AfDはブレーメン州の厳しい財政と失業問題を取り上げている。これらの問題は，主として州政権を担ってきたSPD，そして緑の党によって引き起こされたとされる。その解決策として，公的部門の民営化と，公務員の削減が唱えられている。ユーロ危機についても言及されているが，ブレーメン州の問題を先鋭化させた一因として挙げられるにとどまっている。個別の政策をみると，ハンブルク州議会選挙と同様に，特に教育政策が最前面に押し出されている。家族像については，同性愛を積極的に認める姿勢を示し，AfDを「寛容の精神を体現する政党」だとしている。反ジェンダー主流化は引き続き主張されていたものの，旧東ドイツ地域の州議会選挙とは大きく異なる政策が押し出されているといえよう。一方，移民政策の優先順位は高くない。内容も，カナダモデルの推進が唱えられていることから，従来の政策と変わるところはない（AfD Bremen 2015）。

では，AfDはどのように州議会選挙を戦ったのだろうか。ブレーメン州の最上位候補者のシェーファーは最低賃金に反対し，経済的に有用な移民の受け入れに積極的であることから，ルッケと近しい政策選好を持っていた。見方を変えれば，シェーファーは，ブレーメン州議会で2議席を有していたBIWとの差異をアピールしたといえる（Zeit Online 2015/5/8）。BIWは移民や難民の組織的犯罪を非難し，難民の新規の受け入れを拒否し，犯罪に対する厳罰化を求めていた。確かに，シェーファーが掲げる政策はBIWとは異なっており，政策でもって選挙を戦うこともできたはずだが，シェーファーが注目を浴びる

ことは稀であった。なぜなら，この時期の AfD が，党内対立の只中にあったからである。4月に新自由主義者の代表格であるヘンケルが，党内の「右翼イデオローグ」の攻勢を理由に副党首を辞したことは，その対立の激しさを物語っている。ザクセン州組織代表のペトリは，ブレーメン州で政党支持率が上がらないことを取り上げ，これをルッケの責任としていた。ルッケも応戦し，テューリンゲン州組織代表のヘッケに対して，右翼団体にかかわった過去があることを理由に離党すべきだとした（Die Welt 2015/5/10）。ブレーメン州議会選挙では，AfD は政策論争で注目を集めることはほとんどなく，党内の抗争が焦点化されたのだった。結局，AfD はめぼしい結果を残せなかったこともあり，選挙後も AfD 内の対立は激しさを増していく。ペトリはルッケの党方針では支持を集められないとし，アダムはルッケが党を去る用意があると発言し，ルッケに圧力をかけた。他方，ルッケやヘンケルはガウラントに離党を求め，右派グループに対抗したのであった。

3.3　党分裂と原則綱領の採択

　激しさを増す党内抗争は，エッセン党大会で決着をみることになった。2015年5月，ルッケは「ヴェックルーフ2015」の結成を通じて新自由主義派の結束を強めており，ペトリに代表される右派グループとの対決姿勢を鮮明にしていた。そして，2015年7月4日，エッセン党大会の幕が切って落とされる。注目された党首選では，ペトリは全体票の約60%を獲得して，ルッケを破った。敗北したルッケは，AfD を離れ，ヘンケルとともに新しい政党の立ち上げに向かう。7月20日，カッセルにて，ルッケは「前進と出発のための連合（Allianz für Fortschritt und Aufbruch，略称は ALFA）」の創立を発表した。創立にあたって，ルッケは AfD 結党当初の理念への回帰を示唆し，ALFA をユーロ批判と新自由主義の政党と位置づけた。一方，AfD はペトリ党首のもとで新たな出発の時を迎えることになる。反イスラム運動の主張に理解を示し，移民・難民による治安悪化を訴え，犯罪に手を染めた外国人の本国強制送還を主張してきたペトリがトップになることで，多くのメディアは AfD の右傾化は避けられないと報じたのだった（Süddeutsche Zeitung 2015/7/5）。

　党の分裂により，一時は支持率を落とした AfD であったが，2015年の「難

民危機」を契機として，再び支持を獲得している。2016 年 3 月 13 日に行われたザクセン＝アンハルト州議会選挙では，24.2％ もの得票率を記録し，第 2 党に躍り出た[10]。一方，メディアを騒がせるような発言は後を絶たない。ノルトライン＝ヴェストファーレン州組織代表のプレッツェルが，ドイツ国境にやってきた難民を銃でもって追い返すべきだと発言し（Spiegel Online 2015/11/1），ペトリ党首も緊急時には難民に武器を使用することを容認している（Zeit Online 2016/1/30）。

　党分裂後の動向として，初めて原則綱領が採択されたことにも注目すべきだろう。2016 年 4 月 30 日から 2 日間にわたって行われたシュトゥットガルト党大会で，原則綱領が決議された。「イスラムはドイツの一部ではない」という文言に関心が集まり，「反イスラム」綱領とも呼ばれているが（Handelsblatt 2016/5/2），そうした定式に収まりきらない広範な政策が記載されている。これらの政策は，以下の 3 つに大別できる。

　第 1 に，結党当初から AfD が掲げてきた看板政策である。EU の権限縮小，国民国家の自律性の回復，ドイツのユーロからの脱退がこれに該当する。これらの政策は，原則綱領の第 2 章で主張されており，個別政策としては上位に位置づけられている。また，前文にはユーロ批判が記載されていることも踏まえるなら，依然として AfD は反ユーロ政党という側面を持っているといえよう。第 2 に，AfD が変容する過程で重みを増してきた政策である。今回の原則綱領の中心をなしているのが，このタイプの政策である。例えば，連邦警察の配備による国境管理の強化が挙げられる。これは，すでに多くの州議会選挙プログラムの中で言及されてきた。「伝統的な」家族形態の擁護や，多子家族への現金給付の拡大も主張されており，2014 年のテューリンゲン州議会選挙プログラムと同様の論調がみうけられる。徴兵制の再導入は，2016 年のバーデン＝ヴュルテンベルク州などの州議会選挙で公表されていたものである。ペギーダの中心的主張でもある公営放送受信料の廃止は，2014 年の州議会選挙の段階で主張されている。そして，メディアで特に注目され，議論を呼んだのは，ミナレットと礼拝告知の禁止である。これは原則綱領の「反イスラム」的性格を表すものとされており，すでにノルトライン＝ヴェストファーレン州などの州組織で掲げられてきた政策であった。第 3 に，原則綱領で初めて提起された

政策である。徴兵制の再導入とかかわって，すべての外国軍をドイツから撤退
させるという主張が加えられた。社会政策でも新機軸がみうけられる。この分
野では，他の政策に比べて明らかに言及が少なく，その全体像を描くことは難
しいが，党として初めて最低賃金を支持する姿勢を示したことは注目に値しよ
う。また，負の所得税に類似した「積極的基礎保障」を掲げた点も目新しい。
ハルツ改革で導入された失業手当Ⅱに代わる「積極的基礎保障」のメリットと
して，公務員の削減，低所得者に対する労働インセンティヴの提供，不正受給
の防止が挙げられている（AfD 2016）。

4. 「ドイツのための選択肢」の欧州懐疑主義

　党史の分析で明らかになったように，結党から現在まで，AfD は大きく変
貌してきた。もともと反ユーロを起点に結党されたが，旧東ドイツで行われた
3 つの州議会選挙（ザクセン，ブランデンブルク，テューリンゲン）をきっか
けに次第に路線を変更させていった。反ユーロや EU 批判ではなく，移民・難
民の流入による治安悪化や反ジェンダー主流化を強調するようになる。原則綱
領や 2017 年連邦議会選挙プログラムをみれば，AfD にとってユーロや EU が
主要テーマでなくなったとまではいえないが，その重要性は明らかに低下して
いる。

　こうした党の情勢を踏まえた上で，以下では AfD の「欧州懐疑主義」を分
析したい。党の基本的な路線を定めた原則綱領に基づきながら，選挙プログラ
ムや党幹部の発言も参照しつつ検討していく。

4.1　債務国支援，ユーロ，欧州中央銀行への批判

　AfD の「欧州懐疑主義」の中核は「反ユーロ」である。結党当初の AfD は，
財政危機に陥ったユーロ圏の国々を救済するために作られた ESM を批判して
いた。党内で支配的だった新自由主義者たち，例えばルッケやヘンケルは，本
来，ユーロ圏とは共通通貨を持つ通貨共同体に過ぎないはずが，いつの間にか
巨大な再配分機構になっていると断じ，ドイツはユーロから脱退すべしとの論
陣を張った。これまでの選挙プログラムをみると，一様に，ドイツが最大の財

政負担をすることが明らかに過重だとして批判する姿勢がみうけられる。AfDによれば，ESM では財政状況の悪い国々が多数を占めているのであり，財政的に安定しているドイツのような国が持続的に負担を強いられる。返還の見込みのない資金が債務国に流れることで，ドイツの財政は脅かされており，生活者を直撃する。これはドイツに限った話ではなく，こうした構造上の問題が高じることで，ユーロ圏全体の経済が後退する恐れすらある。元党首ルッケの見解によれば，こうした支援を通じてもギリシャなどの主要経済指標は改善していないどころか，むしろ，ユーロ危機以前より悪化している。こうして彼は，ESM は失敗だったと結論づけている。

　AfD によれば，そもそもユーロ圏には，経済力や金融政策の面で異質な国々が存在する。これこそがユーロ危機の背景をなす根本的な問題と捉えられている。経済力についていえば，1998 年には各国通貨とユーロとの為替が固定化され，事実上，共通の金融政策が開始された。それまでは，経済力に差こそあれ，ヨーロッパは均衡した発展を遂げてきた。その下支えをしたのが変動為替相場だった。しかし，ユーロ導入に伴って変動為替相場制は廃止されてしまった。こうして各国の生産力調整が阻害されることになる。この機能が失われたことがユーロ圏全体の経済成長の鈍化につながった，という。

　AfD によれば，ユーロはドイツの主権を侵害している。それだけでなく，ヨーロッパ各国の共存共栄を阻害している。この点も AfD が繰り返し強調する部分である。ドイツ基本法第 110 条にあるように，「財政高権は，交渉の余地なき国家主権の存立基盤」である。ドイツが不当な主権侵害に直面する一方，債務国は国民の反対があるにもかかわらず緊縮財政を無理強いされている。これは各国の民主主義を蔑ろにする不法行為である。どちらの側の国でも不満が高まった結果，ヨーロッパ各国の対立が深まっているというのが AfD の現状認識である。そして，その原因はユーロにあるというのである。ユーロはヨーロッパ各国の共生という点からみても望ましくない。

　批判の矛先は，銀行同盟や欧州中央銀行（ECB）にも向けられている。AfDによれば，ユーロ圏内の金融の安定性を確保するために結成された銀行同盟は，圏内の多数の銀行に対して事実上の債務保証を行っている。これは度を超えたものであり，それ自体が問題である。加えて，問題視されるのが，この債務保

証の仕組みがECBによって監督されていることである。AfDによれば，ECBの単一監督メカニズムは機能しない。ECBは監督者であると同時に，債権者でもあり，ユーロの擁護者でもある。何重もの性格を持つため，銀行同盟が各国の銀行を保護しようとするのに対してECBが反対するはずがない。ECBは銀行の健全経営を促すことはできないと主張される。さらにいえば，もともとEUでは債務過多の国々が多数派であるから，債務危機に陥った国々は過剰に保護されるようになる。ESMによる財政支援やECBによる国債購入はまわりまわってドイツの負担になる。こうした理由から，AfDは，債務保証は各国レベルに制限されるべきだとしている。

　AfDはこうした状況認識を示した上で，ドイツはユーロから脱退すべきだと結論づける。これはドイツだけでなくヨーロッパの利益にもかなっていると説く。これを達成するための手段として，国民投票を提案している。

　先述のとおり，AfDは排外主義的な姿勢を強めてきた。その中で，ユーロ批判は相対的に重視されなくなっていった。ただ，その批判の内容自体は大きく変化していない。ここで取り上げた内容は基本的に原則綱領に基づいているが，結党当初から同様の見解がみうけられる。ESMの構造上の問題，ESMによるドイツの過重負担，変動為替相場への高い評価，ECBによる監督の失敗がそうである。唯一，大きな変化があるとしたら，ユーロ脱退を決める国民投票を実施することであろう。これは原則綱領で初めて公表され，2017年連邦議会選挙にも受け継がれている。

4.2　EUに対する批判

　結党から原則綱領まで，AfDは現行のEUを批判する一方，主権国家の連合体に戻るべきだと主張してきた。EUの権限拡大には一貫して反対しており，移譲された権能を加盟国に返還すべきとしている。その際に強調されるのは，もちろんドイツへの自己決定権の返上である。この点で2013年連邦議会選挙から現在までAfDの立場は変わっていない。

　AfDによれば，ドイツが再び主権を取り戻すことによって，初めてドイツ国民の自由と安全が守られうる。そして，ドイツはその経済力でもって平和的なヨーロッパの構築に貢献できるとも主張されている。その一方で，AfDは

欧州経済共同体（EEC）を高く評価している。これは，主権国家の連合体としての経済・利益共同体に回帰すべきという，AfD の元来の主張と合致する。注意を要するのは，AfD が EU の解体を支持しているわけではない，ということである。また，ドイツが EU から離脱することも求めていない。現行のEU には問題があり，経済・利益を追求するだけの共同体になるべきであるが，ドイツは基本的にヨーロッパの枠組みにとどまるという前提で論を展開している。脱退を解決策としてきたユーロとは違った対応策が提示されているのである。

では，AfD が各国に自己決定権を返上すべきという場合，具体的にどのような権限が想定されているのだろうか。まず挙げるべきは，ユーロや ECB 批判にみられるように，金融および財政の権限である。AfD は歳入面にも言及している。各国が徴税権を持つことの重要性を説き，EU が固有の徴税権を持つことに対しても強く反対している。

EU，厳密にいえばシェンゲン圏の「人の自由移動」にかかわる権限もまた各国に返上されるべきだと述べられている。AfD によれば，この自由移動によってドイツの福祉を目当てに移動する人々が現れている。同党は，特に東欧からの人の移動を問題視している。国境を越えて移動する場合，受け入れ人数の統制については国が権限を持つべきだというのが AfD の主張である。

安全保障上の権限については，AfD は，ヨーロッパ諸国にまたがる共同軍事組織に対して反対の姿勢をとっている。その一方で，ドイツは徴兵制を復活させ，独自の安全保障体制を組み立てるべきだとしている。このようにみると，AfD はドイツの単独行動を推奨しているかに映るかもしれないが，一概にそうとはいえない。AfD は，各国が自国の都合に応じて参加するか否かを決定できるような，緩やかで柔軟なヨーロッパ諸国の軍事ネットワークを構築すべきとしている。

そのほかの政策領域でも，EU は批判される。2014 年の欧州議会選挙の際には，EU の共通農業政策における補助金の投入への反対姿勢が打ち出されている。社会保障については，共通医療政策に反対している。

以上のように，AfD は EU の権限拡大に反対し，保有する権限を各国に返上することを求めている。しかし，EU の持つすべての権限を返上すべきとは

いっていない。EU の難民政策に対する AfD の見解をみてみよう。そこでは，境界管理の失敗，ダブリン協定の停止，難民の流入などへの批判がならんでおり，国境管理の強化が主張されている。しかし，その一方で，各国が国境を管理すればそれで事足りるとは主張していない。むしろ，EU もまた境界管理を徹底させる必要があり，これを完全に閉鎖することが望ましいと述べられる。ここでは，AfD は EU の権限を前提としているのである。

では，AfD はどのような論拠でもって EU を批判しているのだろうか。しばしば強調されるのは，いわゆる「民主主義の赤字」である。EU は民主的に選ばれていない官僚によって動かされている。EU の集権化が進み，「市民とは疎遠な組織」になることで，ますます民主的な統制はきかなくなる。欧州理事会，欧州委員会，欧州議会の民主的正当性は不十分だと断じている。こうして EU の抜本的な改革が説かれることになる。AfD にとって「民主主義」は党の核心的な要素である。原則綱領の前文にあるように，そして，2017 年連邦議会選挙プログラムでたびたび強調されているように，ドイツの「民主主義」は，国外では EU によって，国内では「政治階級」によって浸食されてきた。こうした状況に異議を申し立て，ドイツ国民に新たな「選択肢」を示すことが AfD の狙いとされている[11]。

5. 比較の中の「ドイツのための選択肢」

AfD は，債務国支援プログラムを批判しつつ，2013 年 2 月に結成された。当初は，ドイツのユーロからの離脱を掲げる反ユーロ政党だったが，次第にその性格を変えていく。2014 年欧州議会選挙までは反ユーロの旗印が鮮明だったが，それ以後は，移民・難民，とりわけイスラムに対する攻撃的姿勢を前面に押し出すようになっていった。あわせて，治安対策や反ジェンダー主流化も重みを増していく。その反面で，反ユーロや EU 批判は相対的に重みを失っていった。2015 年 7 月の党の分裂と 2016 年 5 月の原則綱領の採択を経て，AfD の排外主義的性格はますます強まっているといえよう。

このような経緯がありつつも，2017 年連邦議会選挙プログラムや原則綱領で明らかなように，依然として AfD でユーロ批判が重視されているのもまた

第5章 「ドイツのための選択肢」と欧州懐疑主義　　123

事実である。最後に，前節での AfD の「欧州懐疑主義」についての分析に基づいて，これを理論的に位置づけておきたい。

　欧州懐疑主義は包括的な概念であり，政党の本質主義的理解は難しいものの（吉田 2011），その一方でいくつかの有力な理論も提起されている。ここでは欧州懐疑主義の強さに関するヴァシロポウロウの研究と，欧州懐疑主義を争点ごとに把握し特徴づけるソーレンセンの研究を用いて，AfD の欧州懐疑主義の特徴を捉えたい。

　ヴァシロポウロウは，原則，実践，将来という３点から欧州懐疑主義を分類できるとした。①原則では，EU に限らず，ヨーロッパレベルでマルチラテラルな協力を行うことに賛成か反対か，が問われる。②実践では，各国政府と EU の権限配分も含めて，現状の EU の制度と政策を支持するかどうか，が問われる。③将来では，さらなる政治・経済的な欧州統合を望んでいるか否か，が問われる（Vasilopoulou 2011）。①原則，②実践，③将来のすべてに反対・否定である場合は，「拒否的（rejecting）」欧州懐疑主義であり，反 EU の姿勢が最も強い。次いで，①原則のみ賛成で，②実践と③将来に反対の場合は「条件付き（conditional）」欧州懐疑主義である。この中で反 EU の姿勢が最も弱いのは，①原則と②実践については賛成・支持で，③将来のみ反対の場合の「妥協的（compromising）」欧州懐疑主義である。

　この観点からすると，AfD は，基本的には「条件付き」欧州懐疑主義ということになるだろう。AfD が欧州統合の深化について反対しているのは，明確だろう。よって，将来（③）については反対となる。現行の EU 制度・政策についても，AD は明らかに否定的である。実践（②）についても反対である。問題は，原則（①），つまり，ヨーロッパレベルでのマルチラテラルな協力について賛成かどうかである。AfD は，ドイツのユーロ離脱やユーロ解体を唱えていることから，原則に賛成してしないともみられるが，それでも EEC のような協力関係を求めている。また，AfD は EU 解体を求めているわけではないし，個別政策をみれば，安全保障ではマルチラテラルな協力が想定されており，入域管理では EU の強化すら主張されている。こうした点を踏まえて，AfD は原則については賛成であり，「拒否的」な欧州懐疑主義ではないといえる。ヴァシロポウロウの国際比較に依拠するなら，AfD の欧州懐疑主義はオ

ーストリア自由党，フランスのための運動（MPF），北部同盟，デンマーク人民党と近しいということになる。現状の EU のあり方に反対し，さらなる政治・経済的統合を望んでいないが，ヨーロッパレベルでの協力を排除しないという「条件付き」欧州懐疑主義として位置づけられる。

　一方で，ソーレンセンは，経済，主権，民主主義，社会政策の四点において，EU がどのように評価・認識されているかをみることによって，欧州懐疑主義の多様性を描き出している。つまり，EU が，当該国の経済にとって有用であるかどうか（経済的欧州懐疑主義），当該国の主権を侵害しているかどうか（主権的欧州懐疑主義），民主主義的な組織であるかどうか（民主主義的欧州懐疑主義），十分な社会政策を行っているかどうか（社会的欧州懐疑主義），を問うている（Sørensen 2008）。

　ここから各国の欧州懐疑主義のヴァリエーションがみえてくる。この観点に立つと，AfD の欧州懐疑主義の核心は，主権と民主主義への異議申し立てにあるといえよう。EU やユーロによってドイツの主権が侵害されているという主張や，「市民と疎遠な組織」という論拠でもって EU を批判したことはすでに述べたとおりである。経済については，現在の好調なドイツ経済に対する EU の役割についてはほとんど述べられていないが，ユーロや ECB の問題からドイツが経済的負担を被る可能性がたびたび指摘されているため，これも AfD の欧州懐疑主義の一部をなしていると考えられる。他方，社会政策について AfD は EU を批判しているわけではなく，この点は当てはまらない。こうした観点からソーレンセンは欧州懐疑主義を比較しているが，例えばフランスは EU の社会政策に対する不満が強く，イギリスとデンマークでは EU による主権侵害が重視されている。その一方で，どの国でも経済的欧州懐疑主義は見られるが，民主主義の赤字は大きな意味を持っていない。これらの国では，AfD のそれとは異なる欧州懐疑主義が掲げられており，AfD の欧州懐疑主義には特殊性があるといえるだろう。ソーレンセンの分類によれば，AfD が掲げているのは，主権的かつ民主主義的な欧州懐疑主義なのである。

　本章では，AfD に焦点を合わせて，ドイツにおける欧州懐疑主義の一端を明らかにしてきた。各国で欧州懐疑主義が拡がる中，欧州統合に積極的なドイツにおいても変化がみられることがわかった。もちろん，原則的に，大政党の

第 5 章　「ドイツのための選択肢」と欧州懐疑主義　　　125

CDU/CDU や SPD は今も欧州統合に積極的であり，そのほかの有力な政党も同様である。AfD は急速に台頭してきたとはいえ，現時点ではあくまで傍流に過ぎない。AfD ばかりに注目すると，ドイツの EU やユーロへの姿勢を見誤ることになりかねない。しかし，これまでの右翼政党とは違って，AfD が中間層にまで支持基盤を拡大しており，2017 年連邦議会選挙で第三党に躍進したことを考えるなら，その動向を無視するわけにはいかないだろう。

[注]

1)　2017 年 9 月 24 日の連邦議会選挙では，AfD は第二票（比例票）の 12.6% を獲得し，94 議席を得た。CDU/CSU，SPD に次ぐ第三党になった。ザクセン州の 3 つの小選挙区では大政党を押しのけて議席を獲得した。

2)　第 2 節と第 3 節の内容は，2017 年の拙稿に基づいている（近藤 2017 参照）。

3)　バイエルン州議会でのみ議席を持つ政党である。基礎自治体の自律性を主張し，民主主義の赤字やインフレの誘発を理由に，EU やユーロに批判的な姿勢をとっている。

4)　職歴，学歴，語学力，年齢等によってポイントが加算され，移住の可否が決まるシステムを指している。

5)　EU は「成長のための健康・医療」プログラムのために 4 億 4,600 万ユーロを見積もっているが，AfD はこれを廃止すべきであるとしている

6)　AfD 支持者の 67% が政党への失望を感じており，29% がその失望感が AfD を選ぶ理由だったと答えている（Raabe 2014）。これをみると，AfD が人々の不満を吸収して躍進したとも評価できる。

7)　草の根の反イスラム，反移民・難民の運動で，正式名称は「西洋のイスラム化に反対する欧州愛国者」である。

8)　投票率は 50.2% であり，前回選挙から 5.3% も下がった。記録的な低投票率であった。

9)　ブレーメン市では 5.6% の票を得たが，ブレーマーハーフェン市では 5% に達することができなかったため（得票率 4.97%），議席を獲得できなかった。

10)　バーデン＝ヴュルテンベルク州とラインラント＝プファルツ州での州議会選挙においても，それぞれ 15.1% と 12.6% と高い得票率を記録した。

11)　2016 年 12 月 23 日に行った AfD ケルン地域組織幹部（クインテン氏，ヘーゼ氏）へのインタビューにおいても，この点が強調された。既成政党・政治家による「システム政治（Systempolitik）」に対抗し，移民・難民政策，原発政策，家族政策で新しい「選択肢」を示すことに AfD の存在意義があるとされた。

[参考文献]

Alternative für Deutschland（AfD）(2013), *Wahlprogramm 2013.*

Alternative für Deutschland (2014a), *Mut zu Deutschland. Für ein Europa der Vielfalt.*

Alternative für Deutschland (2014b), *AfD Kompakt 2014/10/14.*

Alternative für Deutschland (2016), *Grundsatzprogramm der Alternative für Deutschland.*

AfD Brandenburg (2014), *Das Landtagswahlprogramm der AfD Brandenburg.*

AfD Bremen (2015), *Programm für die Bürgerschaftswahl 2015.*

AfD Hamburg (2015), *Wahlprogramm 2015.*

AfD Sachsen (2014), *Wahlprogramm 2014.*

AfD Thüringen (2014), *Wahlprogramm zur Landtagswahl 2014.*

Friedrich, S. (2015), *Der Aufstieg der AfD*, Berlin: Bertz + Fischer.

Gath, M., M. Bianchi, J. Schoofs, K. Hohl, A. Jüschke, and S. Bender (2014), *Der Duisburger-Wahl-Index (DWI) zur Europawahl 2014 Policy-Positionen von CDU, CSU, SPD, Grünen, Linke, FDP, AfD und Piraten zur Europawahl 2014 im Vergleich*, Duisburg/Essen: NRW School of Governance.

Hoff, B.-I. (2014), *Ergebnisse der Landtagswahl in Thüringen am 14. September 2014 - Wahlnachtbericht.*

Neu, V. (2015), *Bürgerschaftswahl in Bremen*, Berlin: KAS.

Niedermayer, O. (2015), "Eine neue Konkurrentin im Parteiensystem? Die Alternative für Deutschland," in O. Niedermayer, ed., *Die Parteien nach der Bundestagswahl 2013*, Wiesbaden: Springer VS, 175-208.

Raabe, S. (2014), *Analyse zur Landtagswahl in Brandenburg*, Potsdam: KAS.

Sørensen, C. (2008), *Love me, love me not… Typology of Public Euroscepticism*, SEI Working Paper, No. 101.

Vasilopoulou, S. (2011), "Varieties of Euroscepticism: The Case of European Extreme Right," *Journal of Contemporary European Research*, Vol. 5, No. 1, pp. 3-23.

遠藤乾 (2016),『欧州複合危機』中公新書。

近藤正基 (2017),「排外主義政党の誕生——「ドイツのための選択肢」の発展と変容」新川敏光編『国民再統合の政治——福祉国家とリベラル・ナショナリズムの間』ミネルヴァ書房,179-210 頁。

中谷毅 (2013),「ドイツにおける抗議・市民運動としての右翼ポピュリズム——プロ・運動の事例を中心に」高橋進・石田徹編『ポピュリズム時代のデモクラシー——ヨーロッパからの考察』法律文化社,73-94 頁。

中谷毅 (2014),「反ユーロ政党「ドイツのための選択肢」:その誕生・選挙戦・今後の展開」『龍谷大学社会科学研究年報』第 44 号,237-245 頁。

吉田徹 (2011),「欧州統合過程とナショナルな政党政治——「欧州懐疑主義政党」を中心に」『法学研究』第 84 号第 2 巻,633-672 頁。

第6章　EU の移民政策
——政治と文化の絡み合い——

坂井一成

1.　はじめに

　EU は徐々に加盟国を拡大し，2004 年に東ヨーロッパの 10 ヵ国が加盟，2007 年にルーマニアとブルガリア，2013 年にクロアチアが加盟して 28 ヵ国にまで拡大した。この 2004 年の東方拡大は，冷戦時代の東西ヨーロッパの分断を克服して再びヨーロッパの結束を示した重大な転機となったが，他方で旧ソ連地域に EU の境界線が達し，地中海の島国マルタやキプロスが加盟国となったことで，EU の外縁は東と南に大きく張り出して境界管理の対象は大きく広がった[1]。

　そして 2010 年 12 月にチュニジアで発生した動乱を契機に，一気に北アフリカからアラビア半島にかけて連鎖的に波及した民主化運動「アラブの春」（Arab Spring）[2] は，ときに暴力を伴いながら急激な政治変動をもたらし内戦化する事例も生じたため，複数の国から多大な難民を生み出し，その多くは地中海を渡って EU を目指すこととなった。

　こうした 21 世紀初頭の EU と地中海地域での変動は，総じて EU 圏にかつてない大規模な人の流入を促してきた。移民や難民[3] としての EU への大量の流入は，EU の社会的安定を揺さぶり，地中海の北（EU）と南（北アフリカ）の間で，および EU と旧ソ連諸国の間での政治的・文化的摩擦を著しく増大させた。EU としては，すでに 1990 年代から EU への人の流入に関しては加盟国の壁を超えた統一的な枠組みの構築を目指してきていたが，ここにきて移民政策の共通化による一体的な対応が急務となったのである。

　ところが，一体的な対応を可能にするための政策の調和は容易ではない。

EUと加盟国の間の権限関係の問題であり，例えば通貨政策や共通通商政策では EU（欧州委員会）によるトップダウンの政策決定によって加盟国に政策実施を促すことができるが，後述するように移民分野では依然として加盟国に大きな権限が残されている。EU として可能な権限は，共通政策の実現のためのプラットフォームの提供に限られており，加盟国に強制することは事実上困難である。しかし，膨大な数の難民が，地理的に EU の玄関口となるギリシャとイタリアに集中して到着し，両国の難民審査対応能力を超えてしまっている緊急事態の中で，EU としてはこれを前に進める必要性に迫られた。EU と加盟国間の利害を克服して移民政策を調和させることは容易ではなく，その根源には単に権限配分の問題にとどまらず，文化的な要素が立ちはだかることも見逃せない。本章では，この調和化の課題に向けた EU の取り組みについて，政治と文化の絡み合いの観点から検討を試みる。

2. 共通移民政策の形成

EU では，1980 年代の EC（欧州共同体）の時代から，すでに移民に関わる政策の統一に向けた努力が始まっていた。その起点は，ヨーロッパ諸国内での人の自由移動を定めたシェンゲン協定（Schengen Agreement，1985 年）にある。同協定は，域内国境でのパスポート・コントロールを廃して人の自由移動を制度化し，統合ヨーロッパの理想に大きな一歩を踏み出すものであった。しかし国家主権の根幹にもかかわるこの施策には反発も強く，当初は EC の施策としてではなくその枠外で，イギリスやデンマークなどを除くヨーロッパ諸国によって形成された。その後，シェンゲン協定の中で積み上げられてきた諸規則「シェンゲン・アキ」（Schengen acquis）が，1997 年制定のアムステルダム条約に内部化された（1997 年）ことで EU の制度となった（人の移動に関する政策領域は，1993 年の EU 発足当初は政府間主義的な意思決定を前提とする「司法内務領域（Justice and Home Affairs）」に置かれていたが，その後欧州委員会主導の「共同体」領域への移行が進み，アムステルダム条約によるシェンゲン・アキの EU 内部化を経て，2009 年の「リスボン条約において移民・難民分野は完全に EU 化された」）[4]。

シェンゲン協定による域内の境界管理の廃止に続いて着手されたのは，域外との境界管理政策のすり合わせである。複数年次計画で策定される政策枠組みとして1999年制定のタンペレ計画（Tampere programme），ハーグ計画（The Hague programme, 2004年），次いでストックホルム計画（Stockholm programme, 2009年）と展開し，EUにおける共通移民政策枠組み構築への努力が続けられてきた[5]。この間に，欧州移民・難民協定（European Pact on Immigration and Asylum, 2008年）によって，EUとしての域外境界管理の方向性として「選択的移民」がフランスの主導のもとで示され，加盟国間での政策の調和化が促されている[6]。

3. 移民政策の2段階

移民政策には，大きく分けて2つの段階がある。国境での境界管理と入国後の社会統合である。「入国」とは，シェンゲン協定に加盟しているEU諸国の場合，シェンゲン圏への「入域」ということになる。

3.1 EU境界線での境界管理

EUの境界管理は，まず非合法移民の排除と予防に力点を置いた施策がとられてきた。2004年に導入されたVIS（ビザ情報管理システム）により，シェンゲン圏のどの国からの入国においても，各個人の情報が共有されて，一貫した入国管理が行えるように制度化されてきた。ある加盟国でビザの申請を却下された者が別の加盟国で申請を繰り返すことを防止し，偽造ビザの発見，非正規移民の身元確認を加盟国が足並みを揃えて行うことを可能にした。また，入国時にのみ非正規移民の取り締まりに取り組むのではなく，むしろ出身国からの移住を望む動機づけを軽減することに根底的な解決策があるとの観点から，アフリカにおける雇用創出とインフラ改善にも力を入れている。

EU対外境界線の具体的な管理に関しては，FRONTEX（European Agency for the Management of Operational Cooperation at the External Borders of the Member States of the European Union）が2005年にワルシャワに設置され，EUの東側（旧ソ連地域）から南側（地中海）までの境界線での管理にあたっ

ている（後述するように，FRONTEX は 2016 年に欧州国境沿岸警備機関（European Border and Coast Guard Agency）に改称された）。

また，欧州委員会は「不法移民の送還政策に関する文書」（2002 年）を策定し，「ハーグ・プログラム」の要請に沿って実行するため，「第三国の不法滞在者を送還するための共通基準と手続きに関する指令案」[7] を提出（2005 年）し，すでにシェンゲン圏入りしている非正規移民に対する管理についても政策調整を進めてきた。

3.2 移民の社会統合

移住後の社会適応を補助し，ホスト社会と移住者の摩擦を避ける包摂措置として社会統合政策が進められる。シェンゲン諸国としては，共通のシェンゲン・ビザを設けた上で受け入れを進め，シェンゲン諸国間での共通措置の実施を図ってきている。ここでは 2003 年の「家族の再統合のために EU 加盟国に定住した第三国出身者の権利に関する指令」[8] で示されるように，基本的人権の観点で移住者の家族の呼び寄せが尊重されている。ホスト社会で移住者が孤立することを防ぎ，社会統合の成功につなげる意味合いが強いといえよう。理事会は 2003 年 11 月 25 日，「EU 加盟国に長期間居住する第三国出身者の滞在資格に関する理事会指令」[9] を採択し，加盟国に 5 年以上継続して合法的に滞在する第三国出身者は，最低限の資産を保有し，公共の秩序に脅威を与えない場合は，永続的な資格（自動更新可能な 10 年間の滞在許可）を得ることができるとした[10]。

学生や研究者に対しては，2004 年に「大学における学習の目的，生徒の交流，無報酬の訓練またはボランティアサービスを目的とする第三国国民の受け入れの条件に関する指令」[11] が理事会で採択され，2005 年には「学術研究を目的とする第三国国民の許可に対する特別手続きに関する指令」[12] が採択されるなど，EU への受け入れを強化する方向で制度化が進んできた。

このように受け入れに必要な枠組みが整備され，第三国出身者に EU 市民と同じような権利と義務を与えることが推進されてきた。しかしそこには大きな課題もある。2000 年に理事会が採択した「差別禁止に関する共同体の活動計画，ならびに人種差別に関する指令」[13] と「雇用の差別に関する指令」[14] で，

第三国国民が特に受けやすい，あらゆる形態の差別，外国人排斥の撲滅を目指し，雇用においても外国人労働者の労働市場への統合を確実に促すよう加盟国に要請した。ところが統合政策は，いかなる場合にも加盟国の政策を拘束するものではないという壁にぶつかってきた。2003年に欧州委員会が提出した政策文書[15]では，統合の経済的観点のみならず，文化・宗教の多様性，市民権，政治的権利と参加に関する問題も考慮に入れて，また受入国国民との均等待遇を保証するために，移民に徐々に一定の権利と義務を与えることと定義された市民権の概念導入を提案した。そして理事会が2004年に「共通基本原則」を採択し[16]，これを基盤に具体的施策として，欧州委員会は2005年，「統合のための共通アジェンダ——第三国国民の域内統合のためのフレームワーク」[17]と題する政策文書を採択した。これにより包括的統合政策を策定するよう加盟国に求めているが，EUとしての統一政策が実現した状況には至っていない。

　その後2008年7月，内務閣僚非公式理事会がEUとしての行動指針である欧州移民・難民協定（European Pact on Immigration and Asylum）に合意した。これはEU議長国を務めるフランスのイニシアチブにより推進されたもので，同年10月のブリュッセル欧州理事会で採択に至る。内容としてはフランス型の「選択的移民」に則った協定であり，以後のEU各国の受け入れの法整備のプラットフォームとなっていき，同協定およびストックホルム計画に沿った進展は一定の評価をしている（2010年6月3日，内務閣僚理事会）[18]。

　また，2009年には「ブルーカード」制度が導入された[19]。高度な技術を有し，高収入が見込まれる人材などを積極的にEU内に受け入れていく戦略に基づくもので，一定の条件を満たす第三国国民が長期の滞在資格を得ることができ，「ブルーカード」保有者は，域内を自由に移動して特に手続きなしに求職が行えるなど，EU市民と同等の諸権利を享受できるようになった[20]。

　しかし，このようにさまざまな政策ガイドラインやプラットフォームはEUが策定するが，その運用に関しては多くが加盟国の裁量に委ねられており，政策実行の徹底に際して国家主権の壁がそこにはある[21]。

4. 地中海を渡る移民・難民の大量流入への対応

このように移住者の境界管理と社会統合のステップを経て，移民・難民の受け入れ政策が推進されているが，アラブの春以降の移住者の激増（表6.1 参照）は，既存の EU としての対応策を大きく揺るがすこととなった。

表6.1　EU への移民・難民の流入

(単位：人)

年	中央地中海ルート	東地中海ルート	西地中海ルート	西バルカンルート
2016	181,126	182,534	10,231	122,779
2015	153,946	885,386	7,164	764,038
2014	170,760	50,830	7,840	43,360
2013	40,000	24,800	6,800	19,950
2012	15,900	37,200	6,400	6,390
2011	64,300	57,000	8,450	4,650
2010	4,500	55,700	5,000	2,370
2009	11,000	40,000	6,650	3,090
2008	39,800	52,300	6,500	–

（出所）　FRONTEX.

4.1　欧州移民対策アジェンダ

EU としては，2015 年5 月に対応策を打ち出した。「欧州移民対策アジェンダ」[22] がそれである。ここでは緊急対応と中長期的措置の両面から政策が示された。

まず緊急措置としては，移民の密航取り締まり遂行のため，CSDP（共通安全保障・防衛政策）ミッションの一つとして EU NAVFOR Med（European Union Naval Force Mediterranean）を起ち上げた。また，緊急対応のための移住・再配置（イタリアとギリシャから計6 万人を EU の他国に移す）を行うとした。ただし移住・再配置については，EU 加盟国間での合意形成が困難であることが露呈されていく。

中期的措置としては，4 つの柱から対策が示された。第1 に，非正規移民として渡航するインセンティブの低減である。このために開発協力と人道支援を通じて根源的解決に取り組むこと，密航・人身売買の撲滅，第三国（EU 域外

国）が，自国民の再入国を受け入れる義務を果たすように働きかけを強化することが示された。第2に境界管理として，FRONTEX の役割と能力の強化，境界管理の EU 基準を策定，沿岸警備機能の強化，第三国が自国の境界管理を実行する能力強化が挙げられた[23]。第3に，強力な共通難民政策の策定であり，共通システムの一貫した履行，庇護制度の濫用防止に向けたガイドラインの導入，庇護手続指令における「安全な出身国」条項の強化，そしてダブリン規則の見直しを掲げた。そして第4の柱として正規移民に関する新政策が挙げられ，「ブルーカード」の枠組み改善，移民政策と開発政策のリンクを強化すること，効果的な統合を促すため統合政策への財政措置の重点化が示されている。

　この欧州移民対策アジェンダが出された 2015 年の 11 月には，マルタのヴァレッタで，EU 加盟国に加えアフリカ諸国の首脳も参加する移民サミットが開催された。EU としては，移民の送り出し国となっているアフリカ諸国との連携を通じて，人の過剰な移動の抑制に取り組むことを目指した。ここで発出されたヴァレッタ行動計画[24] では，(1) 非正規移民と強制移住の根本原因への対応，(2) 正規移民にかかわる協力強化，(3) 移民と庇護申請者の保護強化，(4) 非正規移民・密航・人身売買の防止・撲滅，(5) 帰還・再入国・再統合における協力を改善するために密接な行動をとる[25]，以上について EU とアフリカ諸国首脳の間で合意に至った。

4.2　EU トルコ共同声明

　ヴァレッタ会議と同じ 2015 年 11 月，EU はトルコとの連携を開始している。この背景には，300 万人を超える難民受け入れ国となっているトルコでは，その大半を内戦から逃れたシリア難民が占め，しかもトルコを経て海路ギリシャに流入する難民が 2015 年に 85 万人を記録し，「EU に流入する難民の対策にはトルコの協力は不可欠の状況になっていた」ことがある[26]。

　2015 年に激増した東地中海ルート，西バルカンルートを経て EU 入りする非正規移民への対応において，トルコとの連携は必須となり，トルコとしても国内に抱える大量の難民への対応において EU からの支援を必要とした。そこでトルコ内の難民支援を強化し，EU トルコ間の非正規移民の流出・流入の抑制などを目指すため，同年 11 月に「EU トルコ共同行動計画」（Joint Action

Plan with Turkey）を始動させた。

　そして同行動計画の推進の過程で，2016 年 3 月には「EU トルコ共同声明」（EU-Turkey Statement）を発し，具体的な連携強化が図られた。その内容は以下のとおりである。(1) 移民・難民の扱いに関して，ギリシャへの非正規移民をいったんトルコが受け入れる，ギリシャからの送還を受け入れるシリア人と同数のトルコに滞留するシリア難民を，EU が「第三国定住」の形で受け入れる，(2) 資金に関して，ギリシャからトルコへの移送費用を EU が負担する，「トルコのための難民ファシリティ」（Facility for Refugees in Turkey）において当初拠出が予定されている 30 億ユーロの支払いを急ぐとともに，状況に応じて 2018 年末までの追加資金 30 億ユーロについて決定する，(3) トルコ市民への便宜として，EU 加盟国へのビザ無し渡航の自由化（2016 年 6 月までに実現を目指す），(4) シリア国内での人道的状況改善および同国民や避難民がより安全な地域で暮らせるようトルコと連携する[27]。

　「声明」に基づく措置の成果に関しては，定期的なモニタリングがなされており，第 6 次レポート（2017 年 6 月）[28]によると，トルコからギリシャに渡った数は，2016 年 2 月 27 日から 6 月 8 日の期間で見ると 5,303 人（1 日平均 52 人）で，これは前年の同時期の 4 万人を大きく下回る。「声明」直前の時期が 1 日平均 1,700 人を超えていたことを考えると，その数は激減したといえる[29]。逆にギリシャからトルコへの非正規移住者の送還は，ギリシャに到着する人数を下回ってる。送還のペースは上がってはきているものの，「声明」以前に上陸した非正規移住者の送還処理が滞っていることが大きな要因で，EU として「ホット・スポット」（非正規移民の一時拘留施設）への働きかけを強めていくとしている[30]。「1 対 1」スキームによるトルコから EU 加盟国への再定住は，2016 年 6 月 9 日段階で合計 6,254 人となっている。ギリシャからの送還者数に比べて，こちらは速いペースで進展しており，このペースを維持していくべきだと評価している[31]。

　このように，「声明」の着実な効果を確認し，EU としては対応を継続的に推進するとしている。しかし，再定住の受け入れが目標に達していないこと（ハンガリーなど受け入れを拒否する国がある一方で，ドイツなど一部の国に受け入れが集中），加盟国が派遣すべきホット・スポットでの受け入れ業務に

携わる職員の数が足りていないことなど，加盟国の協力不足が深刻な状況を見せており，EU 内部でのガバナンス形成の困難さも露呈しているといえよう。

5. 自由と安全の間の矛盾

　前節で見たように，南地中海からシリアにいたる広範な地域から多数の非正規移民が流入する事態を受けて，EU としては緊急の対策を進め，EU とその周辺地域の政治的安定化を図るべく対策を講じてきている。しかしながら，その対応には不十分さも目立っている。何が政策の遂行にあたっての障壁となっているのであろうか。

5.1　シェンゲン圏へのアクセスをめぐる軋轢

　まずは域外からシェンゲン圏へのアクセスをめぐる対立を見てみたい。2007年に EU に加盟したブルガリアとルーマニアは，2014 年 1 月からシェンゲン圏に入る予定となっていたが，フランスの強い反対があり実現に至らなかった。ファビウス仏外相によると，両国は域外境界線の管理能力に不備があり，シェンゲン圏全体に損害を与える懸念があった[32]。フランスの反対姿勢の背景には，シリア内戦から逃れてきた多くの難民が，トルコからブルガリアを経由してシェンゲン圏に流入する懸念が高まってきたことがある[33]。結果として両国のシェンゲン加盟を認めるための EU 加盟国間での意見集約はなされず，2013 年12 月の司法内務閣僚理事会においても，両国のシェンゲン加盟問題については先送りとされた[34]。

　また，シェンゲン圏への非正規移民流入を実力行使で防ぐ手立てに出たのがハンガリーであった。シリア内戦が悪化をたどり，トルコを経由してギリシャ，セルビア，ハンガリーとつながる西バルカンルートで陸路シェンゲン圏入りを目指す難民が爆発的に増加した 2015 年，ハンガリーはセルビアとの国境沿いにフェンスを設置し，移住者の入国を阻止する手段に出た。この措置に対しては非難の声も高まり，例えば先にブルガリア，ルーマニアのシェンゲン圏入りに否定的な姿勢を見せたフランスのファビウス外相も，「金網を作るやり方はヨーロッパの価値と相容れない」と異を唱えた[35]。しかし，ハンガリーのこの

手法は中東欧の EU 諸国にドミノ的な連鎖をもたらし[36]，非正規移民の受け入れを物理的に拒絶する動きは広がっていった。こうした状況に対してファビウス外相は，「移民の受け入れを拒否する国が東欧にあることは言語道断だ」と強く非難した[37]。

5.2 治安と安全保障のシームレス化

　このようにフランス一国の対応を取り上げてみても，移民の受け入れをめぐって擁護の姿勢と反対の姿勢が入り交じっていることが見受けられるが，反対の姿勢が前傾化する時には，移民の大量流入が国内の安全への深刻なリスクをもたらすという危機意識が高まっているといえよう。ここでいう安全への脅威とは，組織犯罪や人身売買，さらにはテロなどが想定されるが，こうした不安全の源は，そもそも EU 域外で生起するものと考えられてきた。しかし，2001年の9・11アメリカ同時多発テロの容疑者にドイツで教育を受けた人物が含まれていたことや，2015年にフランスで起こった『シャルリー・エブド』紙本社襲撃テロが，フランス国内で育った人物が犯人である「ホーム・グローン型テロ」だったことなど，EU 域外にあると思われた不安全の源が，実際は域内で生起していることが明らかになっていく。不安全の源が EU（ないし加盟国）の「外」にあるのであれば，それは対外的安全保障政策の対象として政策上は位置づけられうるが，実際はそこでの「内」と「外」の境界線は限りなくないに等しい状況となってきている。

　こうした状況の中，EU としては，2010年に発表した「EU 域内治安戦略」(Internal Security Strategy for the European Union) において，域内秩序と対外安全保障のリンクを重視した戦略を提示した。この政策の戦略的方向性はその後も「欧州安全保障対策アジェンダ」(2015年)[38]，「グローバル戦略」(2016年)[39] と，一層強化されてきている。EU において安全の確保は，危機の深まる中で最優先の課題として浮上し，しかもその安全を脅かす要因は，EU の内からと外からとを問わず迫り来るものと認識されてきているのである。内政的な治安政策と対外的な安全保障政策がシームレスなものとなり，皮肉なことにEU がそうした対策に乗り出すことで一層，ヨーロッパ諸国の安全，アイデンティティ，福祉への脅威としての色合いが強くなってきている[40]。

第 6 章　EU の移民政策　　　137

5.3　近隣諸国との連携

　こうした安全の確保にあたっては，EU 域内での対策では不十分であり，近隣諸国との連携が欠かせなくなってくる。とりわけ北アフリカや中東の地中海諸国，ウクライナやモルドヴァなどの旧ソ連諸国との協力関係の構築・維持は大きな意味を持ってくる。また，EU 加盟候補国でもあるトルコとの関係は，上述の EU トルコ共同声明に基づく連携にも見られるように，とりわけ重要な位置を占める。移民の大量流入状況の中で，これらの国々との良好な関係を維持することは，EU にとって欠かせない課題となってきている。EU としては，これらの近隣諸国との関係を強化しつつ，同時に EU 市民の安全を守ることが求められるわけであるが，非正規移民が EU に入り込む窓口ともなるこうした国々との関係強化と，EU 市民の安全確保は，必ずしも両立は容易ではない。後者を優先するあまり，近隣諸国との間の国境管理を強化することは，流通や交流全般を犠牲にすることになりかねず，近隣諸国側からの反発は当然大きなものとなるだろう。EU は 2004 年以降，欧州近隣諸国政策（European Neighbourhood Policy）を通じて，東側と南側の近隣諸国と個別に協定を結んで関係強化を進め，当該対象国を含めた地域の安定化を図る施策を講じてきている。こうした近隣諸国との関係を悪化させてしまうことは，是が非でも回避したいところである。

5.4　困難な調和

　移民の EU 入域をめぐる議論において，多様な当事者間での立場の違いがその調和を難しくしている。移民や難民は，自らの安全を希求（特に難民の場合）している（ただし経済移民の場合は安全よりむしろ「安定」といえよう）。近隣諸国の立場に立つと，トルコのような移民の「通過国」としては，非正規移民が自国内に滞留することは避けたく，加えて自国民が経済活動や文化交流のために EU 内に移動することを妨げられたくない。同時に移民のコントロールで EU へ協力することで，経済援助や自国民の EU（シェンゲン圏）入域における優遇措置（ビザ免除など）を引き出したい。EU 加盟国の立場としては，移民の急増が国内の治安悪化につながることへの懸念が大きい。そこで自国民の安全を第一に追求する政策を選択することにつながっていく。そして EU の

立場は，人道的観点の重視と近隣諸国との良好な関係の保持が重要であり，その一方で，大量の移民の流入がもたらす社会変動によってEU市民の安全が脅かされることは避けなくてはならない。

こうしてみると，移民のEUへの受け入れにおいては「誰の安全を守るのか」が議論の核心にあることがうかがわれる。EU側の論理に立って，EUないし加盟国がEU市民の安全を守るために域外から入ってくる不安全の源を遮断するという意味で，移民に対して閉鎖的姿勢を強化すると，「EU対移民」の敵対の構図が前景化されていく。さらには，EUを目指す移民が滞留して，しかも自国民のEU入りをも妨げられかねない周辺諸国からの反発も招いて「EU対周辺諸国」という敵対の構図をも浮かび上がらせかねない。いずれにしても，移民の受け入れに否定的姿勢を強めることは，かえってテロなどの不安全を増大させるリスクがある。しかも近年のホーム・グローン型テロの顕在化が示す点からは，EU市民の中からEUや加盟国への反感を抱いてテロ行為を生み出すリスクを増大させる可能性も指摘される。

またEU内も一枚岩ではないが，EU（欧州委員会）とドイツやフランスなど難民受け入れを前向きに捉えようとする側の観点としては，受け入れに極度に否定的な東欧諸国の主張に傾いて排外的な姿勢をとってしまうことが，「自由」を重視するEUの価値観に反し，結果としてEUの備える「規範パワー」[41] の低下につながり，加盟国の国益と市民へのダメージにつながるとの見方がある。こうした「自由」を守ることで自らの利益を守るというビジョンを東欧諸国といかに共有するか，別の言い方をすればEUの政策として「自由」と「安全」の調和を一体感をもって体現できるか，ここがEU内での政策調整における核心的課題として浮かび上がってきている。

6. 移民政策における文化の視点

6.1 文化のセキュリタイゼーション

前節で整理した移民政策における「自由」と「安全」の調和の難しさには，「文化」が深く関わっている。別の言い方をすると，EUにおいてどのように移民関連の政策が決定，実施されているかについては，「文化」という要因が

大きく関わっているのである[42]。

　移民政策を検討する際，以下の課題の重要性を認識する必要があったといえよう。すなわち，①安全の確保と，②文化的摩擦である。さらに，非ヨーロッパ文化をまとった移民の大量流入を通じて進行する文化の多様化に直面して，文化の「セキュリタイゼーション」（安全保障化）の顕在化が確認されるのであるが，これはつまり不安全の源泉が文化的に認識されているということである[43]。ではEUの移民政策の前進にあたって，文化はどのように機能しているのだろうか。それは促進要因なのか，あるいは弊害となっているのだろうか。

6.2　EU移民・難民政策における文化の機能

　文化とは多様な意味に捉えることができるが，ここでは価値観・理念・信条の体系であり，伝統・習慣・規範として具体化されている行動様式と理解しておこう[44]。こうした文化は，文化相対主義の観点から個別文化の間に優劣はなく，いかなる文化も「守られるべきもの」と認識される。ここには「守られるべき」との規範的な機能が内在されている。ところが，移民とともにヨーロッパの外から入ってくる一部の文化に対しては，犯罪やテロなどの「不安全の源泉」と位置づけられ，EU諸国のホスト社会から排除されるべき具体的な対象とのレッテルが貼られてしまっていることも事実である。

　後者の点からは，安全保障の根幹的な部分に文化は位置していることが理解できよう。さらに，文化ないし文化集団が他者を攻撃する主体であり，同時に攻撃を受ける客体でもあることから，「文化の安全保障」という視座の設定も可能である[45]。つまり，EUとしての移民政策の策定・強化の過程において，「自由」と「安全」を同時に達成するという困難な命題に政治的に挑む努力がなされており，この中で文化の安全保障をめぐるステイクホルダー間の対立が有形・無形に強く作用しているのである。

　図6.1に示したように，「守られるべきもの」としての文化の擁護は，EUないしEU加盟国としての共通の価値システムの創出と維持に直結する。しかしながら，EUおよび加盟国の政策担当者は，文化のセキュリタイゼーションを通じて，「自由」のある「安全」な空間を確立するという現実的な要請にもさらされている。規範的機能を有する文化と，対象とされた具体的な不安全の

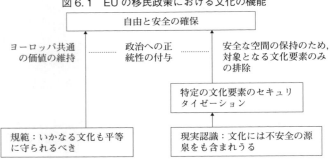

源泉(すなわち移民)のみを排除するという2つの目的を実現することを通じて,文化は政治に正統性を与えているのである。政治への正統性の付与という観点から整理すると,①守られるべきものとしての文化,②自由な空間を確保しながら安全を維持するため,排除すべき「不安全の源泉」として抽出される非ヨーロッパ的な個別文化という2つの機能があり,それらに共通して政治に正統性を与える理念・価値のシステムとしても,文化は機能している。

7. おわりに

本章では,EUが進める移民政策について,その経緯と方向性,および実現に向けての課題について検討してきた。特に実現に向けての課題に関しては,それを阻む要因について文化の観点に注目して掘り下げてきた。

EU統合推進とそのための個々の政策には,第二次世界大戦によって疲弊したヨーロッパ全域の復興と,仏独間を軸に何度も起こってきた戦争を起こすことがないように,ナショナリズムの対立を避ける仕組みを作り上げることにあった。この目的に沿って実現してきた仕組みの一つが,1980年代以降のシェンゲン協定に基づく人の自由移動であった。背景には,「多様性の中の統合」(Unity in Diversity)を掲げて,加盟国の個々の文化を擁護しながら全体としての政策的調和を図るという理念のもと,EU市民が域内を自由に移動し,競争

環境の中で創造性を育みながら相互理解と協調を育み，全体としての繁栄へと
つなげていくというビジョンがある。しかし，差別という EU が何より避ける
べき方向を否定するために，当初の想定を大きく超えてヨーロッパの外から入
ってくる多くの人々をも，その自由のメリットを享受できるように組み込んだ
制度構築を進めていくことになった[46]。このように，「多様性の中の統合」は
EU を政治的に強くし，経済的にも一層の繁栄をもたらすためには諸刃の剣で
もあった。前節で見た文化と政治の絡み合い，ないし文化の政治的利用は，こ
の「多様性の中の統合」に内在する矛盾の解消を目指す過程で顕在化してきた
と理解できよう。そして EU にとっては，東欧諸国などに見られるこの政治利
用をいかに抑制するかが，移民政策の推進においてなすべき課題として直面し
ている。

　また，EU が受け入れる移民の目線に立つと，加盟国でも EU でもない，個
人を起点とするガバナンスの強化が課題として浮かび上がっている。どんな政
策分野であれ，そこに関与するすべてのステイクホルダーの利害を考慮に入れ
て，限られた資源の再配分を行うことが政治であるが，その考慮に入れられる
べきステイクホルダーとして移民自身は必ずしも重視されていないとするなら，
当然そこに問題を残すことになる。政治はそもそも当該国家の国民を対象に進
めるものであったとはいえ，現代社会では世界的にも移住・移民は常態化して
おり，しかもこうした移住者が移住先の社会に少なからぬ貢献を果たしている
ことを考えれば，国境を越えて EU に入ってくる人々をないがしろにすること
は難しい。それはまた，難民条約などの人の国際移動に関わる国際規範を EU
自身がないがしろにしてしまうことにつながり，EU の規範パワーを大きく損
なうことにつながる。そもそも EU 自身，域内での国境を実質的に撤廃した共
同体の構築を目指す政治体なのであるから，こうした脱国境的な視点での政治
運営が本質的に要請される側面すらあるわけである[47]。その意味で，移民の目
線に立ったガバナンス創出への対応が，EU には倫理的に要請されているのだ
といえよう（図6.2参照）。

　加盟国と EU の利害，さらに移民自身の利害を考慮に入れて，政策の調和を
図りながら移民政策を推進することが EU には求められている。そこへの障壁
を乗り越えるためには，移民政策をめぐる政治と文化の絡み合いを解きほぐし

図 6.2　個人を起点とする国際移民ガバナンス

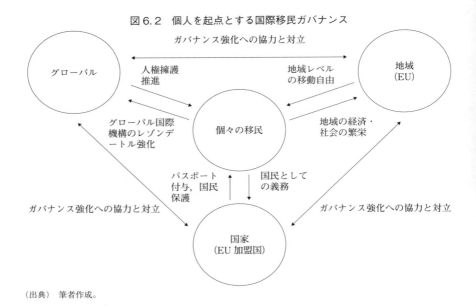

(出典)　筆者作成。

て文化の政治利用を抑制する道筋の探求が必要であり，併せて移民を含めたすべてのステイクホルダーの目線に立つガバナンスの構築が必要とされている。

[付記]　本章は，日本学術振興会研究拠点形成事業（A. 先端拠点形成型）「日欧亜におけるコミュニティの再生を目指す移住・多文化・福祉政策の研究拠点形成」（2016-2020 年度），科学研究費（基盤研究 B）「地中海の移民・難民問題と EU によるガバナンス形成-南欧諸国の戦略を軸に」（2016-2019 年度／課題番号 16H03588），神戸大学先端融合研究環研究プロジェクト「移住・多文化・福祉政策に関する国際的研究拠点の形成」（2017 年度）による研究成果の一部である。

[注]
1)　ゲデスが指摘しているように，2008 年現在，EU の東側の陸地境界線は 8,000 km 近く，南の海洋境界線は 34,000 km に及ぶ。Geddes (2014, pp. 437-438).
2)　アラブの春に対する EU の対応は，民主化支援のあり方をめぐる批判的検討を主としてなされてきた。例えば次を参照。Van Hüllen (2015), Peters (2012).

第6章 EUの移民政策　143

3）政治的にも法的にも移民（migrant）と難民（refugee）は本来的に区別して議論されるべきものであるが，EUにおける受け入れの可否をめぐる議論と政策実施の過程で，その境界は曖昧な形で進行してきている。そこで本章では，自発的移動・非自発的移動を問わず，国境の外から中長期的な生活の場を求めて移動してくる人という意味において，「移民」によって両者を包括的に表現するが，区別して理解する必要がある際は「移民・難民」などのように記述する。こうした点については例えば次を参照，岡部（2017，注6，66頁）。

4）Geddes（2014, p. 441）.

5）European Commission outlines its vision for the area of freedom, security and justice in the next five years, IP/09/894, 10 June 2009.

6）フランス・サルコジ政権における移民政策の発展については次を参照，Marthaler（2008）.

7）Proposal for a Directive of the European Parliament and of the Council on common standards and procedures in Member States for returning illegally staying third-country nationals, COM（2005）391 final, http://eur-lex.europa.eu/LexUriServ/LexUriServ.do?uri=COM:2005:0391:FIN:EN:PDF［最終アクセス日2017年8月22日］。

8）Council Directive 2003/86/EC of 22 September 2003 on the right to family reunification, *Official Journal of the European Union*, L 251, 03/10/2003, pp. 12-18.

9）Council Directive 2003/109/EC of 25 November 2003 concerning the status of third-country nationals who are long-term residents, *Official Journal of the European Union*, L 016, 23/01/2004, pp. 44-53.

10）EC/EU は「域内市場白書」（1985年）以降，「事実上の移民」を「第三国出身者」（third-country nationals）と表記し，域内自由移動の対象をEC加盟国民だけでなく，域外出身の移民も対象とするという議論を喚起した。岡部（2005，147頁）。

11）Council Directive 2004/114/EC of 13 December 2004 on the conditions of admission of third-country nationals for the purposes of studies, pupil exchange, unremunerated training or voluntary service, *Official Journal of the European Union*, L 375, 23/12/2004, pp. 12-18.

12）Council Directive 2005/71/EC on a specific procedure for admitting third-country nationals for the purposes of scientific research, *Official Journal of the European Union*, L 289, 03/11/2005, pp. 15-22.

13）Council Directive 2000/43/EC of 29 June 2000 implementing the principle of equal treatment between persons irrespective of racial or ethnic origin, *Official Journal of the European Union*, L 180, 19/07/2000, pp. 22-26.

14）Council Directive 2000/78/EC of 27 November 2000 establishing a general framework for equal treatment in employment and occupation, *Official Journal of the European Union*, L 303, 02/12/2000, pp. 16-22.

15）European Commission（2003）.

16)　駐日欧州委員会代表部広報部（2006，5頁）。

17)　European Commission（2005）.

18)　Council of the European Union, Press Release, 3018 th Council meeting Justice and Home Affairs, Luxembourg, 3-4 June 2010, 10630/10 PRESSE 161.

19)　Council Directive 2009/50/EC of 25 May 2009 on the conditions of entry and residence of third-country nationals for the purposes of highly qualified employment, *Official Journal of the European Union*, L155, 18/06/2009, pp. 17-29.

20)　Balleix（2013, pp. 221-222），Geddes（2014, pp. 447-448）.

21)　リスボン条約（EU 運営条約）第 4 条 2 項，第 68 条，第 72 条，第 79 条において EU と加盟国政府の権限関係が規定されている。Balleix（2013, pp. 43-44）.

22)　European Commission（2015b）.

23)　2016 年 10 月，EU 規則 2016/1624（Regulation（EU）2016/1624 of the European Parliament and of the Council of 14 September 2016 on the European Border and Coast Guard and amending Regulation（EU）2016/399 of the European Parliament and of the Council and repealing Regulation（EC）No 863/2007 of the European Parliament and of the Council, Council Regulation（EC）No 2007/2004 and Council Decision 2005/267/EC, *Official Journal of the European Union*, L 251, 16.09.2016）に基づき，FRONTEX が 2016 年に欧州国境沿岸警備機関（European Border and Coast Guard Agency）に改称されて役割が強化された。なお，欧州国境沿岸警備機関の発足過程については以下を参照，植田（2017，42-45 頁）。

24)　Valletta Summit, 11-12 November 2015, Action Plan.

25)　European Council, Council of the European Union, Valletta Summit on migration, 11-12/11/2015, http://www.consilium.europa.eu/en/meetings/international-summit/2015/11/11-12/［最終アクセス日 2016 年 1 月 15 日］。

26)　駐日欧州連合代表部「EU MAG」2016 年 7 月 29 日（http://eumag.jp/behind/d0716/）［最終アクセス日 2017 年 8 月 3 日］。

27)　EU-Turkey statement, 18 March 2016, Press Release 144/16, 18/03/2016。なお，EU 加盟国へのトルコ市民のビザ無し渡航の実現に関しては難航し，2017 年 8 月段階で実現に至っていない。

28)　European Commission（2017）.

29)　European Commission（2017, p. 2）.

30)　European Commission（2017, p. 5）.

31)　European Commission（2017, p. 9）.

32)　"La France ne veut ni de la Roumanie ni de la Bulgarie dans l'espace Schengen" http://abonnes.lemonde.fr/societe/article/2013/09/30/paris-oppose-a-l-entree-de-la-roumanie-et-la-bulgarie-dans-l-espace-schengen_3486989_3224.html［最終アクセス日 2017 年 8 月 7 日］。

33)　*Le Monde*, 9 octobre 2013.

34) The Council of the European Union, Press Release, 3279th Council meeting, Justice and Home Affairs, Brussels, 5 and 6 December 2013.

35) *Le Monde*, 1er septembre 2015.

36) "L'Europe sous pression face à un nouvel afflux de réfugiés dans les Balkans" http://www.lemonde.fr/europe/article/2015/10/21/les-refugies-toujours-plus-nombreux-dans-les-balkans_4793863_3214.html［最終アクセス日 2017 年 8 月 7 日］。

37) *Le Monde*, 1er septembre 2015.

38) European Commission (2015a).

39) *Shared Vision, Common Action: A Stronger Europe - A Global Strategy for the European Union's Foreign and Security Policy*, June 2016.

40) Karamanidou (2015, p. 37).

41) Manners (2006), Manners (2002).

42) 本節の議論については Sakai (2015) における検討を参照。

43) EU における移民問題のセキュリタイゼーションについては以下を参照，坂井 (2015a)，Karamanidou (2015).

44) なお，国際関係論において文化をどう定義するかについては，文化人類学者クライド・クラックホーン (Clyde Kluckhohn) の定義を援用した平野健一郎による「生きるための工夫」(Designs for living) との見解が参考になる。平野 (2000, 10-11 頁)。

45) 坂井 (2015b)，［最終アクセス日 2017 年 9 月 6 日］。

46) 1999 年のタンペレ欧州理事会では，「自由の享受は，EU 市民だけの排他的な特権としてみなされるべきではない」，むしろ「世界のすべての人々を［EU に］惹きつける力として機能するものである。」と議長総括で述べられている。European Council (1999).

47) 移民をめぐるガバナンスの歴史と課題の総合的考察については，坂井 (2018) を参照。

［参考文献］

Balleix, C. (2013), *La politique migratoire de l'Union européenne*, La Documentation Française.

Council of the European Union (2010), *Internal security strategy for the European Union - Towards a European security model*, Publications Office of the European Union.

European Commission (2003), "Communication from the Commission to the Council, the European Parliament, the European Economic and Social Committee and the Committee of the Regions on immigration, integration and employment," COM (2003) 336 final.

European Commission (2005), "Communication from the Commission to the Council, the European Parliament, the European Economic and Social Committee and the Committee of the Regions: A Common Agenda for Integration Framework for the Integration of Third-Country Nationals in the European Union," COM (2005) 389 final.

European Commission (2009), *An Opportunity and a Challenge: Migration in the European Union*, Publications Office of the European Union.

European Commission (2015a), "Communication from the Commission to the European Parliament, the Council, the European Economic and Social Committee and the Committee of the Regions, The European Agenda on Security", COM (2015) 185 final, Strasbourg, 28 April 2015.

European Commission (2015b), "A European Agenda on Migration," COM (2015) 240 final, Brussels, 13 May 2015.

European Commission (2017), "Report from the Commission to the European Parliament, the European Council and the Council: Sixth Report on the Progress made in the implementation of the EU-Turkey Statement", COM (2017) 323 final, 13 June 2017.

European Council (1999), "Tampere European Council 15 and 16 October 1999: Presidency Conclusions", 16 October 1999.

Geddes, A. (2014), "The European Union: Supranational Governance and the Remaking of European Migration Policy and Politics," in James F. Hollifield, P. L. Martin and P. M. Orrenius, eds., *Controlling Immigration: A Global Perspective*, 3rd edition, Stanford University Press.

Hollifield, J. F. and T. K. Wong (2015), "The Politics of International Migration: How Can We 'Bring the State Back In'?" in C. B. Brettell and J. Hollifield, eds., *Migration Theory: Talking across Disciplines*, 3rd Edition, Routledge.

Karamanidou, L. (2015), "The Securitisation of European Migration Policies: Perceptions of Threat and Management of Risk", in G. Lazaridis and K. Wadia, eds., *The Securitisation of Migration in the EU: Debates since 9/11*, Palgrave Macmillan.

Manners, I. (2002), "Normative Power Europe: A Contradiction in Terms?" *Journal of Common Market Studies*, Vol. 40, No. 2.

Manners, I. (2006), "The Symbolic Manifestations of the EU's Normative Role in World Politics", in O. Elgström and M. Smith, eds., *The European Union's Roles in International Politics: Concepts and Analysis*, Routledge.

Marthaler, S. (2008), "Nicolas Sarkozy and the Politics of French Immigration Policy", in T. Bale, ed., *Immigration and Integration Policy in Europe: Why Politics - and the Centre-Right - Matter*, Routledge.

Peters, J., ed. (2012), *The European Union and the Arab Spring: Promoting Democracy and Human Rights in the Middle East*, Lexington Books.

Sakai, K. (2015), "Immigration Policy of the European Union: From Perspectives of Culture and Politics," *Kobe University Law Review*, no. 49.

Shared Vision, Common Action: A Stronger Europe - A Global Strategy for the European Union's Foreign and Security Policy, June 2016.

Van Hüllen, V.（2015）, *EU Democracy Promotion and the Arab Spring: International Cooperation and Authoritarianism*, Palgrave Macmillan

Van Munster, R.（2009）, *Securitizing Immigration: The Politics of Risk in the EU*, Palgrave Macmillan.

Wihtol de Wenden, C.（2013）, *La question migratoire au XXIe siècle: Migrants, réfugiés et relations internationales*, 2ème édition, Presses de Sciences Po.

Wihtol de Wenden, C.（2017）, *L'immigration: Découvrir l'histoire, les évolutions et les tendances des phénomènes migratoires*, Groupe Eyrolles.

植田隆子（2017）,「EU の域内治安と対外安全保障の連結」『日本 EU 学会年報』37 号。

浦川紘子（2009）,「刑事問題における警察・司法協力」鷲江義勝編『リスボン条約による欧州統合の新展開　EU の新基本条約』ミネルヴァ書房。

遠藤哲也（2012）,「『アラブの春』下の大規模人口流入に震撼した欧州」『海外事情』第 60 巻第 3 号

岡部みどり（2004）,「拡大 EU の『人の移動』と戦略的 EU 出入国管理政策」『日本 EU 学会年報』24 号。

岡部みどり（2005）,「人の移動をめぐる共同国境管理体系と EU」木畑洋一編『ヨーロッパ統合と国際関係』日本経済評論社。

岡部みどり（2008）,「EU 共同出入国管理の対外的意味」『海外事情』第 56 巻第 4 号。

岡部みどり（2017）,「EU による広域地域形成とその限界——対外政策としての出入国管理」『日本 EU 学会年報』37 号。

木戸裕（2008）,「EU の移民政策」『総合調査　人口減少社会の外国人問題』国立国会図書館。

久保山亮（2009）,「人の国際移動をめぐる国家主権概念と多国間主義の再検討——ヨーロッパ諸国の移民政策の『欧州化』1974-2006 年」『日本比較政治学会年報』11 号，ミネルヴァ書房。

坂井一成（2015a）,「EU の地中海政策におけるフランスの関与と課題——移民問題のセキュリタイゼーションをめぐって」日本国際政治学会編『国際政治』182 号。

坂井一成（2015b）,「『文化の安全保障』の時代——世界遺産をめぐる対立とパリでのテロ」（http://www.nippon.com/ja/column/g00329/）。

坂井一成（2016）,「地中海と EU の狭間に揺れるフランスの移民政策」岡部みどり編『人の国際移動と EU ——地域統合は「国境」をどのように変えるのか？』法律文化社。

坂井一成（2018）,「人の移動をめぐるガバナンス」グローバル・ガバナンス学会編『グローバル・ガバナンス学Ⅱ　主体・地域・新領域』法律文化社。

駐日欧州委員会代表部広報部（2006）,『europe』247 号。

独立行政法人労働政策研究・研修機構（2006）,「欧州における外国人労働者受入れ制度と社会統合——独・仏・英・伊・蘭 5 ヵ国比較調査」『労働政策研究報告書』No. 59。

平野健一郎（2000）,『国際文化論』東京大学出版会。

八十田博人（2017）,「地中海移民・難民対策をめぐるイタリア・EU 間の論争」『日本 EU

学会年報』37号。

若松邦弘（2007），「EU における立憲体制と市民的自由の保障——司法内務分野をめぐる統治の変容」坂井一成編『ヨーロッパ統合の国際関係論［第2版］』芦書房。

第 7 章　EU と域外紛争
――開発・安全保障の結合という視点から――

増島　建

1.　はじめに

　今日の世界では紛争の数は減少している。1990 年代の前半にみられたような途上国における内戦の頻発という状況は一段落したかのようである。しかしこうした全般的な傾向は気休めでしかない。世界の多くの地域では，引き続き紛争やそれに伴う難民の発生にさいなまれている。ヨーロッパは中東・アフリカと地理的に近接しており，これらの危機に他の地域にもまして直面している。

　今日欧州連合（EU）が抱える 2 つの中心的な問題である難民移民問題およびテロリズムはともに，主として中東や北アフリカおける内戦・混乱状況に起因している。こうした点からすれば，EU 域外における，特に脆弱な諸国における不安定な状況にどのように対応するかは，EU にとって今日においても緊要の課題である。

　周知のように EU が外交・安全保障面で独自の役割を果たすようになるのは，1993 年に発効したマーストリヒト条約および 1996 年のニース条約によって，共通外交・安全保障政策（CFSP）が制度化されて以降のことである。旧ユーゴスラビア紛争というまさに EU の足元で起こった血なまぐさい紛争に EU が対応できなかったことから，凄惨な紛争や対外危機にどのように対応したらいいのかが EU において問われるようになった。

　EU が抱えたこのような問題は先進各国に多かれ少なかれ共通したものであった。先進各国は，それぞれの利害がある途上地域における紛争（そしてその発生のリスク，その後の復興）への対応を迫られたのであった。国連では 1992 年にブトロス・ガリ事務総長による『平和への課題』が発表され，武力

紛争の予防・解決そして紛争後の平和構築という紛争の各段階に応じた対応が提示されていた。こうした中で特に注目を集めるようになったのが，軍・安全保障共同体による紛争の解決・平和維持から和平後の復興という平和の構築に至る一連の作業であった。こうして安全保障と開発という従来2つの異なる共同体のもとで進められていた作業の緊密な連携が考えられる必要性が示されたのであった。

このような試みは先進各国においてしばしば3Dとよばれることになった。すなわち外交・安全保障だけではなく，開発も含めた三者による緊密な連携が途上国における危機的状況の対応のため必要とされるようになったのである。3Dはアメリカで最初に提唱されたがカナダやイギリスなどにおいても明示的に目標として掲げられた。EUにおいても例外ではなく，3Dとして安全保障と開発の間の連携が模索されることとなった。

本章ではこのように1990年代中葉以降，そして21世紀初頭の対テロ戦争への対応の中で対外的危機へのアプローチとして浮上した安全保障と開発の連携・連結の問題に焦点を合わせて，EUのアプローチの特徴および問題点を分析する。本章では，すでに膨大な量の個別研究が蓄積されている個々の事例分析自体に屋上架を重ねることなく，EUによる戦略アプローチの変遷を安全保障と開発の連結という観点から分析することを主眼としたい。

2. EU における開発と安全保障の結合を分析する視点

2.1 開発と安全保障の結合 (nexus)

開発と安全保障の結合は，いわれるほど自明なことではない。なぜなら開発と安全保障は2つの異なるコミュニティーを成しているからである（増島2017）。開発という政策領域は，安全保障領域からの自律性がアイデンティティーとなっている。開発関係者は独自の文化や価値観を有しており，開発省，協力省といった制度的な基盤を有し，独自の人的資源を有している。同様に安全保障関係者は，軍という独自の文化・価値観をもった人的資源をもっており，国防省という強力な組織を有している。そして従来はこの両者が独自のアイデンティティーを有し，互いに密接な協力をすることは一部の例外を除いてほと

んどみられなかったといってよい。

　そのため従来も，開発資金と安全保障目的の関係をめぐって経済協力開発機構（OECD）の開発援助委員会（DAC）等では論争が繰り広げられてきた。DAC に集う開発関係者は全体としてはほぼ一貫して紛争，安全保障の問題への関与は本来の役割ではないとして否定的な態度をとってきた。それでは1990 年代後半以降に課題となった開発と安全保障の結合においてみられた結合の具体的なパターンはどのようなものであろうか。

　1 つのパターンはイギリスにおいてみられた。イギリスではブレア（Tony Blair）政権によって国際開発省（Department for International Development：DFID）が格上げされ，途上国，特にアフリカにおける紛争への取り組みが政府全体アプローチのもとで開始された。このアプローチのもとでは，新たに設置されたアフリカ紛争プールと紛争プールという追加的な資金枠組みのもとでDFID は積極的に紛争や安全保障の問題に関与することになったのである。こうした DFID による積極的な姿勢の背後には，ブレア首相によって任命されたショート（Claire Short）開発大臣による（安全保障の問題に）「自ら手を染める」ことが必要であるとの考えがあった。開発 NGO などからはこうしたDFID による安全保障問題へ関与する姿勢には批判がなされたが，このイギリスの事例は開発側がイニシアティブをとった開発と安全保障の結合のパターンとして位置づけることができる（Barder 2007）。

　これに対してもう 1 つのパターンは，逆に安全保障側がイニシアティブをとり開発と安全保障の結合を図ろうとしたパターンがある。この軍事主導の結合パターンの典型例はアメリカにおいてみられる。アフガニスタンやイラク等での安定化作戦を遂行していたアメリカ国防関係者は，安定化の段階から復興制度構築国家建設を進める必要に迫られ，自ら ODA に相当する資金枠組みを獲得し，インフラ建設や技術協力など本来は開発側が行うべき開発作業に自ら従事するようになった（Patrick and Brown 2007）。こうしたいわば軍事関係者による開発安全保障領域の結合へのアプローチは，「開発援助の軍事化」にあたるとして批判もみられたが，現実の要請に迫られ，また国防省という巨大な組織力によって推進されていった。

2.2 開発と安全保障の結合における EU の特徴と本章の課題

こうした2つの典型的なパターン，すなわち一方は開発主導により，他方は軍事側からの安全保障と開発の結合へのアプローチがみられるが，EU の場合にはいずれの場合にも属さない独自のパターンがみられたといってよい。すな

表7.1　平和・紛争関連 ODA

二国間 ODA コミットメント（単位：百万米ドル，名目値）

年	2004	2005	2006	2007	2008	2009	2010	2011	2012	2013	2014
DAC 総額	812	1,601	1,742	2,500	3,058	3,131	3,162	2,854	2,729	2,593	2,468
DAC 加盟国　オーストラリア	—	9	29	78	51	38	63	109	70	54	50
オーストリア	—	22	23	7	24	21	20	10	11	14	8
ベルギー	2	11	17	19	25	32	25	28	12	5	7
カナダ	—	60	75	95	185	164	159	137	86	63	38
チェコ共和国	—	8	11	13	40	25	10	7	9	1	3
デンマーク	—	8	10	29	30	71	50	49	43	89	41
フィンランド	6	33	31	19	38	68	65	58	46	39	33
フランス	—	0	32	30	45	51	58	62	35	60	61
ドイツ	—	116	107	160	282	399	380	361	294	392	439
ギリシャ	—	34	38	52	41	43	0	0	0	0	0
アイスランド	—	—	—	—	—	—	—	0	0	0	1
アイルランド	0	0	4	16	16	13	11	9	8	8	9
イタリア	—	9	2	13	22	8	4	9	3	4	11
日本	—	7	68	40	68	224	380	109	99	88	85
韓国	—	—	3	0	1	2	84	1	1	82	15
ルクセンブルク	—	0	0	3	1	1	1	1	1	2	1
オランダ	68	78	177	133	353	168	108	148	429	232	229
ニュージーランド	3	1	1	5	7	10	12	11	11	8	11
ノルウェー	—	75	160	196	211	200	215	247	276	241	220
ポーランド	—	—	—	—	—	—	—	—	—	1	1
ポルトガル	15	15	35	71	69	58	48	12	10	3	3
スロバキア	—	—	—	—	—	—	—	—	—	1	1
スロベニア	—	—	—	—	—	—	—	—	1	1	1
スペイン	—	19	22	147	84	41	35	72	35	28	27
スウェーデン	—	62	67	93	119	121	141	159	183	185	165
スイス	—	63	61	63	73	76	80	107	114	146	132
イギリス	—	—	12	184	369	393	290	293	308	191	268
アメリカ合衆国	714	958	746	1,024	893	892	913	841	633	641	595
EU 機関	101	183	110	463	746	619	611	1,005	465	1,021	586

（出所）　Data extracted on 02 May 2016 05: 39 UTC（GMT）from OECD. Stat.

わち一方では EU には通常の国のような軍事力あるいは国防省に相当する組織がないという独自の特徴が存在する。したがってアメリカのように軍事側による統合のパターンはそもそもありえない。しかし他方では後述するように開発側が安全保障面への進出を自らイギリスにおけるように提唱する可能性は低かった。したがって EU の事例はアメリカ型でもイギリス型でもない独自のパターンなのである。それでは EU の場合には開発と安全保障の結合の形成の度合いは低かったのであろうか？

　開発と安全保障の結合が形成されているかを判定する 1 つの基準は，DAC 統計における紛争関連の項目の金額である（表7.1）。この数値をみると金額ベースでは，EU において開発と安全保障の結合は他の国と比較してかなり上位に位置するといえる（2014 年にはアメリカを抜きトップ）。

　こうした一見結合が形成されにくいと考えられる EU においてなぜ実際には開発と安全保障の結合（ここでは安全保障関連で ODA として認められた援助として考える）が形成されているのであろうか？　本章ではこの疑問を解決するために EU における 2 つの対外戦略を手がかりとして，それらの文書において現れた結合のあり方をまず検討する。次いでそれぞれの戦略によって進められた開発と安全保障の結合の具体的な進め方と，それに沿って実際にとられた政策を検討する。

3. EU 安全保障戦略（ESS）の形成と開発・安全保障の結合

3.1　ESS の策定と開発・安全保障

　「ヨーロッパがこれほど繁栄し，安全で自由であったことはかつてない」（European Council 2003）。この極めて楽観的な文章から始まる 2003 年の欧州安全保障戦略（European Security Strategy：ESS）は新しい時代を向いていたというよりは，冷戦直後の楽観的でリベラリズムが席巻した 1990 年代をむしろ参照したものといえる。実際旧ユーゴ紛争での EU の無策ぶりや，イラク戦争をめぐる内部分裂，そしてリーマンショック後の経済危機，さらにはテロリズムの脅威に直面していた EU が「ヨーロッパがこれほど繁栄し，安全で自由であったことはかつてない」ものでなかったことは自明であろう。その意味で

2003年に発表されたEUの安全保障戦略は，むしろ民主主義・人権などの価値を掲げたEUが，アメリカと対抗する軸という栄光の過去を選択的に取り上げることによって未来を志向していたものといえよう。すなわちEUの輝かしい業績や可能性を強調することによって，旧ユーゴ紛争などに有効に対処できなかった苦い経験を克服していこうとの政治的なメッセージが込められていたとみることができる。

さらにタイトルに安全保障という字句が入っているとおり，ESSはEUのグローバルな世界戦略文書というよりは，安全保障分野における戦略を指している。実際ESSが策定された経緯をみると，ソラナ（Javier Solana）上級代表のイニシアティブのもとで，いかにしてEUが新たに獲得したCFSPを発展させていけるかが問題関心であったことがわかる。この文書の策定に実際にあたったといわれるクーパー（Robert Cooper）は，EUにおいては理事会事務局での戦略策定責任者だったのであり，この戦略作成にあたって欧州委員会の関与はほとんどみられなかったのである（Kurowska 2011; Del Biondo et al. 2013, p. 130）。

それゆえ開発と安全保障の関係についても，ESSの中では一方的に安全保障の重要性が述べられている点が特徴的である。ESSの中では安全保障は開発の前提条件であると述べられているが，逆は述べられていない。すなわち開発と安全保障の結びつきについては安全保障を中心に考えようとの姿勢が明確である。さらにEUの対外関係における最大の問題である対外政策の一貫性という課題についても開発援助が真っ先に候補として挙げられ，EUの安全保障戦略に役立てるべき存在（＝道具）として位置づけられている。

3.2 ESS後の開発・安全保障

ESSにみられた一連のEUの対外政策上の展開は，理論的にも実践の面においてもCFSPの側のイニシアティブが目立ったものとなっている。

ここではドクトリンの面における展開をみていきたい。この点で最初に指摘できるのは，「人間の安全保障」（human security）という考え方がEUによって取り上げられるようになったことである。人間の安全保障はロンドン大学政治経済学院のカルドー（Mary Kaldor）教授を主査とする研究会によってレポ

ートにまとめられたのが，EU における人間の安全保障戦略導入の端緒である（バルセロナ・レポート（2004 年））。さらにマドリッド・レポート（2007 年）に至って EU による独自の戦略として採用されることになるのである（Gänzle 2009, pp. 43-45; Harnisch 2017）。EU における人間の安全保障戦略導入の過程の特徴は，開発側を代表する欧州委員会開発当局の側が消極的であったために，その内容は日本におけるような開発が中心になることはなく，しかし逆にカナダにおけるように軍事が中心に出ることもなく，中間的なものになっていることが特徴である。

　そうした中で EU の対外危機管理の戦略として注目を浴びるようになったのがいわゆる包括的アプローチ（Comprehensive Approach）である[1]。この包括的アプローチは開発分野だけでなく貿易・環境など欧州委員会が権限として有する多くの領域が，対外戦略に動員されることを意味していた。その意味で総合的な外交を EU が遂行できるかどうかのカギを握る戦略であった。多くの政策文書が出され内部での議論がなされたが，結局は CFSP 側と欧州委員会のそれぞれの権限が並列される形になっており，安全保障と開発の統合に向けての動きは中途半端なものに終わった。

　リスボン条約の制度改革によって対外代表は欧州委員会副委員長を兼ねることとなり，対外政策上の一貫性の欠如という EU が抱えていた問題を解決しようとの試みがなされた。初代対外代表に就任したアシュトン（Catherine Ashton）は包括的アプローチを継承したが，CFSP と欧州委員会の並列という状況を基本的に克服することはできなかった。

4. EU グローバル戦略の作成

4.1 EU グローバル戦略の策定と開発・安全保障

　リスボン条約による新しい体制，特に欧州対外行動庁（EEAS）の設置に対応することで精一杯であったアシュトン初代代表に代わってモゲリーニ（Federica Mogherini）が対外代表に就任した。モゲリーニはイタリアの外務大臣を経て EU 対外代表に就いたが，イタリアは欧州統合や欧州委員会をポジティブにとらえる国であり，欧州委員会副委員長というポジションに真剣に取り組ん

だとされる。そのためモゲリーニ代表は欧州委員会のさまざまな会議にも進んで参加し，積極的にイニシアティブをとろうとした。その意味でリスボン条約によってもたらされた対外政策統合のポテンシャルを最初に生かす試みがモゲリーニ代表によってなされることになった。

EU グローバル戦略（EU Global Strategy）は，名前のとおり ESS とは異なり単に安全保障面だけではなく，文字通りさまざまな分野を包含するグローバルな戦略である点が特徴であった（European Union 2016）。実際モゲリーニ代表はこのグローバル戦略を策定するにあたっては，理事会，欧州委員会，メンバー国，さらには市民社会に対して，幅広く事前に内容を提示し，意見を集めることに努めたのである。

この戦略の策定をモゲリーニ代表から依頼されたのはイタリア国際問題研究所のトッチ（Nathalie Tocci）副所長であった。トッチによれば，EU グローバル戦略は対外的な目標追求という側面と同時に，EU 内部の結束を図るという目的ももっていた。イギリスの EU 離脱国民投票の結果がでたのは，ちょうど EU グローバル戦略が発表される直前であった。ブレグジットを待つまでもなく，一部の EU メンバー国内部では EU に対する反対世論がわきあがっており，EU に批判的なポピュリズム政党が相次いで支持を伸ばしていた。このような状況下では，対外戦略も EU に対する信頼性を獲得し，支持を調達し正統性を確保するための手段と位置づけられていたのである。

EU グローバル戦略のキーワードは 2 つあった。1 つは戦略全体を貫くトーンを示すものとして用いられた「原理的なプラグマティズム」（principled pragmatism）という考え方である。これは従来の EU の対外政策があまりにも高邁な理念や価値を掲げて現実離れしていたことに対する反省から考えられたものであった。民主主義の追求等はもはやそれ自体として絶対的に追求されなければならないものとはとらえられなくなっていた。EU の価値観を一方的に他国に説教し押しつけるような態度とは決別しようとしたのである。しかし同時に他方では，理念を一切追求せず現実的な政策のみを遂行していてはシニシズムのそしりを免れない。さらに EU が批判をするリアリズムの政策と同一視されることになるであろう。そこでとられた中間的な理念が原則的プラグマティズムという考え方であった。

第 7 章　EU と域外紛争　　　157

　もう 1 つのキーワードは「レジリエンス」（resilience）であった（Wagner and Anholt 2016; Juncos 2017）。レジリエンスは近年さまざまな分野で流行の間がある。EU においてもレジリエンスは取り上げられ，すでに特に災害救助人道支援などの分野で語られていた。レジリエンスが EU グローバル戦略の中心概念として取り上げられるようになったのにはさらに以下のような理由があった。1 つには EU が掲げるようになったプラグマティズムに沿った概念であったということである。国家建設などさまざまな課題の第一次的な責任は途上国自身にあるとし，EU などの外部アクターは当事者が対処するための能力の向上を支援するだけである，との図式を提供することができるからである。これは EU の資金面や主体的な意思の欠如を補う上での都合の良い便法であったといえる。

　もう 1 つの理由は，対外的危機に対処する上での最大の課題である開発と安全保障の融合を実現する上でレジリエンスという概念は好都合であった。なぜなら安全保障の分野においてもすでにレジリエンスなる概念は用いられており，さらに開発の分野においてもすでにみたように人道援助等においてレジリエンスが用いられていた。それゆえ，レジリエンスは開発と安全保障の融合を実現する上で好都合な概念であったのである。

4.2　EU グローバル戦略下の開発・安全保障

　EEAS の整備などリスボン条約による新たな制度の潜在可能性が十全に発揮される可能性が初めて提起されたのは，EU グローバル戦略によってであった。

　開発と安全保障の結合の面では，EU グローバル戦略の中では安全保障が開発の前提条件であると述べられるにとどまらず，開発が安全保障の実現に欠かせないとの文言で双方向の関係が示された[2]。EU グローバル戦略の策定過程で興味深いのは，従来はもっぱら開発側すなわち欧州委員会開発当局が開発と安全保障の結合に関して消極的であったという側面がみられたが，今回は CFSP すなわち理事会の側においても開発分野との融合を進めることで自分たちの独自性が失われることへの懸念が表面化したことである。CFSP 側は自らのイニシアティブでやっとのことで進めてきた共通安全保障・防衛政策（CSDP）ミッションの態勢を自らのものとして守りたいとの姿勢がみられたと

いうのである（Tocci 2017, p. 66）。

　こうした EU グローバル戦略は，従来みられた包括的アプローチに取って代わることになった。EU グローバル戦略のもとでは従来以上に開発側による CFSP への関与が進むことになった。一方では CFSP の独自の目標がリスボン条約のもとでは取り払われたことから，欧州委員会も CFSP の策定過程に対応することが可能となった。純粋に CFSP のみの分野については従来通り欧州議会の関与も認められておらず一定の独自性を維持したが，CFSP の通常活動化の代償は CFSP の自律性の一定程度の消滅であった。

　しかし開発と安全保障の融合という面で最も大きな歩み寄りをみせたのは開発側であったといえるであろう。リスボン条約のもとでは，従来みられたような開発＝欧州委員会の優越性が消滅し[3]，開発と安全保障は制度的に対等なものとなった。そうした状況のもとでは開発側が従来の条約上の根拠によって開発の独自性を守り，安全保障との融合に消極的な姿勢をとり続けることがもはや困難になった。これを実際に進展させることになったのが EU グローバル戦略であった。EU グローバル戦略の策定には欧州委員会も積極的に関与しており，さらに人的にも EEAS との間で融合が進むようになるなど，開発側の安全保障政策への関与（貢献）は待ったなしで進むことになった。

　こうしてもたらされた開発側の資源の安全保障政策への動員は，以下にみる3つの側面で進むことになった。

　1つは欧州開発基金によって拠出されるアフリカ平和ファシリティーである（岩野 2015; European Commission 2017c）。アフリカ平和ファシリティーは，フランスやイギリスなど強大なメンバー国の主張によって設立されたものであったが，設立当初は欧州議会や NGO などが開発の趣旨を損なうものであるとして反対の声を上げ，欧州司法裁判所（ECJ）に提訴された経緯があった。開始された当初はほんのわずかの金額であったが，それから 10 年余りで規模は数倍にも膨れ上がり，今日ではアフリカにおける危機紛争への対処において欠かすことのできない重要な役割を果たすに至っている。2003 年に設置されて以降 2016 年末までに，210 億ユーロがアフリカ平和ファシリティーに組み入れられた。アフリカ平和ファシリティーが注目されるようになった最大の理由は，これが EU の通常予算外の資金からまかなわれている点に求めることができる。

EU の通常予算では軍事費・軍に関わる支援を直接支出することが条約上禁止されている[4]。アフリカ平和ファシリティーはその点で通常予算外の資金であるためこの条項が適用されず，アフリカの平和維持・平和構築に対する支援に柔軟に対応できることから極めて便利な存在であったのである。

アフリカ平和ファシリティーは3つの内容からなっている。1つはアフリカ人によるアフリカでの平和支援活動，2つ目はアフリカ平和安全保障構造，そして3つ目が早期反応メカニズムのもとでとられるイニシアティブである。この中で圧倒的な部分（2004年から2016年の総額の89.5%）は，2009年に設置された3番目の短期的な危機への対処である。2016年にはスーダンおよび南スーダン，リビア，ブルンジ等において仲介，シャトル外交，人権監視などの分野で早期反応メカニズムは使用された。

アフリカ平和ファシリティーは欧州開発基金の拠出によっているため，その使途には一定の制限があった。アフリカ平和ファシリティーの資金は地域共同体である AU あるいは他の地域機関や地域メカニズムによるアフリカ平和維持に関わる費用，例えば兵員の輸送費，生活費，能力向上等のコストをカバーすることができた。しかし他方では武器弾薬特定の軍事装備武器のスペア部品，兵員の給与や軍事訓練等に対しては使用することができないと定められていた。こうしたこともありアフリカ平和ファシリティーの一部は2015年に DAC によって定められた新しい ODA の定義によって ODA としてカウントされることになった。具体的には2016年には総支払額の11.5%にあたる2,500万ユーロが ODA にカウントされた。アフリカ平和ファシリティーでは，地域機関への支援のみが認められており，個別の国への支援が認められていない点も制約要因であった。

安全保障に動員された開発資金の第2の例として挙げられるのが一連の信託基金である。

EU は2013年に新たな財政規定を策定し，他のドナーと協力して信託基金を設置することが認められた。これらは EU 域外の危機あるいは危機後の状況に対応するために考えられたものである。EU 各国がバラバラの形で支援をし，分散するのを避けるとのねらいが背景にある。これらの信託基金においては，特に欧州委員会の開発資金を安全保障あるいは人の移動対策に向ける傾向が顕

著である。こうした信託基金は現在のところ3つ存在している。

最初に設立されたのは Bêkou 信託基金である（European Commission 2017a）。同基金は2014年7月に設置され，中央アフリカの安定化と復興を目的としたものである。EEAS とフランス・ドイツ・オランダが参加し，人道援助と開発援助をシームレスにリンクする作業を EU において共同作業として行うというねらいがある。この基金は安全保障を明示的にねらいとしたものであるが，他の2つは難民対策を主眼としている。

次に設置されたのはシリア危機対応移住地域信託基金であり，2014年12月に設置された（European Commission 2017b）。EU からシリア難民に対する支援はこの基金を中心にしてなされることになった。シリアの近隣諸国でシリアからの難民流入に苦しむレバノン，ヨルダン，トルコなどへの支援にあたるもので，EU の予算からの貢献を合わせて10億ユーロを超えた額を集めている。国別ではトルコ44%，レバノン28%，ヨルダン14%，イラク8%，西バルカン3.5%となっている。分野としては，生活物資・レジリエンスが33%，初等教育が31%，水などの公共サービスが14%，保健が13%となっている。

3番目のものが EU アフリカ緊急信託基金である（European Commission 2017c）。これは2015年11月に開かれた人の移動に関するバレット・サミットで設置が決まったものであり，正面から難民対策を目的として掲げたものである。この基金には欧州委員会 EU メンバー25ヵ国，ノルウェーそしてスイスが参加している。掲げられた目的は以下の3つの地域における安定を促進することであった。サヘル地域およびチャド湖周辺，2つめはアフリカの角地域，そして3つめは北アフリカである。EU の予算および欧州開発基金から24億ユーロ，そして EU メンバー国および他のドナーから1億5,200万ユーロがこの基金に寄せられた。活動分野としては，①経済開発，②現地住民への基礎サービスを提供するレジリエンス，③人の移動の管理そして安定，④ガバナンス，が掲げられている。このうち4番目の安定とガバナンスには紛争予防が含まれている。基金には欧州開発基金から大きな金額が拠出されており，さらに人の移動管理のために ODA が用いられるという特徴があった。安全保障と開発の結合という観点からは以下の点が指摘できる。市民団体などからこれはヨーロッパへの移民難民の流入を防ぐことをアフリカ諸国に約束させるために，そし

てその交渉材料として開発資金を用いるものであり，開発資金の本来の目的である貧困削減からヨーロッパの安全保障へと資金を移すものであるとの批判がなされている点が注目される。

5. CBSD——開発と安全保障の新たな結合か？

5.1 問題の経緯

EU における開発と安全保障の結合の今後の行方を考えるにあたっては，すでにみたように EU によって採用された包括的アプローチが重要な位置をしめている。中でも，安全保障・開発の能力向上（Capacity Building in Security and Development : CBSD）とよばれる EU の包括的アプローチの中での一連の議論が極めて示唆的である。CBSD の事例が興味深いのは，それ自体の重要性というよりは，開発と安全保障の結合のさまざまな問題点が集中的に現れた事例だからである。

CBSD が最初に政治的決定の問題として浮上したのは，2013 年 12 月に開かれた EU 理事会においてであった。そこでは訓練・装備プログラム（train and equip programme）として，途上国における安全保障セクターに対しての支援の必要性が謳われた。これを受けて 2014 年 5 月に発表された包括的アプローチに関する理事会決議において，欧州委員会の開発総局と EEAS の間での共同プログラムを進める旨が謳われた。そして 2015 年の欧州議会及び理事会の共同コミュニケーション（＝政策）となった。2016 年には欧州委員会と理事会の共同提案という形で予算措置など具体的な提案がなされ，これが 2017 年には欧州議会における審議を経て採択され，理事会によって正式決定された（2017 年 12 月 16 日に発効）。

トッチによれば，CBSD は理事会・CFSP 側にとっては，欧州委員会の開発資金が彼らのアジェンダに利用可能になる機会であるとの認識であった（Tocci 2017, p. 72）。しかし実際には開発資金の安全保障への流用については相変わらず反発があり，従来からみられた開発側と安全保障側の間での対立が再燃したとみることができる。特に今回 CBSD を提案するにあたっての欧州委員会と理事会による共同提案では，従来は法的に問題があるとの理由で見送られて

きた，パートナー国の軍事セクターに対して直接支援を行うことが盛り込まれた点が最も論争をよんだ点であった[5]。この問題が論争を招いた点は，多くの開発 NGO だけではなく平和構築 NGO からも懸念の声が示されたこと[6]，欧州委員会および理事会の提案に関する欧州委員会によるインパクト・アセスメントに対する評価の中で，選択肢の検討が十分になされていないとの指摘があったこと（European Parliament 2016b），さらには欧州議会（委員会段階）での採択が僅差であったことによく示されている[7]。

やや煩雑とはなるが，開発と安全保障の間のこの問題をめぐる対立構造を分析するために，CBSD をめぐって問題となった点を以下やや詳細にみていきたい。

理事会や欧州委員会の提案では，現状では脆弱国における安全保障セクター改革（SSR）に EU は対応できないとの問題認識があった（NGO の側ではこの問題認識自体に対して疑問が寄せられていた）。従来の EU による SSR への対応ぶりは実際にも，欧州委員会と理事会側が，一方は軍事的な支援を，他方は装備の支援を行うことが念頭におかれた報告書をそれぞれまとめるだけで，EU 全体としての戦略を打ち出すことができていなかったのである（Del Biondo et al. 2013, p. 133）。それはすでにみたように，安全保障および対外政策が理事会の権限である一方で，開発資金は欧州委員会の権限であるという EU がおかれた状況を基本的には反映していた。しかし CBSD 問題にみられた点は，こうした従来からみられた権限関係に端を発する制度的対立だけではなく，EU が抱える法的なさまざまな問題に由来する問題がみられた点がうかがえるのである。

すなわち政治的には欧州理事会という最高レベルの決定として，開発と安全保障の結合を図っていく必要性が述べられた上で CBSD が提起され，さらに開発側においても一連の政策文書において安全保障が開発の目標の一部であるとの認識が示されていたし（European Union 2006），他方では安全保障側においても ESS にみられたように開発との緊密な連携の必要性が謳われている，など開発と安全保障の結合の必要性自体については政治的にはコンセンサスがあった。それにもかかわらずこのような意見対立がみられた背景には法的な問題があり，その解決をめぐって開発と安全保障の間の制度間対立が露呈したと

みることができる。

　1つの法的な問題点は，欧州連合条約第40条によって（そして判例を通して），EUによる1つの活動が同時にCFSPによる手段と欧州委員会の権限（開発協力）による手段の両方で行うことが禁止されていることである（欧州連合条約第40条）。このためSSRにおいて理事会側が軍事要員等の訓練を行い，欧州委員会側が装備を支援するという形態は実現できなかったのである。そのためCBSDは開発の問題であるとの定式化がなされ，欧州委員会の権限（開発協力）を規定した欧州連合運営条約（第209条および第212条）にその根拠を求めたのであった（European Commission and High Representative 2015）。

　もう1つの法的な問題点は，すでにみたように，EUの予算措置には軍事セクターへの支援を行ってはならないとの規定が欧州連合条約にあることであった（第41条）。今回のCBSDに関する提案が論議を招いたのは，この点を理事会と欧州議会が立法措置によって1つの例外を設けようとしたからであった。提案の中では軍事セクターへの支援があくまでも貧困撲滅を目標とする開発のために最低限必要である状況下においてのみなされること，さらには人権やガバナンスに最新の注意を払うこと，といった限定的な制限が加えられたものとなっているのである。

　さらに副次的な要因として挙げられるのは，DACによってODAの定義が定められているため，開発資金を安全保障分野に用いることは限定的な範囲においてしか認められないという事情もあった。欧州委員会の開発資金がODAとして報告されていること，さらにEUとしてODAを一定割合増大させるとのコミットメントが存在する以上，この制約は無視できないものであったのである。

　これらの法的および政治的な制約要因の中で，可能な選択肢として欧州委員会及び理事会側が示したのは6つであったが（European Parliament 2016b），主要なものは以下の3つである。1つはEU通常予算外であることから軍事セクターへの直接の支援についての制約がない欧州開発基金からの拠出で現在運用されているアフリカ平和ファシリティーの，地理的な限定および地域アクターへの支援という限定を外すという案である。もう1つの案は，全く新たな平和構築のための予算項目を作ることである。そしてもう1つの案が実際に採択さ

れることになったものであり，欧州委員会の危機対応資金である安定予算（Instrument for Stability：IfS）を用いるというものであった。立法過程で求められる提案者によるインパクト・アセスメントへの評価がいみじくも指摘しているように，欧州委員会および理事会による CBSD 提案の内容は，最初からこの結論ありきのものであったとみることができる（European Parliament 2016b）。すなわち他の選択肢は初めからさまざまな理由から実現が難しいものが挙げられていたのである。すなわちこの安定予算を用いるという方向性は，欧州委員会および理事会において合意がみられたのである。

5.2 安定予算の起源

　それではこのように安定予算を改定するという選択肢は，従来みられた EU における開発・安全保障の結合の流れの中でどのように位置づけることができるのであろうか。そのためにはそもそもこの安定予算が開発・安全保障の結合において中心的な位置を占めることに鑑みて，安定予算が設置されるに至った経緯を検討する必要がある。

　安定予算の起源は即応メカニズム（rapid reaction mechanism：RRM）に求めることができる。これはすでに存在していたさまざまな EU による事態への対応を図る予算を 1 つにまとめるとともに，緊急対応できる予算をつくろうとの 1999 年のヘルシンキ欧州理事会の決定が背景にあった。2001 年の理事会決定によって RRM は成立し，2006 年に終了した。当初は紛争後の安定化のみが対象であった。2002〜2003 年に紛争予防，テロ対策にも対象が拡大された。RRM の利点は，①独立した予算であるため，他の予算（開発協力など）と比べて利用できる範囲についての制限が少ない，②欧州委員会は理事会に事前に通報するだけで，事態への対応がすぐにできる，という利点があった。RRM は欧州連合条約第 308 条に依拠したものであって，開発協力に関する条項に依拠したものではなかった。この予算に対しては，これが欧州委員会による安全保障分野への介入だとしてメンバー国の反対がみられたものであった。

　RRM に対してはさまざまな批判が寄せられることになり，欧州委員会は 2004 年 9 月に理事会決定として新たに安定予算を設置することを提案した[8]。この安定予算についても欧州委員会は，危機についてもその非軍事的管理に関

しては自己の権限であるとして当初は第308条に基づいて設置しようとしたが，理事会は開発協力を定めた欧州連合運営条約第179条および第181条a項に基づくべきとした。さらに当初の提案に含まれていた平和維持と平和支援活動については理事会は認めず削除した。これはメンバー国側が，自らの権限である安全保障問題への欧州委員会の関与（そしてその場合には必要となる欧州議会の関与）を嫌ったためであった。いずれにしてもこれによって，2007年から2013年までで安定予算は，20億6,200万ユーロの予算にまで大幅に拡充された。内容としては，①長期的に地域を超えたグローバルな脅威への対応，②大量破壊兵器の拡散防止，③危機前後の能力向上であるが，③が90%を占めるものとされた。さらに欧州議会は開発協力に根拠条文が求められたことから共同決定プロセスに関与することになったが，これは安全保障分野に関するはじめての欧州議会の関与であり，欧州議会はこの権限を維持することにこれ以降腐心することになった（Merket 2016）。

　2014年に新たな数年次予算作成にあたり，名称は安定・平和予算に改められた。これはもとより，「安定」との名称が現状維持的でアメリカの政策に類似しているとの批判がみられたことから「平和」が加えられたとされているが，同時にそれは理事会・メンバー国がもはや欧州委員会が安全保障問題に関与すること自体に反対しなくなったことを示していた。安定平和予算では，2つの予算ラインが設けられており，対外政策についてはEEASが担当し，2016年には2億4,700万ユーロ，開発援助については欧州委員会の開発総局が担当し2016年には6,400万ユーロの予算が計上された。全体として70%以上は危機対策に使用されるものとされた。この予算による最大のプロジェクトは2,000万ユーロの地中海での難民危機への対応であった。

5.3　CBSD問題決着の背景

　CBSD問題は，この安定平和予算の改定問題という形で決着をみせることになった。その当時が安定平和予算の中間レビューが行われた時点であったことや，一連のこの予算の歴史に鑑みれば，むしろ安定平和予算の改定問題が先にありきだったということもできるであろう。いわばCBSDをきっかけにして，以前は理事会が反対して実現しなかった，軍事セクターへの直接支援を安定平

和予算に盛り込もうとしたものとみることができる。

このようなことが可能になったのは，EU 内外の情勢の変化があった。

まず EU 内部では，ECJ の判例によって，開発・安全保障の結合においては条約上の位置づけの違いに由来する区分を尊重するべきとされたことから，ケースごとに理事会の権限分野か，欧州委員会の権限分野なのかを検討して単独の権限事項として扱わなければならないことが確定したことが挙げられる（Van Elsuwege 2010; Van Vooren 2010）。

さらに，欧州理事会の決定や EU グローバル戦略によって，開発・安全保障の結合を進めることが EU 全体のコンセンサスとして存在したことから，なんらかの形で結合を進めることが求められていたこと（欧州理事会，欧州委員会双方ともそのため結合への努力が求められた），が挙げられる。

またモゲリーニ代表にとっては，防衛・安全保障に関する権限が基本的にはメンバー国に握られていたため，唯一のパワーベースとして共同体の資源を活用することが必要であったとされる点（Tocci 2017）も，なぜこの時点で安定平和予算の改定が図られるようになったのかを考える上で重要であろう。

次に EU 外においては，開発と安全保障の結合を後押しするさまざまな国際的な合意がみられるようになったことが重要であった。

まず，MDGs に代わるものとして成立した SDGs の中に平和・安全保障に関する項目が加えられたことから，EU による一連の文書においてもそれが開発の新たな定義を示すものとして繰り返し引用されるようになった[9]。

さらに，より直接関わることとしては，DAC において近年繰り返し議論されてきた ODA の定義を安全保障分野に次第に広げる動きがさらに進んだことが挙げられる。2016 年の合意によれば，軍人への直接的支援は認められないとの原則を確認した上で，例外的な状況で，開発・人道支援の支援に欠かせない場合に限り，ODA としての計上を認めるとしていた。すなわち，①人道的・中立性・不偏不党・独立の原則のもとで行われる人道的支援の供与に従事する軍人，②開発のサービスを行う軍人，に関する付加的な費用（経常経費は不可），③人権・法の支配，紛争における女性の保護，国際人道法などに関する軍人へのトレーニングの実施，を ODA として新たに認めることになった（OECD 2016）。EU の措置は必ずしも DAC で認められた範囲内にとどまるも

のではなかったが，DACにおけるODAの定義をめぐる議論の推移がこうした軍人への直接支援の道を開いたことが重要であった。

6. おわりに

　本章ではEUにおける開発・安全保障の結合のあり方を検討してきた。EUにおいては，条約上の区分に基づき，貿易，開発援助の一部などを担う欧州委員会と，共同体とは別の枠組みとして形成され，EUの一部になりつつも条約上は別個の存在であり続ける外交・安全保障政策（CFSP）の間の対立として対外関係の分裂が語られることが多い。本章での課題は，EUではこうした制度的分裂が存在するために一見開発・安全保障の結合が進めにくいにもかかわらず，DAC予算にみられるように他国との比較の上ではなぜ進んでいるかについて，主としてEUがこうした拘束を克服しようと試みた戦略やアプローチを分析することによって検討してきた。

　1つの要因としては，それがEUが直面してきた危機的な状況への対応を迫られた結果である面も重要である。そのことは，EUグローバル戦略策定過程や，欧州理事会主導でのさまざまな政策決定においてメンバー国が一致し，トップダウンによって統合への動きを示してきたことが物語っている。リスボン条約自体がそうしたトップダウンによるEUの対外政策改革の試みであったといえる。

　しかしそうした危機時のトップダウンが機能するのは極めて限定的な局面においてのみであり，特にメンバー国のコンセンサスがみられない時には，制度的な分断状況による拘束が常態となるのである。実際今まで検討してきたように，開発と安全保障のそれぞれの主要な担い手である欧州委員会の開発総局，メンバー国・理事会は双方ともに開発・安全保障の結合には必ずしも積極的ではなかった。

　本章で着目したのは開発・安全保障の結合を体現する予算であった。具体的には，EUにおいて開発・安全保障の結合の中核にあるRRMと，それに続く安定予算，安定平和予算である（APFも重要であるがEUの通常予算外）。これらの予算の中心母体は，欧州委員会において対外関係を担う官僚たちであっ

た。彼らは欧州委員会に所属し，共同体の権限強化（メンバー国に対して）という動きの一翼を担いつつも，統一的な外交の推進をめざすアクターであった。彼らはかつての欧州委員会対外関係総局（EEAS 発足後は欧州委員会の対外関係予算事務局，および EEAS 内）の官僚であった。彼らこそは，制度間対立の狭間にありながら，EU 対外代表と組んで，EU グローバル戦略にみられる危機への統合的対応などを実現するために，開発・安全保障の結合を事実上推進してきたといえるのである。彼らはその意味で欧州委員会にありながら，開発総局とは異なる立場をとりつつも，しかし対外関係面における欧州委員会の権限の強化を事実上推進してきたのである。

　もとより EU の条約上の区分による開発分野の独自性は，リスボン条約による統合のもとでも存続している。さらにこうした区分の背景には，欧州議会，メンバー国，NGO がつながっているのであり，今後も存続していくのであろう。EU における開発・安全保障の結合は，こうした錯綜とした制度的拘束と政治的駆け引きのもとで，EU の対外関係を担う対外政策起業家たちによって引き続き進められていくのであろう。

[注]

1) 導入の当初においては NATO における同概念の展開に範をとっていた。北欧メンバー国などが EU もアメリカやカナダのような 3D アプローチをとるべきことを主張し，特に EU は貿易などさまざまな手段を有しているとした。EU では 2002 年頃から包括的アプローチの用語を使い始めるようになった（Weston and Mérand 2015）。

2) 「レジリエントな国家は安全な国家であり，安全保障は繁栄と民主主義の鍵である。しかしその反対も真実である。」（Tocci 2017, p. 139）。

3) リスボン条約以前の体制では「共同体の政策によってなされうるあらゆる政策は CFSP によってなされてはならない」という欧州委員会の見解が欧州司法裁判所によっても支持されていたが，リスボン条約後（特に欧州連合条約第 21 条における一貫性の追求の規定によって）にはこのような共同体優位は喪失し，CFSP と同格になった（Van Vooren 2009）。

4) 欧州連合条約 41 条 2 項「この章の実施により必要となる活動経費も，連合の予算により支弁する。ただし，軍事又は防衛に関わる作戦行動から生じる経費および理事会が全会一致により別段の決定を行う場合を除く。」

5) 提案では次のように述べられている。「EU による支援が安全保障セクターのアクターに供与される際には（中略）例外的な状況下，特により深い安全保障セクター改革および

第 7 章　EU と域外紛争　　　169

（あるいは）第三国における安全保障と開発を支援する能力向上の文脈において，持続的開発を達成するとの全体の目的に沿う形で，軍事アクターをこれに含めることができる」（European Commission and High Representative 2015）。

6）環境 NGO による反対（開発資金の軍事への流用として）は https://www.greens-efa.eu/en/article/press/diverting-funding-towards-military-capacity-building-would-be-a-backwards-step-and-incompatible-with-eu-law/（最終アクセス日 2017 年 12 月 8 日），平和構築 NGO による反対（正当性，手段の選択，軍事支援についての法的問題）については，http://eplo.org/wp-content/uploads/2014/10/EPLO_Letter-to-AFET-MEPs-Re.-CBSD.pdf（最終アクセス日 2017 年 12 月 8 日）。

7）欧州議会の開発委員会での審議では，賛成 13 対反対 8（棄権 1）で採択された（European Parliament 2016a）。

8）予算制度改革によって従来は 91 あった対外関係予算が 6 つにまとめられた際に，その 1 つとして形成された。従来から存在したいくつかの予算が含まれているが，その中には RRM が含まれていた（Santopinto 2008, p. 62）。

9）第 16 番目の目標は，公正で平和で包摂的な社会を促進することであった。このうちの「平和」において武力紛争などに対する人間の安全保障・平和構築の要素が含まれることになった。http://www.un.org/sustainabledevelopment/sustainable-development-goals/（最終アクセス日 2017 年 12 月 3 日）。

［参考文献］

Barder, O. (2007), "Reforming Development Assistance: Lessons from the U. K. Experience," in L. Brainard, ed., *Security by Other Means : Foreign Assistance, Global Poverty, and American Leadership*, Brookings Institution.

Bueger, C. and P. Vennesson (2009), "Security, Development, and the EU's Development Policy", April 2009, European University Institute.

Del Biondo, K., S. Oltsch and J. Orbie (2013), "Security and Development in EU External Relations: Converging, But in Which Direction?" in S. Biscop and R. D. Whitman, eds., *The Routledge Handbook of European Security*, Routledge.

European Commission (2017a), Bêkou Trust Fund, https://ec.europa.eu/europeaid/bekou-trust-fund-introduction_en（最終アクセス日 2017 年 12 月 2 日）。

European Commission (2017b), https://ec.europa.eu/neighbourhood-enlargement/sites/near/files/eutf_syria_factsheet-english.pdf（最終アクセス日 2017 年 12 月 2 日）。

European Commission (2017c), https://ec.europa.eu/europeaid/sites/devco/files/eutf_2016_annual_report_final_en.pdf（最終アクセス日 2017 年 12 月 2 日）。

European Commission and High Representative of the European Union for Foreign Affairs and Security Policy (2013), "Joint Communication to the European Parliament and the Council, The EU's Comprehensive Approach to External Conflict and Crises", JOIN (2013) 30 final.

European Commission and High Representative of the European Union for Foreign Affairs and Security Policy (2015), "Joint Communication to the European Parliament and the Council, Capacity Building in Support of Security and Development-Enabling Partners to Prevent and Manage Crises", JOIN (2015) 17 final.

European Council (2003), "A Secure Europe in a Better World - European Security Strategy".

European Parliament (2016a), "Report on the Proposal for a Regulation of the European Parliament and of the Council Amending Regulation (EU) No 230/2014 of the European Parliament and of the Council of 11 March 2014 Establishing an Instrument Contributing to Stability and Peace", COM (2016) 0447 - C8-0264/2016 - 2016/0207 (COD), Committee on Foreign Affairs.

European Parliament (2016b), "Initial Appraisal of a European Commission Impact Assessment, Revision of the Instrument Contributing to Stability and Peace," Briefing.

European Parliament and Council (2016), "Proposal for a Regulation of the European Parliament and of the Council Amending Regulation (EU) No 230/2014 of the European Parliament and of the Council of 11 March 2014 Establishing an Instrument Contributing to Stability and Peace", COM (2016) 447 final/2.

European Union (2006), "The European Consensus on Development. Joint Statement by the Council and the Representatives of the Governments of the Member States Meeting within the Council, the European Parliament and the Commission on European Union Development Policy: The European Consensus," *Official Journal of the European Union*, 2006 C 46/01, 1-19.

European Union (2016), "Shared Vision, Common Action: A Stronger Europe, A Global Strategy for the European Union's Foreign and Security Policy".

Furness, M. and S. Gänzle (2015), "The European Union's Development Policy: A Balancing Act between 'A More Comprehensive Approach' and Creeping Securitization", in S. Brown and J. Grävingholt, eds., *The Securitization of Foreign Aid* (Rethinking International Development series), Palgrave Macmillan.

Furness, M. and S. Gänzle (2017), "The Security-Development Nexus in European Union Foreign Relations after Lisbon: Policy Coherence at Last?" *Development Policy Review*, 35 (4), pp. 475-492.

Gänzle, S. (2009), "Coping with the 'Security-Development Nexus' : the European Community's Instrument for Stability; Rationale and Potential," DIE Research Project 'European Policy for Global Development' / Stefan Gänzle - Bonn: Dt. Inst. für Entwicklungspolitik 2009 (Studies / Deutsches Institut für Entwicklungspolitik; 47).

Gross, E. (2013), "Peacebuilding in 3D: EU and US Approaches", Chaillot Papers.

Harnisch, S. (2017), "Theory and Practice of Human Security Concerns in EU-Japan Relations: the EU Perspective,". Discussion Paper, University of Essex, EU-Japan Se-

第 7 章　EU と域外紛争　　　171

curity Cooperation: Challenges and Opportunities project, Online paper series, Spring/Summer 2017, Colchester, UK, http://repository.essex.ac.uk/19655/1/EU-Japan_7_Human_Security_Harnisch_EU.pdf（最終アクセス日 2017 年 12 月 8 日）.

Juncos, A. E. (2017), "Resilience as the New EU Foreign Policy Paradigm: a Pragmatist Turn?" *European Security*, 26: 1, pp. 1-18.

Keukeleire, S. and K. Raube (2013), "The Security-Development Nexus and Securitization in the EU's Policies towards Developing Countries," *Cambridge Review of International Affairs*, 26 (3), pp. 556-572.

Kurowska, X. (2011), "'Solana Milieu' : Framing Security Policy," in X. Kurowska and P. Pawlak (eds.), *The Politics of European Security Policies*, Routledge.

Masujima, K. (2011), "Development and Security in Foreign Aid: Ever Closer Partners?" *Kobe University Law Review*, 45.

Merket, H. (2016), *The EU and Security-Development Nexus*, Martinus Nijhoff.

OECD (2016), "The Scope and Nature of 2016 HLM Decisions regarding the ODA-eligibility of Peace and Security-related Expenditures," http://www.oecd.org/dac/HLM_ODAeligibilityPS.pdf（最終アクセス日 2017 年 12 月 1 日）.

Patrick, S. and K. Brown (2007), "The Pentagon and Global Development: Making Sense of the DoD's Expanding Role," Center for Global Development, Working Paper, no. 131.

Santopinto, F. (2008), "L'UE et la gestion de crises: le rôle de la Commission européenne", in D. Barbara, M. Marta, and K. Emmanuel, eds., *L'Union européenne et la gestion de crises*, Éditions de l'Université de Bruxelles.

Tocci, N. (2017), *Framing the EU Global Strategy: A Stronger Europe in a Fragile World*, Palgrave Macmillan

Van Elsuwege, P (2010), "EU External Action after the Collapse of the Pillar Structure: In Search of a New Balance between Delimitation and Consistency", *Common Market Law Review* 47, pp. 987-1019.

Van Vooren, B. (2009), "The Legacy of the Pillars Post-Lisbon: Objectives of the CFSP and the New Non-Affectation Clause," pp. 1-27, http://www.pravo.hr/_download/repository/Bart_Van_Vooren.doc, 10 November 2010.

Wagner, W. and R. Anholt (2016), "Resilience as the EU Global Strategy's New Leitmotif: Pragmatic, Problematic or Promising?" *Contemporary Security Policy*, 37: 3, pp. 414-430.

Weston, A. and F. Mérand (2015), "The EEAS and Crisis Management: The Organisational Challenges of a Comprehensive Approach," D. Spence and J. Bátora, eds., *The European External Action Service: European Diplomacy Post-Westphalia*, Palgrave Macmillan.

岩野智（2015），「EU における開発協力政策と共通外交・安全保障政策のリンケージ―

『アフリカ平和ファシリティ』の運用権限をめぐる機関間対立」『国際政治』182。

植田隆子（2007），「共通外交と安全保障」植田隆子編『EU スタディーズ 1　対外関係』勁草書房，所収。

中西優美子（2011），「リスボン条約と EU の対外権限—CFSP 分野を中心に—」『リスボン条約と EU の課題』日本 EU 学会年報第 31 号，所収。

増島建（2017），『開発援助アジェンダの政治化—先進国・途上国関係の転換か？』晃洋書房。

第8章　EU対外政策の将来

安井宏樹

1. はじめに

　欧州統合は，自然に生じて進んでいく現象ではなく，関係諸国の政治指導者たちが政治的意思に基づいて意図的に作り上げてきた社会的構築物ともいうべき存在である。

　しかし，政治指導者たちは，彼ら／彼女らが置かれた政治的環境から完全に独立して政治的意思決定を行えるわけではない。時の政治的環境のありようによって，政治指導者たちに突きつけられる政治課題や争点は左右されうるし，政治指導者たちのとりうる実現可能な選択肢の幅も左右されうるからである。

　本章で扱うヨーロッパ対外政策の統合も，その例外ではなく，時の政治的環境に左右されつつ，政治的意図を持って進められてきた。そこで本章では，まず，国際政治環境との関係という視点からヨーロッパ対外政策統合の展開を概観し，次いで欧州連合（European Union：EU）の対外政策形成過程の特徴と担い手を整理した上で，EU対外政策の将来について展望していきたい。

2. ヨーロッパ対外政策統合の展開

2.1　冷戦期の停滞（もしくは固定化）

(1)　第二次世界大戦後のヨーロッパ国際秩序：二大脅威への対応

　欧州統合を目指す動きは，第一次世界大戦後のクーデンホーフ−カレルギー（Richard Coudenhove-Kalergi）らによる汎ヨーロッパ運動で盛り上がりをみせ始めるが（高瀬 2014；戸澤 2003），現実的な政治課題として俎上に上ったのは第二次世界大戦後のことである。この第二次世界大戦は，主要国を枢軸国陣営

と連合国陣営とに二分し，空前の戦禍をもたらした大戦争であり，それが枢軸国側の全面的敗北で終わりを告げたことによって，国際秩序の再編は不可避の問題となった。そして，ヨーロッパの地域的国際秩序が再編されるにあたっては，考慮されるべき脅威が2つ存在した。

その1つは，ドイツの脅威である。1939年9月に第二次世界大戦を引き起こしたナチス・ドイツは，ポーランドをソ連と分割した後，1940年にはデンマーク・ノルウェー・オランダ・ベルギーを占領し，フランスまでも屈服させた。東欧では，ハンガリー・ルーマニア・ブルガリアを枢軸陣営に組み入れ，ユーゴスラヴィア・ギリシャを占領し，1941年6月にはソ連に侵攻して，首都モスクワ近郊にまで迫る勢いを示した。その後，ソ連の抵抗とアメリカの参戦とによって形勢は逆転し，最終的にはナチス・ドイツが敗北したものの，西ヨーロッパ最大の人口と工業力を持つドイツが，再び侵略の意図を持てば，周辺国にとって重大な脅威となることは明らかであった。

戦後ヨーロッパにとってのもう1つの脅威は，ソ連であった。一時はヨーロッパを席巻したナチス・ドイツを東方から押し返し，首都ベルリンを陥落せしめたソ連の軍事力は強大であるばかりでなく，共産主義勢力の総本山として，単独占領した東ヨーロッパの共産化を進めていた。

こうした2つの脅威に対して，戦後の西ヨーロッパ諸国は，協力関係を強化することで対応しようと試みた。まず，ドイツの脅威に対しては，降伏後のドイツの非ナチ化・民主化を推進するのとともに，非武装化し，さらに，アメリカ・イギリス・フランス・ソ連の戦勝4大国が分割占領することで，強大なドイツの復活を防ごうとした。また，ソ連の脅威に対しては，アメリカを引き入れて西側陣営を構築することで対抗しようとしたのである[1]。

(2)　西側陣営内の相違

しかし，その西側陣営を構成したアメリカ・イギリス・フランス，そして，その3ヵ国が占領していたドイツ西半で形成されたドイツ連邦共和国（西ドイツ）にとって，西側陣営構築への期待は異なっていた。

敗戦国として出発した西ドイツが期待したのは，主権回復と国際的地位の向上であった。連邦共和国が1949年に設立された後も，西ドイツの最高権力は

第8章　EU対外政策の将来　　175

西側戦勝国の手中にあると規定されおり，外交権は制約されて，当初は外務省の設置が許されなかった（1951年に設置）。また，非武装状態の維持が命ぜられたため，西ドイツは，東側陣営への最前線に立たされる立場にあったにもかかわらず，自前の防衛力整備を認められずに，アメリカ・イギリス・フランスの駐留軍によって"防衛"されているという状態にあった。こうした状況のもと，西ドイツの初代首相となったアデナウアー（Konrad Adenauer）は，西側陣営に積極的に参加し，その防衛に貢献することによって，西ドイツの再軍備や外交権限などを西側戦勝国に認めさせることを目指した。いわゆる西側結合（Westbindung）を通じての主権回復という路線[2]である（Militärgeschichtliche Forschungsamt 1982；岩間 1993）。

　それに対して，1940年に苦杯をなめたフランスは，ラインラントの分離独立やルール工業地帯の国際管理化といったドイツ弱体化政策を志向し，それがかなわない場合でも，ドイツを多国間枠組みの中に取り込んで管理する，もしくは掣肘する「ドイツ封じ込め」を重視した（上原 1994；上原・廣田 2012；宮下 2012）。またイギリスは，統合を進めることによる西ヨーロッパの強化が必要であると考えつつも，アジア・アフリカに広大な植民地をまだ保持していたことから，自らをアメリカ・ソ連に並ぶ世界的な大国であると認識しており，ヨーロッパの枠組みの一員となることには一定の距離を置いていた。当時のイギリスにとって，ヨーロッパの枠組みは，1949年に英連邦（Commonwealth of Nations）として再編された大英帝国の遺産や，第二次世界大戦で依存度を強めざるをえなかったアメリカとの同盟関係と並ぶ「3つの環」の1つと位置づけられていた。そして，その「3つの環」を重複させ，その重複部分に位置することこそがイギリス外交の要諦と考えられていたことから，イギリスはヨーロッパの「環」に深く入り込むことを避け，アメリカとの間の「特別な関係（special relationship）」を重視して，ヨーロッパとアメリカの間に立つ橋渡し役となることを目指したのである（益田 2008；益田 2009；細谷 2009）。

　他方，西側陣営の盟主ともいえる立場にあったアメリカは，ソ連の脅威を重視しつつも，同時に，「平和の配当」を求める国内世論への配慮から，防衛費の効率性を重視した。そして西ヨーロッパに対しては，「納税者の論理」を主張することによって，自主防衛の努力を求めることになったのである（岩間

1993)。

(3) 多様な「統合」（もしくは同盟）の形成：役割の分担と固定化

こうした西側各国の思惑の相違から，1950年代までの西ヨーロッパでは，新たな地域的国際秩序を模索する動きがさまざまな形で展開されることとなった[3]。

戦後間もない1940年代後半の時点では，対独脅威認識がまだ強く，イギリス・フランスによるダンケルク条約（1947年）や，それにベネルクス3国が加わったブリュッセル条約（1948年）は，ドイツを仮想敵国としたヨーロッパによる集団的自衛枠組みであった。しかし，1948年2月の政変でチェコスロヴァキアが共産化するなど，東西対立が激化し，ソ連の脅威が一層強く認識されるようになると，アメリカを西ヨーロッパ防衛に関与させる枠組みが求められるようになり，1949年4月，アメリカを含む西側陣営の軍事同盟「北大西洋条約機構（North Atlantic Treaty Organization：NATO）」が設立された。

その1ヵ月後，アメリカ・イギリス・フランスの西側占領地域をまとめる形でドイツ連邦共和国が成立し，西ドイツは内政分野を中心とする一定の統治権限を回復したが，再軍備と外交権は認められず，保護国のような状態に置かれ続けていた。しかしその反面，アメリカ・イギリス・フランスの軍隊が西ドイツに駐留し続けていたことから，事実上，西側戦勝3大国が西ドイツの領域を防衛する様相を呈してもいた。「納税者の論理」を重視するアメリカにとって，西ドイツが自ら負担を負うことなく平和と安全を享受している状態は望ましいものではなかったため，西ヨーロッパ有数の人口と潜在的工業力を持つ西ドイツを早期に復興させ，応分の防衛負担を担わせるべきだとする要請がアメリカ側から出てくるようになった。

それに対し，「ドイツ封じ込め」を重視するフランスは，西ドイツ経済の復興が強国ドイツの復活と自立化という事態につながるのを避けるべく，兵器生産の基礎となる石炭・鉄鋼産業の管理を西ドイツから切り離し，超国家的（supranational）な機関のもとにおくという方策を編み出した。それを具体化したのが1950年5月に発表された「シューマン・プラン」であり，1951年には，フランス・西ドイツ・イタリア・ベネルクス3国によって欧州石炭鉄鋼共同体

（European Coal and Steel Community：ECSC）設立条約が調印された（1952 年
発効）。

　さらにフランスは，アメリカの求める西ドイツの再軍備も超国家主義の枠組
みに組み込むことで手綱を握ろうと企図し，その構想を 1950 年 10 月に「プレ
ヴァン・プラン」として発表した後，1952 年に欧州防衛共同体（European De-
fense Community：EDC）条約として具体化させた。この EDC 条約では，予算
と装備を共通化したヨーロッパ軍の設立が謳われたが，西ドイツ以外の加盟国
には自国部隊に対する指揮権が認められる一方，西ドイツ部隊の指揮権は
EDC が持つと規定されており，西ドイツにとっては不平等なものであった。
しかし，交渉にあたったアデナウアーは，EDC 条約調印の交換条件として，
西ドイツのほぼ全面的な主権回復を規定した「ドイツ条約」の調印を勝ち取り，
妥協したのである。

　このように，EDC 条約は，西ドイツの力を西ヨーロッパ防衛に活用するこ
とを求めるアメリカの要求と，西ドイツの強大化を避けたいフランスの懸念と
の狭間で生まれたものであったが，軍事にかかわる主権を，一部とはいえ，超
国家主義的な枠組みに統合するという構想は，フランス国内でも主権重視派の
反発を招いた。その結果，1954 年 8 月，EDC 条約はフランス国民議会で批准
を否決され，挫折へと追い込まれたのである。

　当初から EDC の超国家主義的な性格に距離を置いていたアメリカ・イギリ
スは，EDC の挫折後，西ドイツの再軍備を NATO の枠組みで実現させること
を目指し，フランスと西ドイツもそれに同意した結果，1954 年 10 月のパリ協
定で西ドイツの NATO 加盟と再軍備が認められるに至った。また，西ドイツ
のブリュッセル条約加盟も認められることから，対独同盟としての意義を失った
ブリュッセル条約の枠組みは改編されて西欧同盟（Western European Union：
WEU）が設立されたが，アメリカ抜きでソ連の脅威に対抗することは不可能
であり，西側陣営の安全保障を担う中心的な枠組みは NATO となった。他方，
西ヨーロッパ諸国によって構成される WEU は二義的な存在となり，これ以降，
外交・安全保障政策分野での欧州統合の動きは低迷して，欧州統合の動きは，
1957 年に設立された欧州経済共同体（European Economic Community：EEC）
を基軸とした経済分野での統合が中心となっていくことになる[4]。

2.2 冷戦後の進展

(1) ドイツ統一：欧州統合の強化による"ドイツ封じ込め"

前節で見たとおり，ソ連の脅威がある限り，西ヨーロッパ諸国にとってNATO は不可欠の存在であった。1975 年には，ヨーロッパでの緊張緩和を促進・制度化しようとする試みとして全欧安全保障協力会議（Conference on Security and Co-operation in Europe：CSCE）が始められたものの，基本的には東西両陣営諸国による信頼醸成のためのフォーラムであり[5]，西ヨーロッパ諸国の外交・安全保障政策を統合しようとする存在でなかったことはもちろんのこと，NATO に取って代わる安全保障枠組みにもならなかった。また，1980 年代には，欧州統合の動きが経済分野で加速し，欧州共同体（European Communities：EC）の域内市場統合を 1992 年までに達成することが合意されるが（1985 年の域内市場白書），外交・安全保障分野での統合は，事実上，等閑に付されていた[6]。

しかし，1980 年代末の冷戦終結と 1990 年のドイツ統一によって，ヨーロッパの安全保障環境は大きく変化した。東ヨーロッパ諸国の体制転換が進行してワルシャワ条約機構が解体し（1991 年），ソ連の軍事的脅威が大幅に低下した一方で，ドイツ民主共和国（東ドイツ）を吸収合併して再統一を果たしたドイツは，統一に際して締結された「ドイツ最終規定条約」で兵力を 37 万人以下に制限され，大量破壊兵器を保有しないことが定められるなど，軍事的な能力についての制限は付されたものの，完全な主権を回復し，西ヨーロッパ最大の人口と経済力を擁する大国となったのである。

こうした変化に対して，第二次世界大戦中に対独レジスタンス活動へ従事した経験を持つフランスのミッテラン（François Mitterrand）大統領は，東西ドイツ統一の動きに懸念を示し，それが阻めないとみるや，EC による欧州統合を強化して，統一ドイツをその枠内に封じ込めることを目指した。その動きに周辺諸国も協調し，ドイツもそれを受け入れた結果，1990 年 6 月にダブリンで開催された EC 加盟国首脳による欧州理事会（European Council）において，以前から準備されていた通貨統合について協議するための政府間会議（Intergovernmental Conference：IGC）の開催を前倒しすることが決まり，さらに，政治統合を推進するための協議を行う IGC の開催が新たに決定されて，同年

10 月から交渉が開始された。交渉は，政治統合の領域での政策決定に超国家的な機関である EC 委員会（Commission of European Communities）の関与を認めるか否かをめぐって二転三転したが，最終的には，外交・安全保障政策と司法・警察行政の 2 分野において，加盟国政府の合意を基礎とする政府間主義（intergovernmentalism）の原則に基づいて共通政策を決定することが合意され，EC 委員会の関与は最小限度にとどめられることになった。そして，1991 年12 月にマーストリヒト条約が欧州理事会で採択され，同条約で設立される EU を構成する「三つの柱（Three Pillars）」の一つとして，共通外交・安全保障政策（Common Foreign and Security Policy：CFSP）が導入された。対外政策の欧州統合は，EU の設立（1993 年 11 月）とともに，その制度的基礎が大きく強化されたのである（遠藤 2014，245-253 頁；辰巳 2004，189-191 頁）。

(2) 旧ユーゴスラヴィア紛争：米軍依存の露呈から「ヨーロッパの柱」の強化へ

しかし，CFSP は，その発足前後から，実効性に大きな疑問が投げかけられる事態に直面した。旧ユーゴスラヴィア紛争である。この紛争は，ヨーロッパ域内での紛争であることに加え，その発端ともいえるスロヴェニア・クロアチアの独立をドイツが独断専行で承認するという行動に出たこともあって，当初から EC が和平のための仲介を試みたが，失敗に終わり，紛争解決の主導権は国際連合（United Nations：UN），さらに NATO・アメリカへと移っていった。その過程で露呈したのは，EC をはじめとする従来型の欧州統合の枠組みの安全保障問題についての無力さである。旧ユーゴスラヴィア紛争では，紛争当事者の兵力引き離しや，国連が非戦闘地域と設定した地域の防衛といった平和維持活動，さらには，民族浄化をやめさせるための人道的介入としての武力行使など，軍事力を必要とする局面が多々現れたが，冷戦期から続いていた NATO との役割分担を前提として，独自の軍事力とそれを行使する政治的意思決定のための手段を整えてこなかった EC・EU の枠組みでは，そうした事態に適切に対応することができず，最終的には，ヨーロッパでの紛争解決にアメリカ軍（特にその空軍力）の力を借りざるをえなかったのである。

そこで，マーストリヒト条約の欠点の是正を目指したアムステルダム条約

（1997 年 10 月調印，1999 年 5 月発効）では，CFSP の制度的拡充・強化が行われた。第 1 に，CFSP の決定手続に建設的棄権制度が導入され，特定の共通政策からの適用除外を獲得することを容易にすることによって，自国以外の加盟国による共通行動を妨げない道が用意された。第 2 に，CFSP をとりまとめる職務として「共通外交・安全保障政策上級代表（High Representative for the Common Foreign and Security Policy)」の職が設置され，EU としての対外政策に「顔と名前」を与えることで，その存在感を向上させた。第 3 に，冷戦期には NATO の影に隠れるような存在となっていたヨーロッパの集団安全保障枠組みである WEU が欧州即応部隊（Eurofor：European Rapid Operational Force）を設立するなど，独自の軍事運用能力を向上させつつあるのを受け，WEU との連携を強化した（上原 2014，114-116 頁；遠藤 2014，266-272 頁；辰巳 2004，191-193 頁）。

　このように，1990 年代後半の EU は，安全保障分野での能力を強化し，アメリカへの依存度を下げようとする姿勢を示したが，その背景には，冷戦終結後の世界に対するアメリカの姿勢の変化もあった。冷戦を終わらせたジョージ・H・W・ブッシュ（George Herbert Walker Bush）共和党政権を破って政権交代を果たしたクリントン（William Jefferson Clinton）民主党政権は，アメリカ経済の再建を優先課題に掲げ，ヨーロッパをはじめとする国外の安全保障への関与を再検討して同盟のあり方を再編しようとする姿勢を打ち出していた。また，伝統的にアメリカとの「特別な関係」を重視してきたイギリスも，ブレア（Anthony Charles Lynton Blair）労働党政権のもと，姿勢を変化させつつあるアメリカに軽視されないようにするためには軍事・安全保障面も含めたヨーロッパの強化が必要であるとの認識を強め，1998 年のサンマロ英仏首脳会談で，ヨーロッパ独自の軍事的能力の向上を目指すことに合意した。NATO が安全保障を提供し，欧州統合は経済分野を中心に展開するという冷戦期の分業関係は，冷戦の終焉後，タイムラグをおいてではあったが，崩れ始めていったのである（植田 2014b，199-200 頁；遠藤 2014，272 頁；細谷 2003）。

　しかし，その後，欧州統合の枠組みが外交・安全保障政策の分野で直ちに実を結んだというわけではなかった。1998 年にはヨーロッパの強化に傾いていたイギリスのブレア政権も，アメリカのジョージ・W・ブッシュ（George

Walker Bush) 共和党政権がイラクへの武力行使を目指すようになると、アメリカへの影響力の縁としてきた「特別な関係」を守るべく、フランス・ドイツなどの反対を押し切って、アメリカに同調する選択を行った。新たに EU に加盟したポーランドなど旧東ヨーロッパ諸国も、アメリカとの関係を重視して、イラク攻撃に賛成する姿勢を示した。

　また、欧州統合の動き自体も、2004 年にブリュッセル欧州理事会で採択された欧州憲法条約が 2005 年 5 月にフランスの国民投票で批准が否決されて挫折するなど、混乱をみせた。そのダメージからの回復を目指して用意され、2007 年に調印されたのが、リスボン条約である。2009 年に発効したリスボン条約では、ヨーロッパレベルでの政策決定過程に「顔と名前」を与えるべく、それまで加盟国の持ち回りであった欧州理事会の議長職を常設化して欧州理事会常任議長（通称「EU 大統領」）の職が設置されたほか、CFSP 上級代表が「EU 外務安全保障政策上級代表（High Representative of the Union for Foreign Affairs and Security Policy）」へと改められ、それまで CFSP 上級代表が所掌していた共通外交・安全保障政策に加えて、欧州委員会（European Commission）の対外関係担当委員（European Commissioner for External Relations）が担当していた、域外各国での EU 代表部をはじめとする対外活動実務部門の管理などを管轄とするようになり、「EU 外相」との通称に相応しい職掌を得た。そして、そのもとで実務を担当する「欧州対外行動庁（European External Action Service：EEAS）」の設置も定められた（組織としての実質的な発足は 2011 年）。また、WEU の機能を正式に CFSP に統合することとされ、2011 年に WEU の活動は終了した（植田 2014a；植田 2014b；小林 2009）。次節では、このリスボン条約で形成されたヨーロッパの対外政策過程の特徴について検討していきたい。

3. EU の対外政策形成過程

3.1　EU 対外政策の複雑さ——「独特な存在（*sui generis*）」としての EU

　EU は主権国家ではなく、主権国家間で締結された条約によって設立された存在であるが、単なる国際機関とは異なる存在であるとされる。それは、この EU が加盟国政府間の交渉の場（アリーナ）という存在にとどまることなく、

欧州委員会や欧州議会（European Parliament），欧州司法裁判所（European Court of Justice：ECJ）といった超国家機関を具備し，その自律的な活動が加盟国に大きな影響を与えうる存在となっているからである。こうした「国際機関以上，主権国家未満」ともいうべきありようは，主権国家体系を前提としてきた伝統的な法学・政治学の概念では十分にとらえきれない面がある。EU が，しばしば「独特な存在（*sui generis*）」と評される所以である（遠藤 2005；平島 2005）。

　そうした EU の特性は，EU の対外政策を複雑なものにした。そもそも，EU が主権国家間の条約によって創設された存在である以上，その EU に付与され，行使される権限は，条約で規定されることによって初めて授権されるものである[7]。そのため，EU の対外政策（external action）は，根拠となる条約上の条文の違いによって複数に区分され，政策決定過程に関与する主体も異なって設定されている。

(a) EEC 時代からヨーロッパレベルで独占的に扱われてきた共通通商政策（common commercial policy）については，「EU 外相」が置かれたリスボン条約の成立後も，通商交渉の発議や交渉そのものの担い手となるのは欧州委員会（特に通商担当委員（European Commissioner for Trade））である。交渉開始の授権や交渉結果の承認などは，加盟国の外相が主たる構成員[8]となる外務理事会（Foreign Affairs Council：FAC）の特定多数決，もしくは全会一致で行われる。交渉結果の承認については，外務理事会に加えて，欧州議会の同意も得なければならない（EU 機能条約第 207 条）。

(b) CFSP については，欧州理事会の全会一致での決定（ただし，建設的棄権は認められる）に基づいて，「EU 外相」が行動・交渉の主体となる。欧州議会は，「EU 外相」から CFSP の大要についての説明を受け，質疑や提案を行うことはできるが，決定権は持たず，諮問的な立場にとどまる（EU 条約第 23〜46 条）。

(c) それ以外の一般的な対外政策については，委員会，もしくは「EU 外相」が外務理事会に発議し，その授権を得て交渉にあたる。交渉結果の承認は，外務理事会の特定多数決，もしくは全会一致で行った上で，欧州議会の同

意も得なければならない（EU 機能条約第 218 条）。

3.2 EU 対外政策の担い手——政府間主義と超国家主義の混淆

　EU の対外政策は，その担い手の面でも複雑なものとなっている。

　先述したとおり，EU の対外政策を展開するにあたって行われる授権の主体
は，加盟国首脳によって構成される欧州理事会や，加盟国外相等によって構成
される外務理事会であり，政府間主義の色彩が濃いものとなっている。他方，
その対外政策について発議し，授権を得た後に行動・交渉の主体となるのは，
超国家的な存在である「EU 外相」や欧州委員会である。しかし，欧州理事
会・外務理事会と「EU 外相」・欧州委員会との間の関係は，前者の指示・命
令に従って後者が執行するという「本人—代理人」関係（principal-agent rela-
tionship）になっているわけではない。欧州委員会委員長は欧州理事会の構成
員であり，「EU 外相」も，共通通商政策が議題となっているとき以外は外務
理事会の議長を務めるほか，外交問題が議題となっているときには欧州理事会
に出席して政策決定に加わるものとされている。したがって，超国家的な存在
である欧州委員会委員長と「EU 外相」は，政府間主義的な欧州理事会・外務
理事会に加わって政策決定に参与する「本人」でもあるのであり，単純な「代
理人」ではないのである。

　こうした，EU の対外政策の担い手にみられる政府間主義と超国家主義の混
淆は，より下位のレベルでも観察することができる。例えば，「EU 外相」の
もとで CFSP の日常業務を決定・監督する任を担っている政治安全保障委員
会（Political and Security Committee：PSC）は，加盟国から派遣される PSC 担
当大使によって構成される政府間主義的な存在であるのに対して，同じく
「EU 外相」のもとで対外政策の実務（域外各国での EU 代表部の活動など）
を担っている欧州対外行動庁は，加盟国外交官に加えて，欧州委員会他部局か
らの出向者等で構成されている超国家的な性格が強い機関となっている。さら
に言えば，欧州対外行動庁の内部にも，本国の外務官僚制への復帰が予定され
（さらには期待され）ている加盟国外交官出身者（約 3 割強）と，「欧州官僚」
意識を持つ欧州委員会他部局出身者（約 6 割強）との「ハイブリッド」状況が
みられる（Juncos and Pomorska 2015; Onestini 2015；植田 2014a）。

4. おわりに――EU 対外政策の将来

　第 2 節で検討してきたことから明らかなように，欧州統合は，国際政治環境のあり方とその変化に大きく影響されながら進んできた。最大の脅威の源がソ連であった冷戦期には，アメリカが提供する NATO の傘のもとで経済に傾斜した欧州統合が進められた。冷戦の終焉後，東側陣営が解体して東西ドイツが統一し，ドイツの強大化が懸念されると，欧州統合を政治分野でも強化することでドイツをヨーロッパの枠組みに囲い込むことが目指された。さらに，「一極」化したアメリカがヨーロッパとの距離を置く姿勢をみせ始めると，フランス・ドイツは欧州統合を安全保障分野でも強化することを目指し，イギリスも，アメリカとの「特別な関係」と欧州統合強化との間で揺れをみせた。その間，ヨーロッパの対外政策統合の動きは，欧州憲法条約の批准失敗といった挫折を挟みながらも，強化される方向に進んでいったが，2010 年代の後半になると，ヨーロッパを取り巻く国際環境は，その厳しさを増していった。

　その中で最も軍事的な脅威としての色彩が濃いものは，ロシアの台頭と膨張主義的な行動である。1992 年のソ連崩壊に伴う政治・経済の混乱によって弱体化していたロシアは，2000 年に大統領となったプーチン（Vladimir Vladimirovich Putin）のもと，石油や天然ガスといったエネルギー資源の輸出によって経済を立て直し，2014 年にはウクライナへの軍事介入を行って，クリミアのロシア編入を宣言した。こうしたロシアの膨張主義的な姿勢は，ヨーロッパ諸国に一定の脅威として認識されている。

　それに対し，欧米諸国は NATO を基軸とした安全保障体制によって対応しようとしてきたが，その中核的存在であるアメリカで 2016 年 11 月に行われた大統領選挙において，アメリカ第一主義（America First）を掲げるトランプ（Donald John Trump）が当選し，NATO との関係見直しを主張し始めたことから，NATO の信頼性への疑念がヨーロッパ側で生じてくることとなった。2017 年 5 月のイタリアのタオルミーナ・サミットでトランプ大統領と意見を闘わせたドイツのメルケル（Angela Merkel）首相は，帰国直後に友党の集会で行った演説の中で，アメリカを名指しはしなかったものの，「他者に全面的

に頼ることのできる時代は終わった」と述懐し，アメリカへの信頼が揺らいでいることを表明した上で，「われわれヨーロッパ人自身がしっかりと自分の手で自らの運命を握らなければならない」と主張して，大きな注目を集めた[9]。欧州委員会委員長のユンカー（Jean-Claude Juncker）も，6月にプラハで開かれた会議の席上，アメリカは「もはやわれわれの代わりにヨーロッパの安全を保障することに興味を持っていない」と述べ，ヨーロッパ自身による防衛・安全保障協力をさらに強化していく必要があると主張した上で，その努力を怠るときの便利な言い訳として「NATOへの恭順を論ずることにはもはや意味がない」とまで言い切った[10]。

　こうしたヨーロッパとアメリカとの疎隔を仲立ちする役回りを果たすことが多かったイギリスも，2016年6月にEU離脱の是非を問う国民投票を実施して離脱賛成派が多数を占めたことから，積極的な動きをとれなくなっていた。国民投票後，その責任をとっての首相交代を経て，イギリスは，2017年3月，欧州連合条約第50条に基づくEUからの正式離脱を「EU大統領」のトゥスク（Donald Franciszek Tusk）に通告し，これによって，1952年のECSC発足以来初となる加盟国の正式離脱が生ずることとなった。このイギリスのEU離脱（Brexit）は，先述したような米欧関係への影響だけにとどまらず，EU対外政策そのものへの影響も無視できないものがある。特に，ヨーロッパ対外政策の構造的な弱点である軍事的能力という点での損失は大きい。イギリスの国防費はEU加盟国の国防予算総額の4分の1を占めているうえ，質的な面においても，イギリスが植民地帝国の遺産として蓄積してきた軍事力の国外展開能力と経験を失うことは，安全保障分野でのEUの行動能力を大きく損なうことになろう[11]。

　以上のような，①ロシアの脅威，②アメリカとの疎隔，③イギリスのEU離脱といった国際環境の変化に対応すべく，EUとしての安全保障枠組みを拡充し，EU自身が運用する軍事的能力の強化を目指すべきであるとする議論が高まりをみせている。その先導役とも言える役回りを以前から果たしてきたのがユンカー欧州委員会委員長であるが，2017年5月のフランス大統領選挙で当選したマクロン（Emmanuel Macron）も，9月に発表した政策提言「ヨーロッパのためのイニシアティヴ（Initiative for Europe）」において，共通防衛予算に

基づく共通介入軍の設立を提唱した[12]。こうした自強政策は，同盟に依拠することが困難な国家が採用する戦略としては常道ともいえるものであり，アメリカ・イギリスとの関係が揺らぐ中でロシアの脅威にさらされているヨーロッパの現況を考えると，それほど不自然なものとはいえないが，実現可能性という点では，なお不透明な部分が大きい。まず，マクロン仏大統領の「ヨーロッパのためのイニシアティヴ」では，さらなる統合の推進力として独仏機関車論（Franco-German engine）が表明されているが，そのマクロンの構想ではヨーロッパ大の財政投資を可能とする共通予算の設立も提唱されており，緊縮財政志向の強いドイツの中道右派勢力に支えられたメルケル政権との歩調が乱れる恐れもある。また，そもそも，アメリカとの軍事的能力の格差の問題は 1990 年代半ばから問題視され続けてきたにもかかわらず，20 年ほど経った現在でも改善の兆しはみえていない。そうした点を鑑みると，ヨーロッパ独自の軍事的能力の向上という道の将来は，なお多難なものといわざるをえないだろう[13]。

[注]

1)　ルンデスタッドは，ヨーロッパにおける冷戦を「米ソ両超大国のヨーロッパへの進出と分割」と位置づける議論の一面性を批判し，アメリカについては，西ヨーロッパ諸国が自らの安全保障を確保するために招き入れた面もあるとする「招かれた帝国（Empire by invitation）」論を展開した（Lundestad 1998）。

2)　それに対し，当時の西ドイツ国内には，東西のいずれにも荷担しない中立国となることによって，東ドイツとの再統一をソ連に認めさせようとする議論もあった。この中立再統一論は，アデナウアーに対抗する立場にあった最大野党のドイツ社会民主党（Sozialdemokratische Partei Deutschlands: SPD）のみならず，第一次アデナウアー政権の与党であった自由民主党（Freie Demokratische Partei: FDP）にも支持者がみられた。このような，東側陣営との関係改善によって将来の東西ドイツ再統一へとつなげようとする方向性は，東側陣営に力で対抗して屈服・譲歩を迫ろうとするアデナウアー外交に対する代替選択肢を用意する両党の提携関係を生み出す１つの源流となった。安井（1999），妹尾（2011）を参照。

3)　以下，本項の歴史的な展開についての記述は，基本的に Militärgeschichtliche Forschungsamt (1982)，岩間（1993），遠藤（2014）に依拠している。

4)　遠藤（1994）は，ヨーロッパの安全保障を NATO が提供し，そのもとで EC が経済統合に専念することによって，西ヨーロッパに経済的繁栄がもたらされ，西側陣営の安全保障が強化されることにつながるという相互依存構造がみられると指摘して，それを「EC＝NATO 体制」と呼んだ。その後，遠藤（2014）は，人権理念を唱道する欧州評議

会（Council of Europe: CE）が欧州統合の理念面を担ってきたことを加えて，政治・経済，軍事・安全保障，規範・社会イメージの 3 側面に及ぶ「EU-NATO-CE 体制」と位置づけ直している。

5）　CSCE の名称が日本語に翻訳される際，直訳的な「欧州」という表現ではなく，意訳的な「全欧」という表現が多く用いられたことは，このフォーラムに東西を架橋する「全欧」としての性格・役割をみいだす（もしくは，期待する）姿勢が同時代の日本に存在していたことを示しているといえるだろう。それとは対照的に，冷戦終焉後の 1994 年に CSCE を常設化して組織された OSCE（Organization for Security and Co-operation in Europe）の日本語訳については，同じ「in Europe」という言葉が使われているのにもかかわらず，「欧州安全保障協力機構」という表現が（日本政府による邦訳も含め）多数を占めている。

6）　1970 年に EC 加盟国間での外交政策調整を目指す欧州政治協力（European Political Cooperation: EPC）の枠組みが作られたが，参加国の外交政策を拘束する公式の決定を行う存在ではなく，非公式の諮問的な政府間協議を行う場でしかなかった。

7）　この点で，EU が保有する権限の位置づけ方はポジティブ・リストの発想に基づいており，アメリカ憲法第 10 修正，すなわち，連邦政府の権限は憲法によって付与されたものに限られ，それ以外の権限はすべて州や人民に留保されているとする規定と発想を同じくしているといえる。それと大きな対照をなしているのは，国家が包括的支配権を持つことを半ば自明の前提とし，その政府が行使する行政権についても「すべての国家作用のうちから，立法作用と司法作用を除いた残りの作用」（芦部・高橋 2015, 306-307 頁）と位置づけてしまうような，「行政控除説」に代表される「立憲君主政モデル」（淺野 2006, 150 頁）の国家観であるといえよう。

8）　ただし，通商政策が議題となる場合には通商担当閣僚が加わり，安全保障・防衛政策が議題となるときは防衛相が加わり，開発援助政策が議題となる際には開発援助担当閣僚が加わって外務理事会は開催される。http://www.consilium.europa.eu/en/council-eu/configurations/fac/（最終アクセス日 2017 年 11 月 1 日）。

9）　http://www.spiegel.de/politik/deutschland/angela-merkel-das-bedeutet-ihre-bierzelt-rede-ueber-donald-trump-a-1149649.html（最終アクセス日 2017 年 11 月 1 日）。

10）　http://uk.reuters.com/article/eu-defence-juncker/rpt-juncker-makes-case-for-eu-defence-integration-idUKB5N19Z01F（最終アクセス日 2017 年 11 月 1 日）。

11）　他方，イギリス外交にとっても，EU 離脱は大きな打撃となる。EU は 5 億人の人口と世界全体の GDP の 4 分の 1 弱を占める巨大な単一市場であり，世界標準ルール形成過程におけるプレゼンスも大きい（遠藤・鈴木 2012）。その EU の一員として政策決定に関与し，EU の対外政策を自国の利益に沿わせることによって，加盟国は自国の対外的な影響力を増幅することができるが，EU からの離脱を選択したことによって，イギリスはその機会を失うことになった。

12）　http://www.elysee.fr/assets/Initiative-for-Europe-a-sovereign-united-democratic-Europe-Emmanuel-Macron.pdf（最終アクセス日 2017 年 11 月 1 日）。

13) なお，仮にEU軍創設に成功した場合，EUの性格をめぐる議論に新たな一石が投ぜられることになるものと思われる。既存のEU研究・国際統合研究の中には，現在のEUにつながるこれまでの欧州統合の流れに軍事的な要素が比較的薄かった点を強調して，国際統合を国際関係の非軍事化につながるものと位置づける（あるいは，期待する）議論がしばしば見られた（その古典的な例として鴨（1992））。将来のEUがロシアという大国に対する抑止効果をある程度期待できるような規模の軍事力を有するに至ったとき，その種の議論には一定の再検討を加えることが求められざるを得ないだろう。同様に，EUが「元首も，軍隊も，警察も，薄弱なものしか存在しない奇妙な政治体」（遠藤2005，8頁）であることを強調する「独特な存在（*sui generis*）」論も，《国家的な規模の軍事力を持つに至ったEUが主権国家と異なる点はどこにあるのか》という問いへの答えを改めて出す必要に迫られることになるだろう。また，一定以上の軍事力の存在は，そこから生じ得る支配力（とその効果）についての関心も惹起するだろう。そこでは，これまで学術的な関心をあまり集めてこなかった《ヨーロッパ諸国の上に君臨する超国家的なEUは「帝国」になってしまうのではないのか》といった議論も，検討を要する問題として浮上してくるように思われる。

[参考文献]

Juncos, A. E. and K. Pomorska (2015), "Attitudes, Identities and the Emergence of an *esprit de corps* in the EEAS," in D. Spence and J. Bátora, eds., *The European External Action Service: European Diplomacy Post-Westphalia*, Palgrave.

Lundestad, G. (1998), *"Empire" by Integration: the United States and European Integration, 1945-1997*, Oxford University Press.

Militärgeschichtliche Forschungsamt (1982), *Anfänge westdeutscher Sicherheitspolitik 1945-1956*, Bd. 1, München, Wien.

Onestini, C. (2015), "A Hybrid Service: Organising Efficient EU Foreign Policy," in D. Spence and J. Bátora, eds., *The European External Action Service: European Diplomacy Post-Westphalia*, Palgrave.

浅野博宣（2009），「『行政権は内閣に属する』の意義」安西文雄ほか著『憲法学の現代的論点』（第2版）有斐閣。

芦部信喜著・高橋和之補訂（2015），『憲法』（第6版）岩波書店。

岩間洋子（1993），『ドイツ再軍備』中央公論社。

植田隆子（2014a），「欧州連合の対外関係」植田隆子・小川英治・柏倉康夫編『新EU論』信山社。

植田隆子（2014b），「欧州連合の安全保障・防衛政策と人道援助」植田隆子・小川英治・柏倉康夫編『新EU論』信山社。

上原良子（1994），「フランスのドイツ政策：ドイツ弱体化政策から独仏和解へ」油井大三郎・豊下楢彦・中村政則編『占領改革の国際比較：日本・アジア・ヨーロッパ』三省堂。

上原良子・廣田功（2012），「戦後復興と欧州統合：冷戦開始の中での模索と確立（1947-
　　50年）」吉田徹編『ヨーロッパ統合とフランス：偉大さを求めた1世紀』法律文化社。

遠藤乾（2005），「日本におけるヨーロッパ連合研究のあり方：方法論的ナショナリズムを
　　越えて」中村民雄編『EU研究の新地平：前例なき政体への接近』ミネルヴァ書房。

遠藤乾編（2014），『ヨーロッパ統合史』（増補版）名古屋大学出版会。

遠藤乾（2016），『欧州複合危機：苦悶するEU，揺れる世界』中央公論新社。

遠藤乾・鈴木一人編（2012），『EUの規制力』日本経済評論社。

鴨武彦（1992），『ヨーロッパ統合』日本放送出版協会。

小林正英（2009），「EU共通安全保障・防衛政策（CSDP）の現状と課題：2馬力のEU
　　へ」田中俊郎・庄司克宏・浅見政江編著『EUのガヴァナンスと政策形成』慶應義塾
　　大学出版会。

妹尾哲志（2011），『戦後西ドイツ外交の分水嶺：東方政策と分断克服の戦略，1963〜1975
　　年』晃洋書房。

高瀬幹雄（2014），「ヨーロッパの没落と欧州統合」大芝亮編著『ヨーロッパがつくる国際
　　秩序』ミネルヴァ書房。

辰巳浅嗣（2004），「共通外交・安全保障政策」辰巳浅嗣編著『EU－欧州統合の現在』創
　　元社

戸澤英典（2003），「パン・ヨーロッパ運動の憲法体制構想」『阪大法学』第53巻3・4号，
　　979-1013頁。

平島健司（2005），「政体の観点からEUを考える：国家を離れて「独特の」政体を語るこ
　　とは可能か」中村民雄編『EU研究の新地平：前例なき政体への接近』ミネルヴァ書
　　房。

細谷雄一（2003），「米欧関係とイラク戦争：冷戦後の大西洋同盟の変容」『国際問題』522
　　号，50-64頁。

細谷雄一（2009），「『新しいヨーロッパ協調』からシューマン・プランへ一九一九一五〇
　　年：世界戦争の時代のイギリスとヨーロッパ」細谷雄一編『イギリスとヨーロッパ：
　　孤立と統合の二百年』勁草書房。

益田実（2008），『戦後イギリス外交と対ヨーロッパ政策：『世界大国』の将来と地域統合
　　の進展，1945〜1957年』ミネルヴァ書房。

益田実（2009），「超国家的統合の登場一九五〇一五八年：イギリスは船に乗り遅れたの
　　か？」細谷雄一編『イギリスとヨーロッパ：孤立と統合の二百年』勁草書房。

宮下雄一郎（2012），「フランスの没落と欧州統合構想：再興に向けての模索（1940-46
　　年）」吉田徹編『ヨーロッパ統合とフランス：偉大さを求めた1世紀』法律文化社。

安井宏樹（1999），「『第三極』の模索と挫折：一九五〇年代西ドイツの自由民主党
　　（FDP）」『国家学会雑誌』第112巻第1・2号，151-206頁。

第 3 部

停滞する EU 経済

第9章　ユーロ圏経済の長期停滞の可能性について
—— 2000-2016年——

松林洋一

1. はじめに

　1999年にユーロ圏が誕生して18年の年月が経過した。第二次世界大戦の惨禍を教訓とし，アメリカや日本，抬頭する新興市場地域との経済競争に対抗すべく，ヨーロッパ主要国の経済はユーロという単一通貨による創出によってより一層統合を深化させた。2000年代に入り世界経済の成長率は改善し始め，ユーロ圏においても概ね安定的な成長を享受していた。しかし2008年のリーマンショックに端を発する世界金融危機によって同地域の経済は一機に鈍化に転じ，2010年のギリシャ危機によって様相はさらに悪化している国が多く存在している。翻ってアメリカや日本では2000年代以降のマクロ経済は，ユーロ圏と同様，リーマンショックを節目として潜在成長率は鈍化し，長期的な停滞を危惧する見解も少なからず存在する。

　本章では，18年間にわたるユーロ圏経済のマクロパフォーマンスを展望することによって，昨今喧伝されている世界経済の長期停滞が，同地域においても発生しているのか否かを探り出していく。その際，停滞傾向が発生しているとすれば，その要因は他の先進地域と共通の現象なのか，あるいはユーロ圏固有の現象なのかという点について考察を深めていく。世界史上類をみない「人工通貨」ユーロによって統合されている同地域のマクロ経済の動向は，それ自体前例のない試みの軌跡であり，極めて興味深い。本章では主に2000年から2016年までのユーロ圏経済のマクロ経済の姿を，実物，金融の両面から丁寧に観察していくことにする。構成は以下のとおりである。第2節ではユーロ圏経済のマクロパフォーマンスを概観する。第3節ではマクロ経済の動向を理解

する際に鍵となる設備投資の動きを展望し，第4節においてその主因となる期待利潤率の推移を詳細に観察する．第5節でユーロ圏の金融機関のパフォーマンスを観察することによって，金融面からのユーロ圏経済の動きを考察する．本章で得られた知見は第6節において要約される．

2. ユーロ圏経済の概観

図9.1には，ユーロ圏，日本およびアメリカの2000年から2016年にかけての実質経済成長率の推移が示されている．

3地域の推移はほぼ同様のパターンを描いており，2008年のリーマンショックによって大幅に景気が悪化した後若干の回復基調はみられる．しかし2000年代前半と比べると成長率に勢いは感じられず，2016年時点で約2%前後となっている．ただし仔細に観察すると，ユーロ圏の成長率には以下のような2点の特徴がある．第1は，2002年から2007年にかけてユーロ圏では順調に成長率が伸びており，2006年には3地域で最も高い成長率（約3%）を享受している．第2は，2008年のリーマンショックののち，ユーロ圏では2011年から2012年にかけて再度マイナス成長にまで落ち込んでおり，2000年代後半以降の景気の振幅はかなり大きい．

図9.1　ユーロ圏・日本・アメリカの実質経済成長率の推移（2000-2016年）

(出典)　IMF．

第9章　ユーロ圏経済の長期停滞の可能性について　　　195

表9.1　ユーロ圏主要国における潜在成長率（％）

	1992-2001	2002-2011	2012	2013	2014	2015	2016
ドイツ	1.9	1.1	1.2	1.0	1.1	1.2	1.1
フランス	2.1	1.4	0.9	1.0	1.1	1.2	1.3
イタリア	1.4	0.5	− 0.3	− 0.4	− 0.3	− 0.2	− 0.2
スペイン	2.9	2.5	0.5	0.5	0.3	0.5	0.5
日本	1.6	0.5	0.5	0.6	0.6	0.7	0.7
アメリカ	3.2	2.1	1.7	1.6	1.6	1.6	1.5

（出典）　OECD。

　表9.1にはユーロ圏主要国における潜在成長率の推移が，日本，アメリカとともに示されている。ドイツ，フランスは1990年代には2％前後の成長率を維持していた。しかし2000年代には半分近くまで低下し，2010年代は概ね1％の伸び率で推移している。なおこの水準はアメリカの成長率（2016年で1.6％）比べると多少低くなっている。イタリア，スペインの2010年代の潜在成長率はドイツ，フランスよりも低く0％近傍で日本とほぼ同じである。このようにユーロ圏の潜在成長率は国によって違いはあるものの，2000年代以降総じて低位で推移しており上昇の兆しはみられない。

3.　設備投資の動向

　マクロ経済の短期的変動および中長期的動向を理解する際には，投資行動，とりわけ設備投資の動きが極めて重要となる。その理由としては，まず設備投資は有効需要の構成要素の中でも変動が激しく，景気の振幅に大きな影響を及ぼすからである。また投資は資本ストックとして体化することによって，生産能力を向上させ長期的な経済成長に寄与するからである。したがって設備投資の動向とその決定要因を精査しておくことは，ユーロ圏のマクロ経済全体のダイナミズムを考察する上で，極めて有効な作業となる。

　図9.2にはヨーロッパ主要国の投資率の推移が示されている[1]。各国ともに2002年頃から2007年までは，概ね投資率は上昇している。この姿は同時期の実質経済成長率（図9.1）とほぼ同じである。リーマンショック以降，すべての国で投資率は激減している。特にスペインやアイルランドの落ち込みは顕著

図 9.2 ヨーロッパ各国における投資率の推移（2000-2015 年）

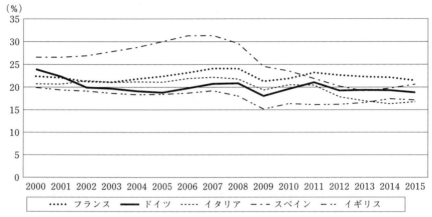
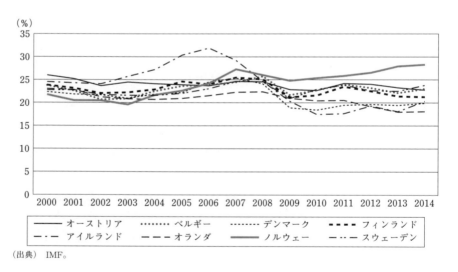

（出典） IMF。

である。各国とも 2009 年から 2010 年にかけて多少回復の兆しもみられたが，2010 年に端を発するギリシャ危機によって，再び投資率が減少している国が少なからず存在している。2016 年には若干上昇している国もあるが，旺盛な回復は感じられず，ユーロ圏の投資は概ね停滞傾向にあると判断できる[2]。

4. 期待利潤率の動向

　設備投資の動向をより詳細に理解するためには，その決定要因にまで溯って考察を深めておくことが肝要である。設備投資の場合鍵となる要因は，1単位（あるいは1台当たりの）機械設備が将来にわたって計上するであろう利潤の将来値である。一般に経済理論ではこの要因は期待利潤率（あるいは期待収益率）と呼ばれている。期待利潤率は将来にわたる収益率であり現時点において観察することができない。そこで期待形成や利潤率を構成する諸変数の生成プロセスに何らかの工夫を施すことによって，観察可能な変数を用いて計測することが可能である。この指標は一般に「トービンの限界q」と呼ばれている[3]。

　図9.3には，個別企業の財務データを用いてユーロ圏主要国の限界qの計測値が描かれている[4]。図9.3における実線は各期における分布の中央値（median）を表しており，分布の度合いが濃淡で示されている。また図9.4には図9.3の中央値が再掲されている。

　すべての国において2008年リーマンショック以降，限界qは趨勢的に低下傾向にある。そしてこの低下傾向は2010年から2011年のギリシャ危機においてさらに顕著となっていることがわかる。直近の2014年には若干上昇の兆しをみせてはいるものの，ほとんど国において力強い勢いは感じられない。図9.2で俯瞰した各国における設備投資の停滞の背景には，まさにこのような期待利潤率の趨勢的な低下が起因している可能性が高い。

　なお参考までにユーロ圏以外を含め，ヨーロッパ全域の限界qの水準を俯瞰しておくことにしよう。図9.5には，2014年時点におけるヨーロッパ主要国の限界qの値について，水準の大小を濃淡で示している[5]。

　図9.5からもわかるように，限界qが最も高いのは，スウェーデンやノルウェーなどの北欧諸国やイギリスであることがわかる。次いでドイツ，フランス，ベルギーなどのユーロ諸国が続いている。他方イタリア，スペイン等の南欧諸国は相対的に低水準となっている。

　ここで各国の限界qの変動要因について若干の検証を試みておく。具体的には各国の限界qの中央値の時系列（2005-2014年）を被説明変数とし，各国

198　　　第3部　停滞するEU経済

図9.3　ユーロ圏各国の期待利潤率の推移（2005-2014年）

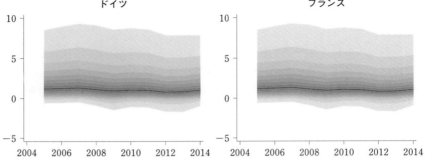
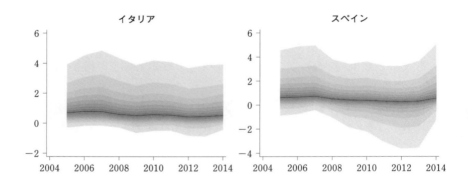
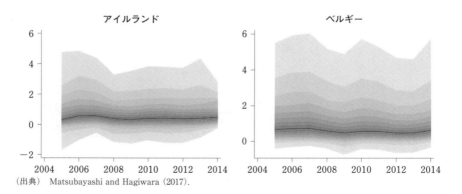

（出典）　Matsubayashi and Hagiwara (2017).

第9章 ユーロ圏経済の長期停滞の可能性について　　　　199

図9.4　ヨーロッパ各国の期待利潤率（中央値）の推移（2005-2014年）

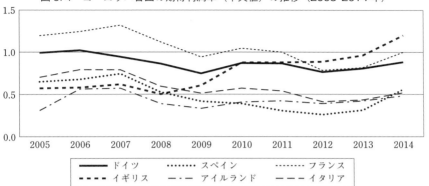

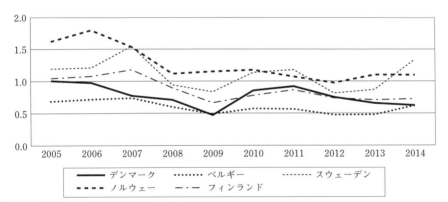

（出典）　Matsubayashi and Hagiwara (2017).

の全要素生産性（TFP）の中央値の時系列を説明変数とするパネル推定を行った[6]。

　表9.2の推定結果からもわかるようにTFPは限界qに対して有意にプラスに効いている。本章では明示的に示していないが，リーマンショック以降多くの国においてTFPは趨勢的に低下しており，生産性の低下が各国企業の期待利潤率の低迷ひいては投資決定の鈍化をもたらしている可能性が高い。

　ここで企業の期待利潤率に影響を与えるさらなる要因として，不確実性を取り上げることにする。資本ストックの増加，すなわち設備投資は，もしそれが

図 9.5 ヨーロッパ各国における期待利潤率（2014 年）

（出典） Matsubayashi and Hagiwara（2017）.

表 9.2 期待利潤率と生産性（2005-2014 年）

自己ラグ	生産性 TFP	J 統計量	操作変数
0.436 (6.624)	1.041 (21.997)	16.670	定数項・Mq2 期ラグ
0.360 (12.854)	1.249 (24.488)	17.521	定数項・Mq3 期ラグ

（注） （ ）内の値は t 値。上段は操作変数が定数項と限界 q の 2 期ラグ，下段は定数項と限界 q の 3 期ラグを用いている。
（出典） Matsubayashi and Hagiwara（2017）.

　誤った予想，期待のもとで実行された場合，売却，廃棄という方法以外に二度と同じ状態に戻すことはできない。このような意味で設備投資行動は常に不可逆的であり，将来に対する不確実性が増せば，当然この不可逆性という資本ス

第 9 章　ユーロ圏経済の長期停滞の可能性について　　201

表9.3　期待利潤率と生産性・不確実性

自己ラグ	生産性	VIX	EPU
0.507	0.978	− 0.004	
(49.687)	(19.550)	(− 21.885)	
0.288	0.940		− 0.001
(9.569)	(8.352)		(− 13.875)

(注)　（ ）内の値は t 値。上段は不確実性指標に VIX index を，下段は EPU index を用いている。
(出典)　Matsubayashi and Hagiwara（2017）.

トックに固有の現象も重要性を持つことになり，投資行動も慎重にならざるを
えない。リーマンショックやギリシャ危機など相次ぐ金融危機はヨーロッパ経
済の先行きを極めて不確定なものにしている。また将来の経済動向が極めて不
確定な状況下において，各国の経済政策についてもその動向については必ずし
も明確な指針が示されているとは限らず，これらの要因も不確実性を増大させ
ることになる[7]。

　本章では不確実性の指標として，恐怖指数（VIX index）と経済政策不確実
性指数（EPU index）の 2 つを取り上げる[8]。前者は主に国際金融市場における
リスクの認知度を表す代表的な指標として知られている。後者は経済政策の先
行きやエコノミストの経済予測に関する不確実性を指数化したものである

　表 9.3 の結果から明らかなように，恐慌指数（VIX），経済政策不確実性指
数（EPU）は強く共にマイナスに効いており，不確実性の高まりは企業の期待
利潤率を低下させている可能性がある。このようにリーマンショック以降の不
確実性の高まりによって，主要国の企業は設備投資行動に慎重になりつつある
だけでなく，余剰資金を蓄積し始めていることが示唆される。そして実体経済
の停滞の長期化は，さらに不確実性を高めることになる。このように長期停滞
と不確実性の負の連鎖が，今後ヨーロッパ経済をより不安定化させていく可能
性が高い。

5. 金融機関のパフォーマンス

　ユーロ圏の金融機関は，2000 年代に入り，3 つのマクロ経済の環境変化に直

面していた。第1は，ユーロ導入によって為替変動に伴う収益が消滅し始めていた。第2はヨーロッパ域内における（名目）金利が収斂し始めるとともに傾向的に低下し始めていた。第3は第2節，第3節においてみたように各国の実物資本の収益率が低下し始めていた。

上記の3つの変化によって，主要国の投資先は，必然的により高い収益が見込まれる地域＝周辺へと転換していくことになった。具体的にはヨーロッパでは，ドイツ，フランスなどの中核国の地理的外縁をなす，ギリシャ，スペイン，ポルトガルといった南欧諸国が「周辺」に該当し，同地域への投資が拡大していた。そしてアメリカでは，返済能力すら判然としないサブプライム層が，極めて魅力的な経済的「周辺」となっていた。

2008年のリーマンショック，2010年から2011年のギリシャ危機によって，ユーロ圏各国の多くの金融機関は急速に経営を悪化させるとともに，不良債権を増やし始めていた。そして各国の金融機関は現時点（2017年）においてもなお，危機後の対応と処理を終えきれていない可能性が高い。以下ではこうした状況下にあるユーロ圏の金融機関のパフォーマンスについて概観し，長期停滞が懸念される同地域の経済状況との関係について検討する[9]。

まず金融機関の利鞘の推移をみておく。図9.6には2005年から2014年にかけてのヨーロッパ主要14ヵ国における利鞘（対総資産比率）の推移が描かれている[10]。図からもわかるように，ヨーロッパ主要国の利鞘は2000年代半ば以降低下傾向にある。この傾向は2008年のリーマンショック，2010年から2011年のギリシャ危機によって顕著となっている。こうした利鞘低下の背景には，実体経済の停滞を反映した長期金利の低下，危機への対応として断続的に行われてきた金融当局による緩和政策が存在している。

次に金融機関の収益率の推移を観察してみる。図9.7には2005年から2015年にかけての収益率の推移が示されている[11]。

ほとんどの国において2005年から2008年にかけて収益率は低下している。しかし2009年以降の収益率の変動パターンは国によってさまざまである。2010年から2011年のギリシャ危機の際に収益率が低下している国は多いが，必ずしも顕著に減少しているとはいえず，逆に緩やかに増加している国もみられる。そして平均値をみる限りでは，2011年以降収益率は緩やかに増加して

第9章 ユーロ圏経済の長期停滞の可能性について

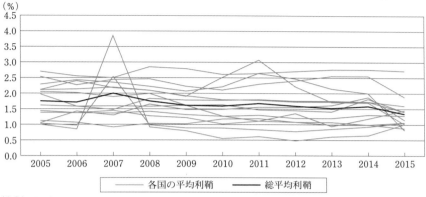

図9.6 ヨーロッパ主要国における金融機関の利鞘の推移（2005-2015年）

（出典）Bankscope.

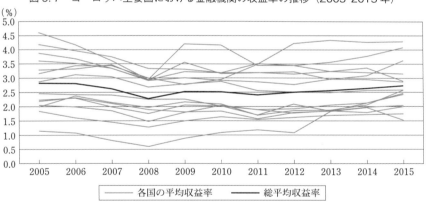

図9.7 ヨーロッパ主要国における金融機関の収益率の推移（2005-2015年）

（出典）Bankscope.

いる。

　ここで金融機関の資産運用状況を概観するために，ユーロ圏主要国のレバレッジ率（総資産を自己資本で割った比率）の値が表9.4に整理されている。興味深い点は，ユーロ圏のレバレッジ率はアメリカや日本と比べて高い点である。さらに2008年のリーマンショック，2010年から2011年のギリシャ危機後に

表9.4　主要国金融機関のレバレッジ率（％）の推移（2005-2015年）

年	ドイツ	フランス	イタリア	スペイン	アメリカ	日本
2005	26.7	18.6	13.5	12.8	12.1	15.7
2006	27.9	15.9	13.6	13.5	11.9	19.0
2007	27.4	15.6	13.5	13.6	12.1	13.9
2008	30.8	16.3	13.4	14.8	13.2	26.0
2009	26.2	15.7	13.2	13.1	10.8	12.2
2010	25.9	14.0	13.4	13.8	9.9	10.6
2011	24.2	15.6	4.1	13.6	10.0	10.4
2012	23.8	15.3	14.8	16.6	9.5	8.5
2013	20.9	16.5	14.4	14.5	9.7	8.3
2014	20.1	15.6	14.3	13.4	9.9	8.6
2015	18.4	15.5	13.4	13.1	9.4	8.6

（出典）　Bankscope.

表9.5　欧州金融機関の収益率の決定要因

	(1) 全サンプル	(1) 危機前	(1) 危機後	(2) 全サンプル	(2) 危機前	(2) 危機後
費用収益率	− 0.0002 (0.0001)	**− 0.0004**[*] (0.0002)	− 0.0001 (0.0001)	− 0.0001 (0.0001)	0.0015 (0.0044)	− 0.0001 (0.0001)
利鞘	**0.320**[***] (0.050)	0.1017 (0.0765)	**0.1846**[***] (0.0586)	**0.4772**[***] (0.0423)	0.2179 (0.1381)	**0.3715**[***] (0.0468)
資本規模	**− 0.003**[***] (0.001)	− 0.0006 (0.0010)	− 0.0019 (0.0012)	**− 0.0035**[***] (0.0008)	− 0.0004 (0.0016)	**− 0.0027**[***] (0.0008)
レバレッジ率	− 0.002 (0.006)	**0.0174**[*] (0.0103)	0.0016 (0.0066)	0.0020 (0.0075)	0.0595 (0.0410)	− 0.0085 (0.0065)
流動性	− 0.002 (0.002)	0.0037 (0.0033)	**− 0.0053**[**] (0.0024)	− 0.0005 (0.0024)	0.0002 (0.0048)	− 0.0001 (0.0026)
不良債権				0.0054 (0.0037)	0.0258 (0.0175)	0.0062 (0.0038)
サンプル数	7,984	2,375	5,609	4,534	1,038	3,496
R^2	0.096	0.116	0.037	0.205	0.258	0.106
修正済 R^2	0.094	0.114	0.035	0.202	0.253	0.103

（注）　(1) は5つの説明変数によって，(2) は (1) のケースに不良債権を加えたケースである。
（出典）　Agata and Matsubayashi (2017).

第9章　ユーロ圏経済の長期停滞の可能性について　　　205

も高い比率を維持している点である。表現を変えればユーロ圏各国の金融機関
は極めて積極的に資産運用を展開しているとともに，高い水準の貸し出しリス
クにも直面していることになる[12]。

　ここでこれまでのデータの観察を踏まえ，欧州金融機関の収益率の決定要因
に関する回帰分析（パネル推定）を行っておくことにする[13]。標本期間は
2005年から2015年であるが，リーマンショックの影響をみるために，危機前
（2005-2008年）と危機後（2009-2015年）に標本期間を分割した推定も試みてい
る。

　表9.5からもわかるように，利鞘はヨーロッパの金融機関の収益率に有意に
影響を与えており，その度合いはリーマンショック以後の方が大きい。つまり
実体経済の停滞傾向，緩和基調の金融政策による利鞘縮小はヨーロッパの金融
機関の収益率低下に強く作用していることが定量分析からも確認できる。なお
図9.6で確認したように，2010年代以降ヨーロッパの収益率は緩やかながら
上昇傾向にある。この動向がどのような要因によるものかは本分析からは必ず
しも明らかではない。想定される要因としては，金融機関の保有する株式資産
や不動産の含み益（資産価格上昇益）が金融緩和を背景として大幅に増加して
いる点である。なお興味深い点はレバレッジ率，不良債権比率は収益率には影
響を与えていないという点である。

6.　おわりに

　本章では，2000年代以降のユーロ圏経済のマクロ経済の姿を，実物，金融
の両面から展望することによって，同地域における長期停滞傾向の可能性を考
察した。足元2017年においてユーロ圏経済は概ね好況であり，深刻な不況状
態にあるというわけではない。ただし中長期的な視点に立つと，各国企業の期
待利潤率は低下傾向にあり，それに伴い投資率も趨勢的な減少を辿っている。
こうした実体経済の停滞傾向とそれへの対処としての緩和基調の金融政策は，
金融機関の利鞘を縮小させ，ヨーロッパ各国の金融機関の収益率低下に強く作
用している。ただし金融緩和を背景とした株価や不動産価格の上昇は，金融機
関の保有する含み益を大幅に増加させている可能性もあり，金融機関の過剰な

リスクテイク行動に拍車をかけている危険性もある。

このようにユーロ圏では足元の好況感の背後において長期停滞の兆候が持続している。そして危惧すべきはこうした停滞傾向が経済面のみならず政治面での不確実性を醸成しつつあるという点である。「ポピュリズムの昂揚」「民主主義の瓦解」という表現が，ユーロ圏を始めとするヨーロッパ各国で喧伝されているのはそれゆえである。こうした政治的不確実性が今後どのように推移していくのか，それはユーロ圏そのものの存立という問題をも内包しており，注視していく必要がある。

[注]

1)　図9.2にはユーロ圏以外の国（イギリス，デンマーク，ノルウェー，スウェーデン）も含まれている。なお図9.2における投資の構成項目は，民間投資（設備投資，住宅投資，在庫投資），公的部門投資であるため，民間設備投資の動きのみを反映しているわけではない。ただし一般的に民間投資が総投資に占める割合は最も高いので，概ね民間投資の動向を示していると解釈できる。

2)　ヨーロッパ諸国における投資低迷については，Barkbu et al. (2015) が詳細な展望を行っている。

3)　具体的には Abel and Blanchard (1986)，Gilchrist and Himmelberg (1995) によって開発されており，利潤率と割引率の確率過程を特定化し，合理的期待形成を仮定することによって計測が可能となる。計測方法の詳細は，松林（2010，第7章）に解説がなされている。

4)　データは世界主要国の（上場・非上場）企業財務データベース「Orbis」に基づいている。図9.3における実線は計測方法の詳細等については Matsubayashi and Hagiwara (2017) に示されている。

5)　図9.2と同様に，各国の企業財務データを用いて個別企業ごとの限界qを計測したのち，2014年時点における中央値を求め，水準の大小を5段階の濃淡に分けている。

6)　推定の詳細は Matsubayashi and Hagiwara (2017) にまとめられている。

7)　経済停滞が長期化するにつれて，現状に対する閉塞感を打破すべく国民の感情はともすれば近視眼的なものとなる。そして政治の世界ではポピュリズム（大衆迎合主義）が醸成され，急進的な改革が支持されやすい政治環境を生み出す可能性もある。ヨーロッパの政治環境においてもこのような動きが加速しており，こうした要因も長期停滞が生み出す不確実性と考えられる。

8)　2つの指標の詳細は松林（2018）に解説されている。

9)　昨今の欧州金融機関の動向については，Borio and Disyatat (2011)，Borio et al. (2015)，KPMG International (2016)，Noeth and Sengupta (2012)，Petria et al. (2015) において展望されている。

第9章 ユーロ圏経済の長期停滞の可能性について　　　207

10）　対象国（14ヵ国）は，オーストリア，ベルギー，デンマーク，フランス，ドイツ，ギリシャ，アイルランド，イタリア，オランダ，ポルトガル，スペイン，スウェーデン，スイス，イギリスであり，資本金が上位100位までの金融機関が選ばれている。計測方法の詳細な説明は Agata and Matsubayashi（2017）にまとめられている。

11）　対象国（14ヵ国）は図9.6と同じである。

12）　この点については松林他（2014），松林（2018）に詳しい解説がなされている。

13）　推定方法の詳細は Agata and Matsubayashi（2017）にまとめられている。

[参考文献]

Abel, A. B. and O. Blanchard（1986），"The Present Value of Profits and Cyclical Movements in Investments," *Econometrica*, Vol. 54, pp. 249-273.

Agata, W. and Y. Matsubayashi（2017），"Bank Profitability in Europe Before and After the Global Financial Crisis," mimeo.

Barkbu, B., S. P. Berkmen, P. Luckyantsau, S. Saksonovs and H. Schoelermann（2015），"Investment in the Euro Area: Why Has It Been Weak?" *IMF Working paper*, No. 22.

Borio, C. and P. Disyatat（2011），"Global imbalances and the financial crisis: link or no link?" *BIS Working Paper*, No. 346, May.

Borio, C., L. Gambacorta and B. Hofmann（2015），"The influence of monetary policy on bank profitability," *BIS Working Paper*, No. 154.

Gilchrist, S and C. Himmelberg（1995），"Evidence on the Role of Cash Flow in Investment," *Journal of Monetary Economics*, Vol. 36, pp. 541-572.

KPMG International（2016），"The profitability of EU banks: Hard work or a lost cause?".

Matsubayashi, Y. and T. Hagiwara（2017），"Secular Stagnation and Expected Profitability in Europe," presented at Macro workshop, University of Tokyo, July.

Noeth, B. and R. Sengupta（2012），"Global European Banks and the Financial Crisis." *Federal Reserve Bank of St. Louis Review*, 94（6），pp. 457-479

Petria, N., B. Capraru and I. Ihnatov（2015），"Determinants of banks' profitability: evidence from EU 27 banking systems," *Procedia Economics and Finance*, 20, pp. 518-524.

松林洋一・北野重人・藤田誠一（2014），「2000年代における欧州金融機関の対米投資―ミクロデータによる検証」『グローバル・マネーフローの実証分析：金融危機後の新たな課題』第6章，ミネルヴァ書房。

松林洋一（2017），「国際資金余剰・世界金利・長期停滞」『経済分析』第193号，内閣府経済社会総合研究所。

松林洋一（2018），「不安定化する世界経済：1980-2015」『金融経済研究』近刊，日本金融学会。

第 10 章　EU の銀行同盟
―― 金融的安定という観点から見た意義と課題 ――

花田エバ

1.　はじめに

　2007 年に始まった世界経済危機以降，EU は深刻な経済危機に巻き込まれた。
2008-09 年の EU 金融危機に続いて，2010-12 年の欧州政府債務危機の影響を
強く受けた EU は危機克服対策と従来の金融経済制度の抜本的な改革に取り組
んでいる。EU の金融通貨統合を安定化させるため，金融枠組み，財政枠組み，
経済政策枠組みを強化し，従来の経済・通貨同盟（EMU）を深化する包括的
な改革が進展している。銀行同盟はこの改革の不可欠な一部である。
　銀行同盟は，従来の分散型の EU 金融規制監督に代わり，ECB（欧州中央銀
行）下での一元的な監督を導入するほか，一貫性のある危機管理を実現させる
制度であるため，EU の銀行市場の金融的安定と統合を大幅に促進している取
り組みである。Wolfgang Schäuble ドイツ財務相は，銀行同盟の意義を次のよ
うに述べた。「ユーロ危機は EU を完全に分断させる力を持っていたが，逆に
この危機の影響でユーロ発足以来最も野心的な欧州統合の段階である銀行同盟
を招じ入れた」（*The Banker*, October 2013, pp. 114-115）。さらに，銀行同盟の単
一銀行監督機構が迅速に進展したことが先行研究で評価された。
　本章は銀行同盟の意義と今後の拡大に焦点を当て，次の 3 点を明確化する。
第 1 に，銀行同盟がいかなる形で EU の金融的安定を促進しているのか。第 2
に，非ユーロ圏諸国のうち，銀行同盟に対して様子見をする国がなぜ加盟意向
国を上回っているのか。第 3 に，銀行同盟が完成とさらなる拡大に向けてどの
ような課題を解決しなければならないのか。本章は EU の既存文献や資料を参
考にするのみならず，EU 加盟国の最新の論文を踏まえ，今後銀行同盟国とな

る諸国の視点を可能な限り明確にする。銀行同盟の制度の構築については本章の第2節で説明する。非ユーロ圏諸国の視点を取り入れながら，銀行同盟の意義と今後の展望については第3節と第4節それぞれで考察を行う。

2. EUの銀行同盟の概要

EUの金融的安定を促進する銀行同盟の役割を解明するために，まず銀行同盟の定義と制度の構築を説明したい。

2.1 銀行同盟の定義と創設の背景

欧州連合理事会は，銀行同盟を次のように定義している。「銀行同盟はEUレベルの銀行監督および破綻処理のシステムであり，EU規模の規制に基づき運用している。ユーロ圏および広い規模のEUにおける銀行部門の安定性と信頼性を確保すること，破綻した銀行の処理の過程で納税者負担を発生させず，実態経済へのインパクトを最小限化することを目的とする」[1]。

EUの金融規制監督制度の問題点（クロスボーダー銀行に関するEUレベルの危機管理メカニズムの欠如[2]または金融システム全体を視野に入れたマクロ・プルーデンス監督の不足等）が2009年2月の『EUにおける金融監督に関するハイレベルグループ報告書（ドラロジエール報告)』によって指摘された。EUの金融監督制度の抜本的な改革が，同報告の実際的な提案に沿って行われ，2010年末に創設された欧州システミック・リスク理事会（ESRB）がマクロ・プルーデンス監督を担当することになった。これは2008-09年のEU金融危機への制度的対応であった（田中他2014，217-222頁）。

銀行同盟は2012年6月の欧州理事会での承認以降，その創設行程が加速された（表10.1）。こうした加速化の背景には，スペインで生じた銀行危機がある。2012年5月に破綻の危機に陥ったスペインのバンキア銀行のため同国政府が救済措置をとれば，これまでの債務危機が一層悪化し，さらに同国国債を持つ銀行部門全体に銀行危機が伝染するという銀行負債と国家財政との間の悪循環が現れた。当面の危機を欧州安定機構（ESM）からの借入で乗り切ったが，ユーロ圏の金融的安定の確保には抜本的な対策の必要性が明らかになった。こ

210　　　第3部　停滞するEU経済

表 10.1　EU における銀行同盟の創設経緯

2012 年 5 月 30 日	欧州委員会が「銀行同盟」を表明
2012 年 6 月 26 日	欧州理事会が『真の経済・通貨同盟に向けて』の報告書を公表
2012 年 6 月 29 日	ユーロ圏各国の大統領または首相が SSM（単一銀行監督機構）における監督機関として ECB を指定
2012 年 12 月 5 日	欧州理事会議長他が具体的な行程表を含む『真の経済・通貨同盟に向けて』の最終報告書を公表
2013 年 10 月 23 日	ECB と各国の監督当局による 130 行の銀行を対象とする包括的評価の開始
2013 年 11 月 3 日	SSM 規則が施行
2014 年 5 月 15 日	SSM フレームワーク（ECB と各国の銀行監督当局との間の協力を定める法制度）の規則が施行
2014 年 8 月 19 日	SRM（単一破綻処理機構）下で銀行の破綻処理に関する調和化した規制・手順を提示する SRM 規則が施行
2014 年 9 月 4 日	ECB がユーロ圏における「主要な銀行」および「それ以外の銀行」のリストを公表
2014 年 10 月 26 日	ECB が実施した 2014 年の包括的評価の結果公表
2014 年 11 月 4 日	SSM の運用開始
2015 年 1 月 1 日	リトアニアがユーロ導入，SSM 加盟
2016 年 1 月 1 日	SRB（単一破綻処理委員会）が運用開始

（出典）　https://www.bankingsupervision.europa.eu/about/milestones/html/index.en.html より筆者作成（最終アクセス日 2017 年 9 月 9 日）。

うした背景で EU は，統合した金融監督制度，ベイルイン原則[3] に基づく銀行破綻処理，預金保護の強化を組み込んだ「銀行同盟」の実現に乗り出した。

　銀行同盟は，EU が推進しているユーロ制度改革の脈略で捉えなければならない。従来の経済・通貨同盟（Economic and Monetary Union：EMU）が抱える諸問題を克服し，真に機能する EMU に向けた抜本的な制度改革が 2010 年以降進行しつつある。

　まず，EU 域内のマクロ経済の乖離を克服するため，各国の財政政策，マクロ経済不均衡等が EU より公式に監視されるようになり，政策協調のためのメカニズム「ヨーロピアン・セメスター」が 2012 年に開始した（Matthijs and Blyth 2014；岩田 2016）。次に，2012 年 12 月に公表された『真の EMU に向けて』欧州理事会議長他による最終報告は，4 つの枠組み（金融枠組み，財政枠

組み，経済政策枠組み，政治的説明責任）からなる包括的なユーロ再建策を提示した。その一部は銀行同盟である。具体的には，「統合された金融枠組み」では，①単一銀行監督機構（Single Supervisory Mechanism：SSM）と単一規則集（Single Rulebook），②EU 加盟国の預金保険制度（Deposit Guarantee Schemes：DGS）の調和，③EU 加盟国の破綻処理制度の調和と適切な原資を備えた単一破綻処理機構（Single Resolution Mechanism：SRM）の構築，④ESM による銀行への直接資本注入という銀行同盟の構成要素が明記された。EMU 創設以来，初めてユーロ圏内で統合された金融監督制度およびベイルイン原則に基づく銀行破綻処理制度を作り上げる方向を示した同報告が当時のEMU をさらに進化させたという意義を指摘できよう。最後に，2015 年 6 月に公表された『ヨーロッパにおける EMU の完成に向けて』欧州委員会委員長他による報告は「深化した公正な真の EMU」を 2025 年までに完成させるための行程表を示し，銀行同盟には資本市場同盟が追加された（岩田 2016，18-19頁）。

2.2　銀行同盟の制度

　銀行同盟は，①SSM，②SRM，③欧州共通預金保険制度（European Deposit Insurance Scheme：EDIS）という 3 つの柱からなる（図10.1）。さらに，この 3 つの柱を支えている単一規則集が重要である。

　①SSM は，ECB による一元的な銀行監督制度である。2014 年 11 月よりECB がユーロ圏の 120 行以上の「主要な銀行（significant banks）」を直接に監督している。ユーロ圏の約 3,500 行の「それ以外の銀行（less significant banks）」の監督が各国の銀行監督当局によって行われている。「主要な銀行」の区別が 4 つの条件で定められた[4]。

　SSM をめぐる 2 つの主たる懸念に対処した上で SSM を運用開始した。まず，ECB の監督対象銀行と各国監督当局の対象銀行との間に二層の監督制度が生じないのかという懸念があった。ユーロ圏の銀行すべてが一貫性のある監督を受けるため，すべての銀行は ECB が定めたガイドラインにより監督されることとなった。さらに，監督関連情報すべてが ECB に提供されるため，ECB がシステミック・リスクがらみの銀行を特定した時，銀行の分類変更（「それ以

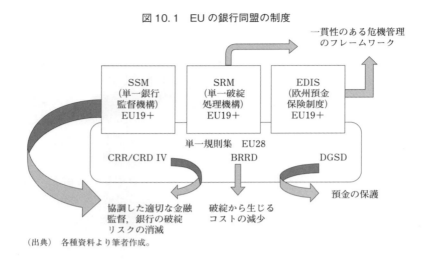

図 10.1 EU の銀行同盟の制度

(出典) 各種資料より筆者作成。

外の銀行」から「主要な銀行」への変更）が速やかにできる。もう1つは，ユーロ圏の金融政策の決定が ECB の最も重要な役割であるため，銀行監督という新しい役割を果たすことになれば，評判リスクが発生しないのかという懸念であった。そのため，金融政策と監督機能を ECB 内の組織で完全に切り離した（Caramidariu 2014; Georgescu 2013）。

金融危機前，「最低限の調和」と「相互承認」の原則から成り立っていた EU の金融規制監督制度では加盟国間の監督慣行が大きく異なっており，規則の裁定を生じさせる環境であった。こうした従来の分散型金融監督制度は金融危機に対応できなかった。EU 金融規制監督制度の 2009-11 年の抜本的な改革を踏まえて，次に銀行同盟の創設が不可欠であった。ECB による一元的な監督によって，危機の早期予防および銀行の破綻リスクの最小限化ができる。ただし，こうした役割を果たすには，銀行破綻処理の適切なメカニズムおよび有効な預金保険制度が単一監督を補完しなければならない。

②SRM の目的は「納税者負担と実体経済への影響を最小限にし，破綻した銀行を効率的に処理すること」と定義されている[5]。SRM は，2015年に設立された単一破綻処理委員会（Single Resolution Board：SRB）と 2016 年 1 月に設立された単一破綻処理基金（Single Resolution Fund：SRF）からなる。SRB は

破綻処理に関する決定を迅速に行う行政機関である。SRF はユーロ圏が参加する他，イギリスとスウェーデンを除く 7 ヵ国も政府間協定を締結している。SRF の規模は 2024 年までにこれら 26 ヵ国の銀行に預けられた預金総額の 1%（約 550 億ユーロ）となる。要するに，2016-24 年の 8 年間で参加国ごとに積み立てた方式で徐々に EU レベルで統合していくことになる（田中他 2014，223-224 頁）。危機発生時，従来の国別対応では破綻処理が追いつかないということが明らかになった。SRB が早期介入でき，SRF が信頼できる手段で銀行の損失を負担するという理由から，SRM を EU の金融的安定を大幅に促す画期的な事業として位置づけたい[6]。

　SSM より SRM の創設が困難であった。SRM 創設に向けて EU は多くの技術的・法律的な課題に直面した。さらに，SRM をめぐる加盟国間の多様な意見に対処する必要があった。ドイツは SRF が連邦議会の予算権限を侵害するのかという懸念をかかえていたため，SRF の管理は EU 法制ではなく，政府間協定によって行うことになった（Geeroms and Karbownik 2014）。

　③EDIS はまだ建設中であり，進捗状況が最も遅れている銀行同盟の柱である。危機前の EU では，預金保険制度が分権的であり，各国によって異なっていたものの，危機後には，EU レベルで最低預金保険額の調和化が開始された。2009-11 年の間には最低預金保険額が従来の 2 万ユーロから一律 10 万ユーロに引き上げられ，調和化された。後述の預金保険制度指令によって，預金保護が一層強化された。預金保険の事前積立制度が各 EU 加盟国レベルで行われるが，銀行同盟レベルで統合される EDIS の構築が進んでいない。2015 年 11 月に欧州委員会は 2024 年までの 3 段階に分けた EDIS の構築案を提言したが，関連する法制がまだ交渉中であり，加盟国から十分に支持されていない理由から，十分な進捗がまだみられていない（Skuodis 2014; EPRS 2017）[7]。

　単一規則集は，EU 規模（EU28）の金融機関（約 8,300 行の銀行）に適用されている調和化された（harmonised）金融法制である。金融法制のこうした調和化によって，EU の金融機関が一貫性のある規則に従うこととなった。したがって，単一規則集は EU の単一市場における加盟国間の規制上の歪みを最小限にした。金融的安定のある EU 金融システムの構築に向けた 2009 年以降の大幅な見直しの背景にはドラロジエール報告が示した基本方針が読み取れる。

同報告は，当時の EU 金融規制に内在する問題（例えば，自己資本に関する定義が加盟国ごとに異なっていたこと等）を指摘し，EU の金融監督・規制の修復について具体的に提言した（European Commission 2009）。単一規則集の主たる規則は次の 3 つである（図 10.1）。第 1 に，2014 年 1 月より実施された自己資本規則（Capital Requirements Regulation: CRR）および第 4 次自己資本指令（Capital Requirement Directive IV: CRD IV）である。第 2 に，銀行再建・破綻処理指令（Bank Recovery and Resolution Directive：BRRD）である。2014 年 4 月に採択され，2015 年 1 月より施行した BRRD の目的は，銀行の破綻から生じるコストを減少することであるため，銀行または当局には事前（ex-ante）準備を要請する指令である。事前準備には，銀行による経営再建計画，当局による破綻処理計画の策定，破綻時の事業売却，資産分離等を行う当局の権限が含められ，EU 域内の銀行再建・破綻処理への対応の調和化が行われた。BRRD は前述の SRB の構成要素である。第 3 に，2014 年 7 月より施行した預金保険制度指令（Deposit Guarantee Scheme Directive：DGSD）である。DGSD の目的は預金保護のさらなる強化である。DGSD では，破綻時の預金者に対する払い戻し期間の一層の短縮（2024 年までに現行の営業日 20 日間から 7 日間までの短縮），事前積立制度の確立（2024 年までに保険が付いた預金残高の 0.8% に相当する事前積立制度）が求められる[8]。

2.3　銀行同盟の加盟国

図 10.1 が示すように，銀行同盟の 3 つの柱はユーロ圏（現 19 ヵ国）を含むが，非ユーロ圏からの希望国の参加が可能である（EU19＋）。また，新規ユーロ導入国は自動的に銀行同盟に加盟することとなる。ユーロ導入を自国の判断で決定できるという権利（いわゆる「オプトアウト条項」）が認められたデンマークとイギリスのみはユーロ導入なしで銀行同盟に加盟が可能である[9]。

銀行同盟の範囲をめぐる議論ではいくつかの選択肢が取り上げられた。第 1 に，欧州銀行監督当局（EBA）が全 EU（EU28）を担当しているという理由の他，EU 規模の単一市場において金融的安定と統合を強化するという銀行同盟の目的からすれば，EU28 を包摂することが最適の選択肢であった。しかし，この範囲への強い反発（主にイギリス）のため，実現が政治的に不可能であっ

た (Quaglia 2017, pp. 9-11; 尾上 2014, 134-139 頁)。第 2 に, ユーロ圏のみを対象とする銀行同盟という選択肢である。ユーロ圏を銀行同盟で包摂しなければ, 銀行同盟の信頼性と安定性が問われるため, 銀行同盟がユーロ圏を包摂すべきであるという認識が共有された[10]。第 3 に, 銀行同盟は最初から EU28 を包摂するが, 参加を希望しない国の事後的な離脱を認めるという視点もあった (Carmassi et al. 2012)。銀行同盟の範囲を決める際には, 経済的な要因のみならず, 政治的な要因も影響を及ぼすことが明らかになった。

最終的に適用されたのは欧州委員会の提案であった (ユーロ圏＋非ユーロ圏からの参加希望国の加盟：EU19＋)。実際的な選択肢として, 銀行同盟の理想範囲 (EU28) に最も近いからである。

非ユーロ圏の国によるユーロ導入前の銀行同盟への加盟は SSM と SRM への参加を意味する。SSM への参加は当該国の銀行監督当局と ECB との間の密接な協力であり, SRM への参加は SRB への参加および 2024 年に EU レベルで統合される単一破綻処理基金へのアクセスを意味する。第 3 節の 3.3 項では銀行同盟の加盟意向国側の動機を説明したい。しかし, 非ユーロ圏諸国のうち, 銀行同盟に対する様子見する国が加盟意向国を上回っている (図 10.2)。その理由を第 4 節の 4.1 項で明確化する。

3. 金融的安定から見た銀行同盟の意義

3.1 銀行同盟の効果と金融的安定

銀行同盟によって, 危機の予防, 危機管理, 危機の解決のための諸手段が初めて一貫した規制の枠組み (単一規則集) で扱われることとなったという意義を指摘できよう。銀行同盟が次のように EU の金融的安定を促進している (ECB, *Financial Integration in Europe*, 2015, pp. 87-100)。

第 1 に, SSM 下の監督・規制の一元化によって以前より確固とした銀行の資本基盤が確保できる。第 2 に, SSM は適切な銀行監督を行うことによって, リスクの監視が改善し, 早期の危機予防が実現できる。第 3 に, SRM 下で危機解決を効率的に行うため, これまで見られたクロスボーダー銀行に対するアドホックな危機解決 (2008 年のフォルティス銀行および 2011 年のデクシア銀

図 10.2 銀行同盟に対する EU 28 ヵ国のスタンス（2016 年 5 月時点）

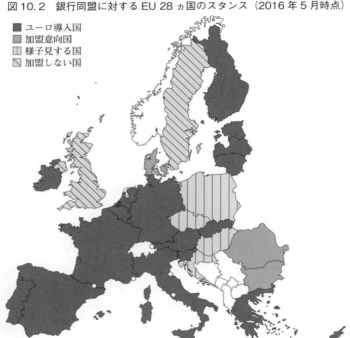

■ ユーロ導入国
▨ 加盟意向国
▥ 様子見する国
▨ 加盟しない国

（出典）　各国の中央銀行の発表より筆者作成。

行の救済）を回避できる。第 4 に，ベイルイン原則に基づいた銀行破綻処理は公的資金の使用を回避するため，銀行破綻から生じるコストが国家財政に影響を及ばず，銀行負債と国家財政との間の悪影響（銀行─政府間の危機）のリスクを最小限化できる。2024 年に SRF が EU レベルで統合されることによって，銀行─政府間の危機を防止するという銀行同盟の重要な機能が一層発揮できるとみられる。SRB による破綻処理が明確なルールに基づくことがすでに次の 2 つの効率的な救済で示された。①2017 年 6 月にスペインの Banco Popular の救済策として，当該銀行が Banco Santander に売却されたことで公的資金の利用が回避された。②2017 年 7 月に欧州委員会が採択したイタリアの Monte Paschi 銀行の救済策であった。存続可能な（solvent）同銀行の場合，BRRD が定める例外措置である「予防的公的資金注入」に基づき，同銀行がイタリアの

第 10 章　EU の銀行同盟　　217

公的支援を受けることとなった（木内 2017; EPRS 2017, p. 18）。

　さらに，銀行同盟はユーロ圏の銀行市場の分断化を次のように改善すると考えられる。規制の一元化には，クロスボーダー銀行の経済活動に関連する法令順守の負担を減らし，規模の経済の獲得を可能にするという効果のほか，銀行のための公正な競争条件を確保するという効果がある。これらのプラスの効果によって，銀行間の競争が高まり，銀行による貸出が活性化するとみられる。そして，ユーロ圏の主要な銀行が SSM と SRM の対象となるため，銀行のリスク管理方法が以前より統一化される。主にリテール銀行業でこれまでみられた国別の相違（貸出条件等）を除去する作業は困難ではあるが，銀行同盟がこうした相違を減らす 1 つの有効な方法であると位置づけられよう。

3.2　ECB が実施する包括的評価の役割

　2014 年に ECB による包括的評価が SSM 運用への道を開き，先例のない規模で実施された（表 10.2）。その主たる 3 つの役割をまとめたい。第 1 に，バランスシートで明確になった問題に対して銀行による修復を特定したことで，銀行の資本基盤を強化した。第 2 に，銀行の財務状況に関する情報の透明性を

表 10.2　ECB が実施した包括的評価（2014-16 年）の概要

	2014 年の包括的評価	2015 年の包括的評価	2016 年の包括的評価
実施期間 （開始～結果公表）	2013 年 10 月- 2014 年 10 月	2015 年 3 月-11 月	2016 年 3 月-11 月
対象銀行（対象国）	130 行（19 国）*	9 行（8 国）	4 行（4 国）
資本不足の銀行	25 行**	5 行	0 行
資本不足（合計）	246 億ユーロ	17.4 億ユーロ***	0****

（注 1）　*包括的評価のストレステストが ECB と EBA との連携で実施された。EBA が実施するストレステストでは非ユーロ圏または欧州経済領域（EEA）からの銀行も対象となる（例えば，EBA が 2016 年に実施したストレステストは EU28 または EEA からの 51 行の銀行を対象とした）。

（注 2）　**25 行のうち，14 行が包括的評価の結果発表時までにすでに資本を増強した。

（注 3）　***その他，ESM－ギリシャ間の合意に基づき，ECB が 2015 年 6 月-10 月までギリシャの包括的評価を実施した。ギリシャの主要な 4 行が対象となり，合計で 144 億ユーロの資本不足が指摘された。

（注 4）　****4 行のうち，3 行が ECB による結果の公表に同意した。

（出典）　https://www.bankingsupervision.europa.eu/banking/comprehensive/ より筆者作成（最終アクセス日 2017 年 9 月 9 日）。

図 10.3 2014 年の包括的評価の結果（ユーロ圏の国別 CET1 資本への影響の平均値）

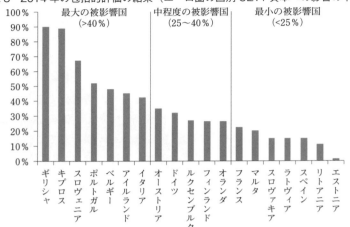

（注）CET1 への影響とは，ストレステストの悪化シナリオの結果となった CET1 の対初期の CET1 比（％）である。結果の比率が低いほど，金融市場が悪化した場合の当該国の銀行の回復力が高いということを意味する。
（出典）Gassmann et al.（2014）より筆者作成。

高めた。第3に，市場参加者からの銀行への信認を高めた（ECB 2014）。2014年以来，包括的評価が毎年実施され，SSM の不可欠な部分である。

　包括的評価は資産査定（Asset Quality Review：AQR）とストレステストからなる。前者は銀行資産の健全性を点検し，後者は金融市場状況が悪化した場合の銀行の潜在的な損失を計る。AQR 後の最低限必要とされる普通株式等 Tier 1（CET1）資本比率が 8％ となっており，ストレステストの悪化シナリオ後のその比率が 5.5％ と定められている（バーゼルⅢより厳格な条件である）。

　包括的評価の最大の被影響国がソブリン危機で深刻な影響を受けた国とほぼ一致している（図 10.3）。さらに，この結果では，これまで加盟国ごとに異なっていた監督慣行との関連があると考えられる。監督当局が頻繁にデータ検査を実施し，標準化された報告等が行われる監督下に置かれる国の銀行の方が包括的評価で CET1 資本への影響が小さいという関連が提示された（Gassmann et al. 2014）。

　銀行同盟創設前から EU で EBA がストレステストを実施していたが，2014

第 10 章　EU の銀行同盟　　　219

年の包括的評価は比類のない立場にあるといえよう。その 5 つの理由を取り上げる。第 1 に，今回初めて AQR が織り込まれたことで，銀行の分析が一層深まり，対象銀行に関するより広範な情報が得られた。第 2 に，2014 年の AQR では不良債権に関する共通定義が使用されたことで一貫性のルールに基づき銀行の債権の再分類が実現できた。第 3 に，最低限必要とされる CET1 資本比率の厳格化で包括的評価の結果への信認が高まった（銀行が包括的評価に合格した場合，その資本基盤が確実に強固であると市場参加者が結論づける)[11]。第 4 に，従来型の各国ごとに異なっていた監督慣行に対して，一貫性のある AQR とストレステストを統合した 2014 年の包括的評価は監督慣行の顕著な収斂を可能にした。第 5 に，SSM の包括的評価からの非ユーロ圏にプラスのスピルオーバー効果がすでにみられている[12]。

3.3　銀行同盟と加盟意向国

　銀行同盟をめぐる，「加盟したい」デンマーク，ブルガリア，ルーマニアと，「様子見する」クロアチア，チェコ，ハンガリー，ポーランドとの間の見解の相違は，どのように説明できるのだろうか（図 10.2)[13]。

　デンマークとスウェーデンを除く非ユーロ圏の東欧 6 ヵ国には外資主導型銀行制度という共通の特徴がある（Banincova 2012)。Hanada（2017）はこれら諸国を 2010 年以降の銀行市場指標とガバナンス指標で比較し，最も安定的な銀行部門と強力なガバナンスを持つチェコ，ポーランドに対し，脆弱性がみられる銀行部門と比較的弱いガバナンスを持つブルガリア，ルーマニアを区別した。

　銀行同盟に対するスタンスが経済的，政治的な諸要因を反映しているという上述の示唆を踏まえて，次に，ブルガリアとルーマニアの加盟意向を説明する[14]。ブルガリアは 2 つの銀行取り付けの発生後に銀行同盟への加盟意向を 2014 年 7 月に表明した。まず，2014 年 6 月にブルガリアの総銀行資産第 4 位の CCB 銀行（Corporate Commercial Bank）から政治的な不安を背景に預金が急に流出された。次に，総銀行資産第 3 位の FIB 銀行（First Investment Bank）からも預金流出があったが，この場合，ブルガリアの銀行部門を破壊しようという意図的で，かつシステミックな試みがあったとみられる。その結果，国内銀行市場が不安定を経験し，より安定的と思われるブルガリアの外資

系銀行へ預金が移された（いわゆる「質への逃避」という現象）。さらに，国内銀行用の預金保証基金がCCB銀行の預金者に支払いしようとした際，資金不足に直面した。ブルガリアは，①SSM下で統合された高度な監督ルールまたは効率的な危機予防，②SRM下での破綻処理制度の強化，③ECBが実施する包括的評価による信頼性という3点を必要とすることになったため，銀行加盟意向を表明した。

ルーマニアの加盟意向は次の理由に基づいている[15]。第1に，銀行同盟への加盟が同国の市場リスクを大幅に減少させることで進出した外資系銀行が資金引き揚げするインセンティブを持ちえなくなる。第2に，ユーロ圏の銀行が同国の銀行市場で非常に高い市場シェアを占めるため，銀行同盟への加盟が当然の選択肢であるという認識がある。言い換えれば，銀行同盟外にとどまることが同国へマイナスの影響を与えるとみられている（SRM外に置かれる同国が危機時に危機の伝染効果のリスクが高くなる。また，銀行破綻時に危機の解決のための国内手段が不足する可能性が高い）。第3に，銀行同盟に加盟することによって同盟内の意思決定に影響を与える立場となり，銀行同盟を実体験できる。第4に，本国と受け入れ国との監督当局の間の協調困難が消滅できるという期待がある[16]。

4. 銀行同盟の展望

ここまでは銀行同盟の進展，役割と加盟意向国の観点を説明した。しかし，銀行同盟の加盟について様子見する国が加盟意向国を上回っている。本節では加盟について躊躇する中東欧4ヵ国の観点を紹介する。さらに，完成に向けて銀行同盟が解決すべき課題をまとめる。

4.1 銀行同盟について様子見する非ユーロ圏諸国の観点

ユーロ導入以降，銀行同盟が国家主権の最大の譲渡を意味することを強調したい。銀行同盟に対する様子見のスタンスを選んだ中東欧4ヵ国が基本的に監督の主権を譲渡することを逡巡しているのであろうか。ここではチェコ，ポーランド，ハンガリー，クロアチアの視点を論じる[17]。

チェコとポーランドには次の共有認識がみられている（Profant and Topo-rowski 2014）。第 1 に，危機時にも銀行部門が安定性を保ち，外資系銀行の子会社を監督する当該局監督がうまく設計され，十分な監督能力があるため，ECB に銀行監督の主権を譲渡する必要がない。要するに，これら諸国の既存の中央銀行監督より単一銀行監督制度が優れているということが確かではないと思われる。第 2 に，ポーランドは，ユーロ圏諸国が SSM の意思決定に有利な立場にあるのが不適切であると指摘した[18]。第 3 に，ポーランドが SRM における意思決定の複雑さを指摘した。第 4 に，非ユーロ圏諸国が銀行同盟国となった場合，必要な時にユーロ圏諸国のみが ESM から銀行への資金注入を得られるということがポーランドによって強調された。こうした認識を踏まえて，両国の政治議論では銀行同盟への加盟がさほど注目されない。クロアチアの視点が両国と類似しており，「銀行同盟との密接な協力と銀行同盟への加盟はユーロ圏・非ユーロ圏諸国の平等な扱いに大きく左右される」という判断が公表された[19]。Kisgergely and Szombati（2014）は，ハンガリーの視点が上述の 4点を反映していると述べた。さらに，現ハンガリー政府が銀行部門における当該国利害を推進する政策（"banking nationalism"）をとっているため，ハンガリーが当面銀行同盟外に留まっているということは論じられた（Mero and Piroska 2016）。

　だが，これら諸国の視点が変わる可能性は十分ある。銀行同盟への加盟を躊躇する諸国のうち，加盟意向へシフトした国が現れた場合，他国に同様のシフトをするように市場からの圧力がかかる可能性が高いということが述べられた（Kisgergely and Szombati 2014）。

　最後に，銀行同盟をめぐる上述の指摘に EU がいかなる形で対処したかについて確認したい。まず，非ユーロ圏諸国が銀行同盟国となった場合，ECB の最高決定機関である政策理事会には席を確保できないが，監督関連の規則設定をする ECB の監督理事会に席を持つことが認められたため，意思決定への一定の参加ができる。さらに，EBA では決定案の採択には 2 種類（ユーロ圏・非ユーロ圏）の賛成過半数を共に獲得しなければならないこととなった（Hana-da 2017）。次に，SRM 下の意思決定の複雑さに対して，可能な限り重要なルールが合理化されたと Dullien（2014）が提示した。そして，ESM からの資金

注入がユーロ圏に限定するという指摘に対してだが，非ユーロ圏まで対象を広げることができない。なぜならば，ESM 関連条約の変更が必要となり，政治的な制約が大きいからである。ただし，非ユーロ圏諸国が銀行同盟国となった場合，決まった条件を満たせばレポ取引あるいはスワップラインを通じて ECB からの融資供給が可能である。

　したがって，非ユーロ圏諸国が表したいくつかの懸念が EU の対処によって部分的に緩和されたといえよう。ユーロ導入によって上述の懸念が完全に除外されることとなる（Belke et al. 2014）。次には，非ユーロ圏諸国のユーロ導入見込みをみる。

4.2　ユーロ導入による銀行同盟の拡大の展望

　ユーロ導入についてオプトアウトのあるデンマーク以外の非ユーロ圏 7 ヵ国が将来ユーロを導入しなければならず，ユーロ導入時に，これら諸国は自動的に銀行同盟に入ることとなる[20]。

　ユーロ導入条件であるマーストリヒト条件の各国の達成状況を確認したい（表 10.3）。財政規律が十分に保たれていないクロアチア，ハンガリー以外の国はユーロ導入基準を下回っており，ユーロ圏との相当程度の収斂をしてきた。

　しかし，これら諸国の通貨が対ユーロ固定為替相場制度（Exchange Rate Mechanism II: ERMII）には参加しておらず，ユーロ導入の見通しは立っていない。また，ユーロ導入に関する国内法制は EU の条件を満たしていない。ハンガリー政権，ポーランド政権と EU との間の政治的な対立がみられる中，ユーロ圏の東方拡大は当面考えにくい[21]。こうした背景のもと，EU 側は非ユーロ圏諸国におけるユーロ導入向けのプロセスへの一層の支援を表明した[22]。

4.3　銀行同盟の今後の課題

　ここでは現行の銀行同盟が解決しなければならない主な課題を金融的安定と金融統合の深化という 2 つの側面から提示する。

　金融的安定に関する課題は次の 3 つである。第 1 に，EDIS が政治的な意志の欠如のため，当面構築されていないという問題がある。尾上（2014）がその背景にあるドイツにおける政治的な抵抗を詳しく説明しながら，銀行同盟に

第 10 章　EU の銀行同盟　　　223

表 10.3　ユーロ未導入国のマーストリヒト条件達成状況（2014-16 年）

（単位：%）

国	インフレ率			財政収支 （GDP 比）			公的累積債務 （GDP 比）			E R M II 参 加	長期 金利
	14 年	15 年	16 年	14 年	15 年	16 年	14 年	15 年	16 年		2016 年*
ブルガリア	-1.6	-1.1	-1.0	-5.4	-2.1	-2.0	27.0	26.7	28.1	×	2.5
ルーマニア	1.4	-0.4	-1.3	-0.9	-0.7	-2.8	39.8	38.4	38.7	×	3.6
クロアチア	0.2	-0.3	-0.4	-5.5	-3.2	-2.7	86.5	86.7	87.6	×	3.7
チェコ	0.4	0.3	0.4	-1.9	-0.4	-0.7	42.7	41.1	41.3	×	0.6
ハンガリー	0.0	0.1	0.4	-2.3	-2.0	-2.0	76.2	75.3	74.3	×	3.4
ポーランド	0.1	-0.7	-0.5	-3.3	-2.6	-2.6	50.5	51.3	52.0	×	2.9
スウェーデン	0.2	0.7	0.9	-1.6	0.0	-0.4	44.8	43.4	41.3	×	0.8
基準	1.7	N/A	0.7	-3.0	-3.0	-3.0	60.0	60.0	60.0	○	4.0

（注 1）　財政収支の場合，マイナスは赤字を意味する。
（注 2）　*2015 年 5 月-2016 年 4 月の間の長期金利の平均値である。
（出典）　ECB（2016），*Convergence Report*, June, p. 42 より筆者作成。

EDIS を組み込むまでユーロ圏が完全に危機から抜け出せないと指摘する。そのため，銀行同盟の完成に向けて，EDIS に対する EU の前向きな姿勢と構築の加速化が必要である。第 2 に，SRF に対する共通の財政的支え（バックストップ）が危機管理に十分かどうかという懸念がある。要するに，SRF が 2024 年に EU レベルで完全に共有化するまでには，SRF を支える共通のバックストップの設置義務が政府間協定によって求められた。SRM 下では政府が債務危機に陥った場合，ESM から直接に銀行への資本注入が可能になったため，ESM が事実上に共通バックストップの手段となっている。ただし，ESM からの信用枠が厳格な条件に依存し，ユーロ圏諸国のみが ESM にアクセスできる状況のもと，少なくとも 2024 年までには銀行を救済するコストについては各国（各国の破綻処理基金）が担うことになる（IMF 2013；尾上 2014）。第 3 に，SRM 下の銀行救済の決定方法を改善する余地がある。この技術的な問題については次の具体例を挙げる。2017 年 6 月のイタリア地方銀行 2 行（Banca Popolare di Vicenza および Veneto Banca）の救済策が BRRD の見直しの必要を示したとみられている。この 2 行に対して決まった公的資金注入という救済策は，公的資金注入前には債権者の負担を求める BRRD の考え方とは異なるの

ではないかという批判が高まった。この2行がシステム上重要な銀行ではないという理由で，イタリア政府による破綻処理が利用できるものであり，BRRDの抜け道ではないとEU側が解釈した。しかし，この救済をきっかけに，ElkeKoenig単一破綻処理委員会委員長が銀行破綻処理のガイドラインの見直し検討を表明した（木内2017）。

さらに，金融統合の深化において銀行同盟の機能を一層発揮できる主な2つの経路があると指摘された（ECB, *Financial Integration in Europe*, 2015, pp.93-99）。単一金融市場の統合を進展するためには，銀行同盟への非ユーロ圏諸国による参加が望ましい。銀行同盟について躊躇する非ユーロ圏諸国が参加を希望するために，EU側でインセンティブを創り出すことが今後問われる。さらに，2015年の『ヨーロッパにおけるEMUの完成に向けて』の報告が示したように，EUは資本市場同盟（Capital market union：CMU）にコミットしており，銀行同盟―CMU間には補完関係がある。全EUを対象とするCMUが銀行融資以外の資金調達手段を促進するため，資金の源泉の多様化と資金へのより容易なアクセスというプラスの効果が期待できる。

5. おわりに

本章は銀行同盟の進展，役割と今後の拡大と完成に向けた課題について考察を行った。銀行同盟は経済・通貨同盟を深化する包括的な改革にとって決定的に重要である。銀行同盟では，危機の予防，管理，解決を一貫した規制に基づき，金融監督および銀行破綻処理に関する加盟国の主権がEUレベルへ譲渡されるため，銀行同盟はEU統合を新たな次元に進展させたという意義を指摘できよう。現段階の銀行同盟はSSMとSRMのもとでユーロ圏における金融的安定が強まることを説明した。ただし，ユーロ圏が金融危機から完全に抜け出すためには，銀行同盟の完成が必要になってくる。統合された金融監督と銀行破綻処理がすでに運用されているため，それに続く銀行同盟の第3の柱，共通預金保証制度の構築に積極的に取り組む必要がある。本章は銀行同盟をめぐるEU加盟国の観点に着目することによって，経済的な要因のほか，政治的な諸要因が働くということを示唆した。銀行同盟の完成及び拡大に向けての今後の

プロセスでは，経済領域のみならず，政治的な領域における実質的な進展がますます求められるようになると考えられる。

[注]
1)　http://www.consilium.europa.eu/en/policies/banking-union/（最終アクセス日 2017年9月12日）。
2)　国境を越えて業務を営むクロスボーダー銀行グループがかかわる危機を解決するためのEUレベルの危機管理メカニズムは従来のEU制度で存在していなかった。そのため，2008-09年の金融危機を各国レベルで解決するか，もしくは国境を越える即興のアドホックな解決策に各国が合意するかの，どちらかしか選択肢はない状態であった（European Commision 2009, pp. 35-37）。
3)　ベイルインは，公的資金には依存せず，銀行の破綻に関するコストを銀行の債権者および株主等に負担させるという原則である。
4)　①300億ユーロ以上の資産を有する銀行，②その資産がSSM参加国の国内GDPの20％を超える銀行（ただし，総資産が50億ユーロを満たさない銀行を除く），③SSM参加国で3大銀行に入る銀行，④ESM等より資金援助を受けた銀行（田中他 2014，222頁）。
5)　https://www.bankingsupervision.europa.eu/about/bankingunion/（最終アクセス日 2017年9月14日）。
6)　SRMの詳細についてはSRBのホームページを参照。https://srb.europa.eu/en/（最終アクセス日 2017年9月14日）。
7)　欧州委員会のEDIS構築案については次のサイトを参照。http://europa.eu/rapid/press-release_IP-15-6152_en.htm（最終アクセス 2017年9月21日）。
8)　CRR/CRD IVが国際的に認定された自己資本要件基準（バーセル III）に対応する。自己資本要件が強化されたことによって，銀行の破綻リスクが消滅する。BRRD, DGSDの説明については田中他（2014，223-224頁）を参照。単一規則集については次のサイトを参照。http://www.consilium.europa.eu/en/policies/banking-union/single-rulebook/（最終アクセス日 2017年9月13日）。
9)　ただし，2016年6月23日の国民投票でイギリスのEUからの離脱（いわゆるBrexit）が決定した。イギリス―EU間の離脱交渉が現在進行中である。
10)　コア諸国（ドイツ等）を銀行同盟から除けば，銀行同盟への信頼の弱体化を招くこととなる。一方，財政問題を抱える国（ギリシャ等）を除けば，当該国からの資本流出を招くこととなる（Elliot 2012）。
11)　2011年のストレステストが最低限必要とされるTier 1資本の比率を6％に定めており，ストレステストが2年間を想定した（2014年の包括的評価のストレステストが3年間を想定）。91行の対象銀行のうち，7行が不合格であった。しかし，同年に破綻したデクシア銀行が2011年のストレステストで合格したことがこのテストの根本的な欠陥を示した（Gassmann et al. 2014; *The Banker*, December 2014, pp. 42-44）。

12) 例えば，ポーランドが自国銀行の AQR とストレステストを ECB の包括的評価と並行して実施している（Lehmann and Nyberg 2014）。

13) デンマーク中央銀行は，銀行同盟下での巨大銀行の統合化された監督が同国にとって有利になると主張した（Danmarks National Bank 2014）。なお，2017 年 7 月以降，銀行同盟参加に向けて詳細なレビューを作成中である。ただし，デンマークの銀行市場が中東欧とは異なるため，ここでは共通点のあるブルガリアとルーマニアに焦点を当てる。

14) ブルガリアについては Cristova-Balkanska（2014）；*The Banker*, September 2014, pp. 86-88 を参照。

15) ルーマニアについては Caramidariu（2014）；Georgescu（2013）；*The Banker*, October 2014, p. 81（Mugur Isarescu ルーマニア中央銀行総裁によるコメント）。

16) EU では外資系銀行が進出先で子会社を設立した場合，その子会社が受け入れ国（進出先）の監督当局のもとに入ることとなっている。親銀行が置かれる本国と受け入れ国との監督当局の間の利害関係については D'Hulster（2012）を参照。ルーマニア等の東欧諸国では外資系銀行の子会社のほとんどが大きな規模のため ECB が監督する「主要な銀行」の条件を満たしている。本国で親銀行は同様に ECB が監督する「主要な銀行」に入るため，従来の本国－受け入れ国の監督協調問題が消滅するはずである。

17) スウェーデンが銀行同盟に加盟しない主たる理由は，①EDIS に関する不確実的なところがまだ多いこと，②銀行同盟の運営を十分に検討した上で加盟するか否かを決めたいという考え方である。ただし，スウェーデンの銀行市場が中東欧とは異なるため，ここでは共通点のある中東欧に焦点を当てる。

18) ユーロ圏諸国のみが ECB の政策理事会に席を持つのに対し，非ユーロ圏諸国が銀行同盟国となってから ECB の監督理事会のみに席を持つこととなっている。

19) Boris Vujcic クロアチア中央銀行総裁による表明。https://www.hnb.hr/en/-/bankovna-unija-ostvarenja-i-izazovi（最終アクセス日 2017 年 9 月 18 日）。

20) 2003 年 9 月にユーロ導入の是非を問う国民投票がスウェーデンで実施されたが，ユーロが高度な福祉政策を制約するという強い懸念から反対派が過半数を占めた。今後も同国はユーロ圏外に留まるとみられる（Moloney 2014）。

21) ルーマニアはユーロ導入目標年として 2019 年を定めていたが，導入に向けた行程表が不十分であり，実現できない目標だとみられている（Hanada 2017）。中東欧各国のユーロ導入をめぐる議論については Koyama（2016）を参照。

22) Jean-Claude Juncker 欧州委員会委員長は 2017 年 9 月 13 日に欧州議会で行った演説でユーロ導入のための技術的な支援等を含む「ユーロ加盟手段」を提案した。http://europa.eu/rapid/press-release_SPEECH-17-3165_en.htm（最終アクセス日 2017 年 9 月 21 日）。

[参考文献]

Banincova, E.（2012）, "Developments in Banking Sectors of Central and Eastern Europe and Three Baltic States after the Global Financial Crisis and European Debt Crisis,"

Kobe University Economic Review, Vol. 58, pp. 39-59.

Belke, A., A. Dobranska, D. Gros, and P. Smaga (2016), "(When) Should a Non-Euro Country join the Banking Union?" *Ruhr Economic Papers*, No. 613.

Caramidariu, D. A. (2014), "The European Banking Union and Romania: The Impact of the new European Legal Frame on the Romanian Financial and Banking System," *Perspecives of Business Law Journal*, Vol. 3, Issue 1.

Carmassi, J., N. Carmine, and S. Micossi (2012), "Banking Union- A Federal model for the European Union with prompt corrective action," *CEPS Policy Brief*, No. 282.

Cristova-Balkanska, I. (2014), "Behavior of the Banking System in the Context of Post-crisis Economic Development of Bulgaria," *Journal of Financial and Monetary Economics*, No. 1.

Danmarks National Bank (2014), "Danish Participation in the Banking Union," *Monetary Review*, 4th Quarter.

D'Hulster, K. (2012), "Cross Border Banking Supervision: Incentive Conflicts in Supervisory Information Sharing between Home and Host Supervisors," *Journal of Banking Regulation*, Vol. 13, Issue 4.

Dullien, S. (2014) "How to complete Europe's Banking Union," *ECFR Policy Brief* 107.

ECB (2014), *Aggregate Report on the Comprehensive Asssessment*, October.

Elliott, J. D. (2012), "Key Issues on European Banking Union: Trade-offs and some Recommendations," *Global Economy and Development*, Brooking Institute Working Paper 52.

EPRS (2017), "The European Commission at mid-term: State of play of President Juncker's ten priorities," *In-depth Analysis*, July.

European Commission (2009), *Report: The High-Level Group on Financial Supervision in the EU* (Chaired by Jacques de Larosiere), February.

Gassmann, P., P. Wackerbeck, J. Crijns, and Ch. Karsten (2014), *The ECB's Comprehensive Assessment- What can we learn from the results?*, Strategy and PwC. (https://www.strategyand.pwc.com/reports/ecb-comprehensive-assessment) (最終アクセス日 2017 年 9 月 9 日).

Geeroms, H. and P. Karbownik (2014), "How to complete the EU's Banking Union," Federal Public Service Finance, Belgium, *Bulletin of Documentation*, No. 74/1, 1st Quarter.

Georgescu, O. M. (2013), "Romania in the Banking Union: Why the international supervision of cross-border banking is necessary," *CRPE Paper*.

Hanada, E. (2017), *EU's Banking Union from the perspective of Central and Eastern Europe*, presentation at the European Union Studies Association Asia Pacific, Annual Conference at Aoyama Gakuin University on 2 July 2017.

IMF (2013), "A Banking Union for the Euro Area," prepared by Rishi Goyal et al., *IMF*

Staff Discussion Note, SDN/13/01, February.

Kisgergely, K. and A. Szombati (2014), "Banking union through Hungarian eyes- the MNB's assessment of a possible close cooperation," *Magyar Nemzeti Bank Occasional Paper,* 115, September.

Koyama, Y., ed. (2016), *The Eurozone Enlargement- Prospects of New EU Member States for Euro Adoption,* Nova Science Publishers.

Lehmann, A. and L. Nyberg (2014), "Europe's Banking Union in the global financial system: constructing open and inclusive institutions," *EBRD Working Paper,* no. 175.

Matthijs, M. and M. Blyth, eds. (2014), *The Future of the Euro,* Oxford University Press.

Mero, K. and D. Piroska (2016), "Banking Union and Banking nationalism- Explaining opt-out choices of Hungary, Poland and the Czech Republic," *IBS Hungary Working Paper,* 1/2016.

Moloney, N. (2014), "European Banking Union: assessing its risks and resilience," *Common Market Law Review,* 51 (6), Kluwer Law International.

Profant, T. and P. Toporowski (2014), "Potential for Cooperation: Polish and Czech Standpoints on the Banking Union," *PISM Policy Paper,* No. 16 (99).

Quaglia, L. (2017), "European Union Financial Regulation, Banking Union, Capital Markets Union and the UK," *SPERI Paper,* No. 38.

Skuodis, M. (2014), "The Political Economy of the European Banking Union: What Union for Which Member States?" paper prepared for the ECPR Joint Sessions of Workshops, University of Salamanca, 10-15 April 2014.

Van Rompuy, H., J. M. Barroso, J. C. Juncker, and M. Draghi (2012), *Towards a Genuine Economic and Monetary Union,* December.

岩田健治 (2016),「繰り返すユーロ危機と通貨統合の行方—ヨーロピアン・セメスター最初の5年と『経済同盟完成』に向けた課題」,国際貿易投資研究所『世界経済評論7/8月号』通巻685号,復刊第4号,16-27頁。

尾上修悟 (2014),『欧州財政統合論』ミネルヴァ書房。

木内登英 (2017),「最近の欧州銀行救済策と銀行破綻処理のガイドライン見直し」野村総研研究所。

田中素香編著 (2010),『世界経済・金融危機とヨーロッパ』勁草書房。

田中素香・長部重康・久保広正・岩田健治 (2014),『現代ヨーロッパ経済第4版』有斐閣。

定期刊行物

ECB, *Financial Stability Review,* various years.

European Commission, *The European Financial Stability and Integration Report,* various years.

The Banker, various issues.

第11章　ギリシャ経済危機の原因
―危機は終わったのか―

吉井昌彦

1.　はじめに

　2009年10月4日の総選挙で政権に復帰したばかりの，ゲオルギオス・パパンドレウ首相率いる全ギリシャ社会主義運動（PASOK）のギオルゴス・パパコンスタンティヌ財務相は，同月21日，同年の財政赤字（対GDP比率）は前政権（新民主主義党ND）が言っていた3.7%ではなく，12.5%となるだろうと発言した[1]。この発言は，ギリシャの政府債務への懸念を強めただけでなく，同様に財政悪化が懸念されていたアイルランド，イタリア，ポルトガル，スペインにも伝播し[2]，グローバル金融危機（リーマンショック）から立ち直ろうとしていたヨーロッパ経済を再び危機（ユーロ危機）に陥れた。

　わが国では，グローバル金融危機後のヨーロッパ経済については，白井（2009），白井（2010），田中（2010），田中編（2010）などが，またユーロ危機後のギリシャ経済については，フラスベック＝ラパヴィツァス（2015），尾上（2017）などいくつかの書物が出版されてきた。

　しかしながら，その多くは，ユーロシステムあるいは欧州連合（EU）そのものの存続を議論することに主たる関心があり，なぜギリシャが経済困難に陥ったのかを十分には議論していない。また，ギリシャが緊縮財政政策を強いられていることが問題であることを主張することに主たる関心があり，同じくなぜギリシャが経済困難に陥ったのかを十分には議論していない。

　他方で，ギリシャ経済は，本章でみるように，EU，国際通貨基金（IMF），欧州中央銀行のトロイカによる支援によりデフォルトに陥ることは免れているが，その債務危機問題が解決したわけではない。

そこで，本章では，ギリシャ経済がなぜ危機に陥ったのかを，1990 年代後半のユーロ採択期から始め，2000 年代のミニバブル期，そしてユーロ危機後の緊縮財政問題を通して振り返り，その行方を占う礎としたい。

第 2 節では，1990 年代後半からのユーロ採択問題がギリシャ経済にどのような影響を与えたのかをみる。第 3 節では，2000 年代のミニバブル期のギリシャ経済を振り返り，なぜ 2010 年代に入りギリシャ経済問題が起きたのかを明らかにする。第 4 節では，ユーロ危機発生後のギリシャ政府の対応を概観する。最後に，ギリシャ債務問題の解決は先延ばしされているだけであり，その解決にはギリシャ国民の努力と EU 側の寛容さが必要であることを述べることとなる。

2. ユーロ採択時のギリシャ経済

1990 年代末のギリシャ経済では，ユーロ採択が最大の課題であった。ユーロ採択については，周知のように，次のマーストリヒト収斂基準を満たすことが基本的条件である[3]。

・物価安定：消費者物価上昇率が EU で最も低い 3 ヵ国の値から 1.5% ポイント以内。
・低金利：当該国の政府長期債利回りが物価上昇率最低の 3 ヵ国の政府長期債の利回りに対して 2% ポイント以内。
・為替相場の安定：欧州為替相場メカニズム（ERM）に参加し，当該国通貨が直近の 2 年間正常変動幅を維持し，中心レート切り下げを行っていない。
・健全財政：年間財政赤字額の対 GDP 比が 3% を超えず，政府債務残高が GDP 比 60% 以内である。

1998 年，EU は，1999 年 1 月からのユーロ採択国 11 ヵ国を決定した[4]。表 11.2 の上段は，1998 年時点でのギリシャのマーストリヒト収斂基準達成状況であるが，インフレ率，長期利子率，単年度財政赤字基準については，改善はみられるものの基準を満たしていないため，また為替レート基準については，

表 11.1　ギリシャ基本統計

	2001	2002	2003	2004	2005	2006	2007	2008
人口（千人）	10,836	10,888	10,916	10,940	10,970	11,005	11,036	11,061
GDP（100 万ユーロ）	152,194	163,461	178,905	193,716	199,242	217,862	232,695	241,990
GDP 成長率（％）	4.1	3.9	5.8	5.1	0.6	5.7	3.3	-0.3
1 人当たり GDP（ユーロ）	14,000	15,000	16,400	17,700	18,100	19,800	21,100	21,800
農業生産成長率（％）	-3.4	0.3	0.4	0.7	-1.6	0.8	2.3	-4.3
工業生産成長率（％）	1.6	0.3	2.9	-0.1	0.7	-14.4	5.0	-2.3
失業率（LFS. %）	10.7	10.3	9.7	10.6	10.0	9.0	8.4	7.8
消費者物価上昇率（％）	3.6	3.9	3.4	3.0	3.5	3.3	3.0	4.2
財政収支（対 GDP 比、％）	-5.5	-6.0	-7.8	-8.8	-6.2	-5.9	-6.7	-10.2
政府債務（対 GDP 比、％）	107.1	104.9	101.5	102.9	107.4	103.6	103.1	109.4
財サービス貿易収支（対 GDP 比、％）		-16.1	-16.2	-16.5	-15.8	-16.3	-17.5	-18.0
経常収支（対 GDP 比、％）	-7.0	-6.2	-6.3	-5.5	-7.4	-10.9	-14.0	-14.4
対外債務（対 GDP 比、％）			47.9	51	57.2	60.1	66.1	73.2

	2009	2010	2011	2012	2013	2014	2015	2016
人口（千人）	11,095	11,119	11,123	11,086	11,004	10,927	10,858	10,784
GDP（100 万ユーロ）	237,534	226,031	207,029	191,204	180,654	177,941	175,697	175,888
GDP 成長率（％）	-4.3	-5.5	-9.1	-7.3	-3.2	0.4	-0.2	0.0
1 人当たり GDP（ユーロ）	21,400	20,300	18,600	17,300	16,500	16,300	16,200	16,300
農業生産成長率（％）	-9.7	-6.1	-5.8	-2.1	-3.3	-2.0	1.0	2.6
工業生産成長率（％）	-3.8	1.0	-2.4	2.2	-1.8	-1.2	3.7	-3.9
失業率（LFS. %）	9.6	12.7	17.9	24.5	27.5	26.5	24.9	23.6
消費者物価上昇率（％）	1.3	4.7	3.1	1.0	-0.9	-1.4	-1.1	0.0
財政収支（対 GDP 比、％）	-15.1	-11.2	-10.3	-8.9	-13.1	-3.7	-5.9	0.7
政府債務（対 GDP 比、％）	126.7	146.2	172.1	159.6	177.4	179.7	177.4	179.0
財サービス貿易収支（対 GDP 比、％）	-14.5	-13.6	-11.8	-11.5	-10.9	-11.9	-10.1	-10.6
経常収支（対 GDP 比、％）	-10.9	-10.0	-10.0	-2.4	0.8			
対外債務（対 GDP 比、％）	84.2	100.8	98.8	123.6	132.7	133.1	138.1	136.1

（出典）http://ec.europa.eu/eurostat/data/database（最終アクセス日 2017 年 9 月 30 日）

232　　　　　　　　　第3部　停滞するEU経済

表11.2　マーストリヒト収斂基準達成状況

		HICP インフレ	長期利子率	一般政府財政収支	一般政府債務	為替	
						ERM加入	変動率
1998年	1996年	7.9	14.4	−7.5	111.6	No	−
	1997年	5.4	9.9	−4.0	108.7	No	−
	参照期間 (97/2-98/1)	5.2	9.8				
	参照値	2.7	8.0	−3.0	60.0		±15
2000年	1998年	4.5	8.5	−3.1	105.4	Yes	○
	1999年	2.1	6.3	−1.6	104.4	Yes	○
	参照期間 (99/4-00/3)	2.0	6.4				
	参照値	2.4	7.2	−3.0	60.0		±15

（資料）　EMI（1998, pp. 25, 96, 101, 103, 106），ECB（2000, pp. 27, 29, 30, 34, 37）.

　イギリス・ポンドを除くほぼすべての通貨に対する変動率は基準内に収まっているもののERMに参加していないため，1999年1月時点でのユーロ採択が認められなかった。

　しかしながら，ギリシャは，2000年の評価でマーストリヒト収斂基準を達成したとされ，他のユーロ採択国に2年遅れ，2001年にユーロを採択した。表11.2の下段が示すように，経済パフォーマンスは改善し，インフレ率・長期利子率・財政基準を満たしたほか，通貨ドラクマを12.3%切り下げ，ERMに1998年3月16日に参加し（OECD 1998, p.43），為替レートは中心レート（357ドラクマ/ECU，1999年1月1日以降は353.109ドラクマ/ユーロ，2000年1月17日以降は340.75ドラクマ/ユーロ）に対し±15%を守ることができた（ECB 2000, pp. 22-23）[5]。

　では，なぜギリシャの経済パフォーマンスは，このように改善したのであろうか。

　まず，一般政府財政をみてみよう。政府は，収斂プログラム（1998-2001年）で，基礎財政収支を7%の黒字へ引き上げることにより，一般政府財政赤字について1998年2.4%，2001年0.8%とすることを目標としていた（IMF 1999, p.11）。この目標を達成するため，1997，1998年予算では次のような政策手段がリストアップされていた（OECD 1998, pp. 53-54）。

第 11 章　ギリシャ経済危機の原因　　　　233

歳出削減：

・170 の公的団体を他の行政機関，地方，県，病院へ移管する。

・公的団体に代わり収納した料金の自動移転を 25% 削減する。

・新規政府保証を一般歳出の 3% に制限する。

・公務員の給与表を新しく，より透明なものとする。

・公務員医療システムを改革する。

・地方政府を合理化し，その数を 1998 年に 6,000 から 1,300 に削減する。

・中央政府予算から 13 地域の予算を切り離す。

歳入増：

・税務警察が税報告書のランダムチェックを行う。

・コンピュータ化された税情報システム TAXIS を導入する。

・潜在的な付加価値税の欠損を見出す ESCORT システムを導入，拡張する。

・不動産税を導入する。

・税務番号と年金登録を導入する。

・予算外基金の残余を予算化する。

　一般政府財政赤字は，1990 年代初めには対 GDP 比 20% 近くあったものが，90 年代中頃には 10% 程度まで，そして 1998 年には 2.5% に，その後 1% 台まで低下した。しかし，基礎歳出をみると 32-33% で変化がなく，他方で歳入が 36% から 2000 年に 43% へ上昇し，逆に利子支払が 11% から 7% 台へ低下している。確かに，基礎収支が 5% を超えるプラスとなり，総収支もマーストリヒト収斂基準の 3% を割ったことは可とすべきであろうが，それは，歳出削減ではなく，歳入増と利子率の低下による利子支払いの減少により達成されたことがわかる。

　IMF，OECD 等は，ギリシャでは高齢化が進展し，近い将来に年金・医療負担増が懸念されるため，一層の歳出削減が必要であると勧告している（IMF 1999, p. 12; OECD 2001, pp. 46-53）。

　金融政策では，中央銀行（Bank of Greece）は，1999 年末までにインフレ率を 2% まで引き下げるという目標を掲げる一方，1998 年の ERM 参加時にドラクマを切り下げたため，インフレ懸念が強く，14 日物 repo を，ECB の参

234　　　　　　　　　　　第3部　停滞する EU 経済

表 11.3　財政状況（対 GDP 比）

（単位：%）

	1995	1996	1997	1998	1999	2000	2001
経常歳入	36.4	36.9	38.8	40.3	41.5	43.2	41.9
経常歳出	43.3	42.2	40.2	40.2	39.8	40.5	39.2
基礎歳出	32.1	31.6	32.0	32.4	32.6	33.5	32.9
利子支払	11.1	10.5	8.2	7.8	7.2	7.0	6.3
純資本支出	3.3	2.2	2.6	2.5	3.5	4.5	4.2
粗収支	− 10.2	− 7.4	− 4.0	− 2.5	− 1.8	− 1.9	− 1.4
基礎収支	1.1	3.1	4.2	5.3	5.4	5.1	4.9
債務	108.7	111.3	108.2	105.8	105.1	106.2	107.0

（資料）　1996 年以前は IMF（2001, p. 36），1997 年以後は IMF（2003, p. 20）。

照値よりも 900 ベースポイント高の 12% とする，緊縮的な政策をとった。高利子率政策は，インフレ率を抑制する一方で，ポートフォリオ資本流入による消費ブームを引き起こす可能性があった。中央銀行は，消費者物価指数が 1.3% へ低下し，マーストリヒト収斂基準を満たすことが明らかになったところで，1999 年 9 月，金融緩和へ金融政策の舵取りを変更した。これにより長期利子率参照値とのギャップが縮まることとなる（OECD 2001, p. 36）。

　このようなギリギリのタイミングでマーストリヒト収斂基準を満たし，他国よりは 2 年遅れ，ギリシャは 2001 年にユーロを採択したわけであるが，採択直後に財政データの確かさに疑問が生じ，ギリシャ政府と欧州統計局（Eurostat）は，1990 年代末からのギリシャの財政数値を見直すこととなった。

　2003 年に最初の財政データの見直しが行われ，2001 年は 0.1% から − 1.4% へ，2002 年は 0.8% から − 1.2% へ，それぞれわずかな財政黒字から財政赤字へと改定された（IMF 2003, p. 10）。しかしながら，2004 年に，次のポイントについて，さらに大規模な財政データの見直しが行われた（OECD 2005, pp. 47-50）。

・社会保障組織および他の公的機関の過剰な黒字推定の改定。
・2003 年中央政府赤字の見直し。
・資本注入記録の修正。
・国家所有ホールディング DEKA の再分類。

表 11.4　ギリシャの財政収支改定（2004 年）

	1997	1998	1999	2000	2001	2002	2003
財政赤字							
改定前（2004 年 2 月 27 日）	4.0	2.5	1.8	2.0	1.4	1.4	1.7
改定後	6.6	4.3	3.4	4.1	3.7	3.7	4.6
現在	6.1	6.3	5.8	4.1	5.5	6.0	7.8
政府債務							
改定前（2004 年 3 月）	108	106	105	106	107	105	103
改定後	114	112	112	114	115	113	110
現在	100	97	99	105	107	105	102

（資料）　IMF（2005, pp.46-47）, eurostat database（http://appsso.eurostat.ec.europa.eu/nui/submitViewTableAction.do［最終アクセス日 2017 年 9 月 10 日］）.

・EU 補助金記録の修正。
・資産とする利息の修正。
・社会保障強化資産の過大推定の修正，記録されてこなかった利子支払いの原価計上による赤字数字の見直し。

　この結果，1.6-2.9 ポイント財政赤字値は拡大しマーストリヒト収斂基準である 3% を超えた。すなわち，改定された財政赤字値では，ギリシャはユーロを採択することはできなかったのである。しかし，遡ってギリシャのユーロ採択取り消しが行われることはなく，それまで以上に財再赤字削減努力が求められたとはいえ，ギリシャはユーロを使い続けることができた。
　表 11.4 は，2004 年改訂以前と以後，そして欧州統計局が現在発表しているギリシャの財政赤字状況を記載している。次節でみるように，2004 年改訂によりギリシャの財政赤字がマーストリヒト収斂基準を満たしていなかったことが明らかとなったため，過剰財政赤字手続き（EDP）がとられ，財政赤字対 GDP 比率は 3% を下回ったとされていたが，2009 年の誤データ問題により再度見直しが行われた結果，表 11.4，表 11.1 が示すように，ギリシャの財政赤字対 GDP 比率は，1990 年代後半から 2000 年代を通して 2015 年になるまでギリシャは 3% という基準を満たしたことはなかったのである[6]。

3. 2000 年代中頃のギリシャ債務問題

　前節で述べたように，1990 年代末からの財政緊縮により，ギリシャはぎり
ぎりのタイミングでマーストリヒト収斂基準を満たし，2001 年にユーロを採
択したわけであるが，財政データの確かさに疑問が生じ，ギリシャの財政数値
の見直しが行われ，財政赤字値はマーストリヒト収斂基準の対 GDP 比 3% を
超えていたことが明らかとなった。また，2004 年も安定成長協定を順守する
ことができないという予測が出されたため[7]，欧州委員会は，2004 年 7 月 5 日，
ギリシャに対し過剰財政赤字手続きをとり，2005 年までに過剰財政赤字を解
消するとともに，解消後は景気循環調整済み財政収支の削減により政府財政を
中期的に均衡あるいは黒字とするよう勧告した（EC 2004）。
　これに対しギリシャ政府は，勧告に従い 2006 年までに財政赤字を基準値以
下に引き下げるため，次のような措置をとるとした（HMEF 2005, pp. 11-17）。

・法人税：法人税率を 2007 年まで引き下げるとともに，R&D 支出の 50% を
　控除できるようにする。
・歳入増：2004 年に 4 億ユーロ（GDP の 0.2%），2005 年に 12 億ユーロの歳
　入増を図る。
・歳出削減：オリンピック後の歳出削減（GDP の 1.03%），投資補助金の削減
　（同 0.43%）等を行い，歳出を対 GDP 比 1.5%，利子支払いを同 0.24% 引き
　下げる。
・社会保障改革：社会保障基金への未払いを 2004 年までに解消するとともに，
　社会保障改革を行い，対 GDP 比 0.4% の支出削減を行う。
・PPP（Public Private Partnership）強化。
・統計の改善。
・年金改革：財政の長期的持続可能性を確保するため，年金の信頼性と柔軟性
　を高めるための改革を行う。

　表 11.5 は，上記財政数値の改訂後の 2004 年から誤データ問題が発生した

第11章　ギリシャ経済危機の原因　　237

表11.5　2000年代中頃のギリシャ財政状況

	2004	2005	2006	2007	2008	2009*
改訂前						
歳入	38.2	38.1	39.0	40.0	39.9	40.3
歳出	45.5	43.1	41.8	43.6	44.9	46.5
収支	−7.3	−5.1	−2.8	−3.6	−5.0	−6.2
基礎収支	−2.4	−0.7	1.3	0.5	−0.7	−1.5
構造的収支	−8.4	−5.3	−3.6	−4.5	−7.4	−6.8
債務	99.0	99.0	96.0	95.0	98.0	109.0
改訂後						
歳入	38.8	39.4	39.2	40.4	40.7	38.9
歳出	47.6	45.6	45.1	47.1	50.8	54.1
収支	−8.8	−6.2	−5.9	−6.7	−10.2	−15.1
債務	102.9	107.4	103.6	103.1	109.4	126.7

(注)　＊2009年改訂前の数値は予測値。

(資料)　IMF (2008, p. 22), IMF (2009, p. 36), http://ec.europa.eu/eurostat/data/database（最終アクセス日2017年9月10日）.

2009年までのギリシャの財政状況について改訂前（当時）の数値および改訂後（現在）の数値を示している。過剰財政赤字手続きによる上記の政策に基づいて財政赤字削減を行った結果，改訂前数値では，ギリシャの財政赤字は，2003年の4.6%から2004年に7.3%に急増した後，徐々に縮小していき，2006年には安定成長協定を守る2.8%まで減少した。そして，欧州委員会は，2007年6月5日，ギリシャの過剰財政赤字手続きが終了したとの決定を行っている（EC 2007）。

　しかし，本当にギリシャの財政赤字問題は解消していたのであろうか。冒頭で述べたように，2009年10月にギリシャの財政赤字誤データ問題が露呈し，ギリシャの多額の財政赤字が問題となった。過剰財政赤字手続きが行われたにもかかわらず，2009年に巨額の財政赤字が顕在化するには2つの可能性がある。1つは，過剰財政赤字手続きにもかかわらず，ギリシャの財政問題は潜在的に危機的な状況を続け，それがグローバル金融危機により顕在化した。もう1つは，グローバル金融危機前，過剰財政赤字手続きによりギリシャの財政は健全化していたが，グローバル金融危機後にギリシャ国内外のその他の歪みが財政に転移し，2009年にそれが顕在化した。以下，この点を確認してみたい。

第 3 部　停滞する EU 経済

表 11.6　一般財政収支（対 GDP 比）

（単位：%）

	水　準						変　化	
	2004	2005	2006	2007	2008	2009	2004-06	2007-09
総歳入	40.3	40.5	42.2	42.1	42.5	42.9	1.8	0.8
総経常歳入	38.3	38.8	40.1	39.9	40.2	40.6	1.8	0.7
租税	21.6	21.8	22.0	22.2	22.4	22.7	0.5	0.5
社会保障負担	14.6	14.4	14.5	14.7	14.9	15.2	− 0.2	− 0.5
他の経常歳入	2.1	2.5	3.6	3.0	2.9	2.8	1.5	0.7
資本移転受取	2.0	1.7	2.1	2.2	2.2	2.3	0.1	0.1
総歳出	48.0	45.6	44.7	44.4	44.2	44.1	− 3.3	− 0.4
総経常歳出	40.8	40.2	39.4	39.1	38.8	38.7	− 1.3	− 0.4
基本経常歳出	35.4	35.5	34.9	34.8	34.7	34.7	− 0.5	− 0.1
政府最終消費歳出	16.6	16.4	16.0	15.6	15.2	14.8	− 0.5	− 0.8
公務員給与	12.5	12.1	12.0	11.9	11.8	11.7	− 0.5	− 0.2
社会移転（現物以外）	17.1	17.4	17.4	17.7	18.1	18.5	0.2	0.9
利子支払い	5.3	4.7	4.5	4.3	4.1	4.0	− 0.8	− 0.3
資本支出	7.2	5.4	5.3	5.4	5.4	5.4	− 1.9	0.0
収支	− 7.7	− 5.1	− 2.5	− 2.3	− 1.8	− 1.2	5.1	1.2
基本収支	− 2.3	− 0.4	2.0	2.0	2.4	2.9	4.3	0.9
総債務	108.5	107.5	104.1	100.1	95.9	91.3	− 4.4	− 8.8

（資料）　OECD（2007, p. 44）.

　過剰財政赤字手続きによりギリシャの財政赤字（対 GDP 比率）は 2004 年の 7.3% から 2006 年の 2.8% まで 4.5 ポイント縮小したが，基礎収支をみると同じく 2.4% の赤字から 1.3% の黒字は 3.7 ポイントしか財政収支は改善していない。

　表 11.6 は財政収支を詳細化したものであるが，2004-2006 年の変化でみて，次の点を指摘することができる。総歳入の伸びは 1.8 ポイントであるのに対し，総歳出の削減は 3.3 ポイントであり，一見，歳出削減により財政収支の改善が達成されたようにみえる。しかし，歳出削減をさらにみると，資本支出が 2004 年 7.2% から 2005 年に 5.4% へ 1.8 ポイント削減されたことの貢献が最も大きい。すなわち，ギリシャオリンピック（2004 年 8 月）後の公共事業の削減効果が最も大きい。次に，2004-05 年の利子支払い減 0.6 ポイントを足すと 2.4 ポイントとなり，同期間の総歳出削減 2.4 ポイントをすべて説明している。すなわち，一般的な意味での歳出削減は行われていないことがわかる。他方，歳

第 11 章　ギリシャ経済危機の原因　　　　　　　　　　　　239

図 11.1　10 年物国債利回り

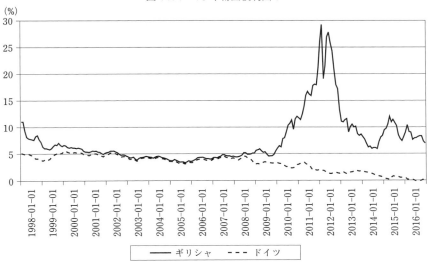

(資料)　https://fred.stlousifed.org/ より筆者作成（最終アクセス日 2017 年 9 月 24 日）。

入面では，2004-06 年の変化でみて，総経常歳入は 1.8 ポイント増加しているが，増税によるものは 0.5 ポイントにすぎず，社会保障負担はむしろ減少しており，他の経常歳入の増加によるところが大きい。

　以上のように，ギリシャにおける財政収支の改善努力が不十分であったことから，IMF（2007），OECD（2007）は共に，基礎収支を改善するためのさらなる努力が必要であること，さらに，ギリシャでは高齢化が進行することが予想されているため，社会保障負担の増加と社会保障システム改革が必要であることを重ねて指摘している。

　利子支払いが減少したのは，図 11.1 が示すように，ユーロ採択によりリスクプレミアムがドイツ並みへと低下するという幻想により，ギリシャを含む南欧諸国の国債利回りがドイツ国債のそれに収束していったこと，そして，日本のゼロ金利政策の採用を契機として世界的な低金利傾向がユーロ圏各国の国債の利子率を低下させたことによる。

　ギリシャのユーロ採択に伴う金利低下および世界的な金利低下は，国債の利

表 11.7　国内総貸出額（対前年度伸び率）

(単位：%)

	2001	2002	2003	2004	2005	2006	2007	2008	2009
総貸出額	8.9	7.1	4.4	11.0	13.8	15.6	13.3	16.3	6.5
対政府	-2.4	-5.2	-15.9	-5.6	-0.6	-1.8	-14.6	7.3	17.2
対民間	23.2	18.2	19.1	19.6	19.8	21.7	21.7	18.3	4.4
対企業	16.7	11.3	13.7	13.0	12.3	17.3	20.1	21.8	5.5
対家計	40.0	33.1	28.8	30.2	30.3	26.9	23.6	14.6	3.2
住宅ローン	36.7	35.4	27.8	26.9	31.1	28.4	23.3	13.1	3.9
消費者ローン	44.3	27.4	25.0	38.4	30.3	23.7	22.6	18.4	2.4

(資料)　BGR (various issues).

子支払いを減少させただけでなく，金融市場の自由化の進展とともに，表
11.7 が示すように，2000 年代を通してグローバル金融危機の発生まで，クレ
ジットの増加により個人消費あるいは住宅投資ブームを拡大させ，高い経済成
長を支えたのである[8]。

　このほか，OECD (2007, pp. 24-27) は，2000 年代中頃まで高い経済成長が続
いた理由として次を挙げている。

・生産物市場規制の改善
・金融市場の自由化
・欧州通貨同盟（EMU）への加盟
・2004 年オリンピック
・南東欧輸出市場の急速な発展
・労働移民流入

　これらによる高い経済成長率が，財政収支の GDP 比率を引き下げる方向に
働いたことはいうまでもない[9]。しかしまた，このような高い経済成長率は，
ギリシャ経済にとって次のようなマイナス要因ももたらした。

　第1に，政府，民間経済主体の借り入れは，外国銀行からの借り入れ等によ
り行われたため，対外債務を拡大させた。

　第2に，しっかりとした生産基盤を持たない中での消費・住宅投資ブームの
発生は，既加盟国よりも高いインフレを発生させた。特に，強い輸出産業を持

第 11 章　ギリシャ経済危機の原因　　　　　　　　　　　　241

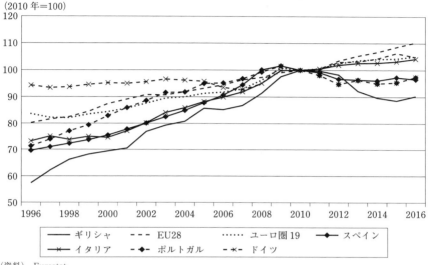

図 11.2　ULC（単位労働時間当たり）

（資料）　Eurostat.

たず，サービス産業が主であるギリシャ経済では，バラッサ＝サミュエルソン効果により，競争力喪失が加速した。

図 11.2 は，2010 年を 100 とした単位労働時間当たりのユニットレーバーコスト（ULC）を，1996 年から EU，ユーロ域，そしてギリシャを含む南東欧諸国について示したものである。明らかなように，1990 年代中頃，ギリシャの ULC は 60％ 以下であったが，他の EU・ユーロ域国あるいは南東欧諸国と比較して ULC は急速に上昇した。

ギリシャは，1990 年代中頃まで EU 加盟国の中で最も労働コストの低い国の１つであったが，第１に，その労働市場の硬直性のため，そして第２に，中東欧諸国がその相対的賃金の安さゆえに直接投資受け入れの核となったため，ギリシャの EU における相対的優位性が失われ，他方，その損失は，金融市場の緩和によるポートフォリオ資金流入により緩和され，みえなかったのである。実際に，ギリシャの経常収支赤字は拡大し，これに対して OECD，IMF は，第１に財政収支の改善，第２に労働市場改革，第３に社会保障改革を常に勧告

していた。

4. ユーロ危機後のギリシャ財政

2000年代のギリシャの財政赤字縮小政策は成功せず，2009年の財政赤字対GDP比率は12.5％となるだろうとギリシャ新政府が発表し，実際には，表11.1で示したように，2008年で10.2％，2009年で15.1％であり，政府債務は100％をはるかに超えていた。このような巨額の財政赤字が明らかとなったことにより，ギリシャの国債返済能力に疑問が呈され，ギリシャ国債の利回りは，図11.1で示したように，急増した。このため，ギリシャ政府は借換債を発行することができず，デフォルトに陥る可能性が高まった。デフォルトの可能性は，南欧諸国に伝播し，GIIPS諸国にソブリン危機が広がった。

南欧諸国のソブリン危機に対して，EU，欧州中央銀行（ECB），IMFは，トロイカを組み，これら諸国，とりわけギリシャに対して金融支援を行うこととなった。

EU，ECBは，財政支援禁止条項（EU運営条約第125条1項）にもかかわらず，金融支援システムの制度化を図っていった。2010年5月9日，EU，ECBは，IMFとともに，ギリシャ貸付ファシリティ1,100億ユーロの実施，南東欧諸国向けに欧州金融安定ファシリティ（EFSF）4,400億ユーロ，欧州金融安定化機構（EFSM）600億ユーロ，IMFスタンドバイ・クレジット2,500億ユーロ，合計7,500億ユーロからなる支援パッケージを決定した（田中他2015，156-157頁）。その後も，EUは，常設の金融支援機構（ESM）などの金融支援システムの制度化を図るとともに，ECBは，ドラギ総裁の「ECBは，ユーロを守るためにはあらゆる措置をとる用意がある」との2012年7月の発言に代表されるように，ECBのバランスシートを拡大するとともに，「最後の貸し手」機能を強めていった。

このような背景のもとで，ギリシャ政府は，2010-2013年の財政・金融ポジションを維持・強化し，2014年の財政赤字GDP比率を3％以下とするため，264億SDRのスタンドバイ・クレジットを求めるレターを2010年5月にIMFに提出した（IMF 2010b）。

第 11 章　ギリシャ経済危機の原因　　　　　　　243

表 11.8　財政緊縮措置（対 GDP 比率）

(単位：%)

	2010	2011	2012	2013	合計
合計	2.5	4.1	2.4	2.0	11.1
歳入	0.5	3.0	0.8	− 0.3	4.0
物品税	0.2	0.3	0.1		0.6
付加価値税	0.3	0.9	0.2		1.5
個人所得税		0.2	0.0		0.2
法人所得税		0.4			0.4
資産税		0.8	0.1	0.0	0.9
その他		0.4	0.3	− 0.3	0.4
歳出	2.0	1.1	1.7	0.5	5.3
賃金	0.5	0.2	0.3	0.2	1.2
年金	0.8	0.3	0.1	0.1	1.3
社会保障手当	0.2	0.0	0.2		0.4
政府消費	0.3	0.4	0.2	0.2	1.1
補助金			0.7		0.7
政府投資	0.2	0.2	0.2		0.7
構造改革				1.8	1.8

(資料)　IMF (2010, p. 11).

　レターでは，財政に関しては次のような政策をとるとされている。

・2010 年では，公共部門の賃金，年金支出を削減するとともに，付加価値税，物品税を引き続き引き上げる。
・2011 年以降では，公的賃金，社会保障プログラム費用の削減，そして，年金代替率の引き下げ，地方公共団体の統合等により歳出をさらに削減する。
・2013 年までに GDP4% 相当額の歳入増を図る。このため，高所得自営業者への課税，奢侈品への増税，高い利潤をあげている企業と高付加価値の資産への追加課税，脱税との戦いの強化，付加価値税課税ベースの拡大や徴収率の引き上げ等を図る。
・年金，医療，租税，行政管理，債務管理等の構造改革を行う。

　さらに，構造改革として次の政策を進めるとしている。

・行政機構の近代化
・労働市場と所得政策の強化
・ビジネス環境の改善と競争的市場の強化
・国有企業の管理強化と脱国有化
・EU 構造基金・結束基金吸収力の向上

　これらの政策により，GDP 比で 11% の財政収支を改善するとしている。
　OECD（2013, p. 42），IMF（2014, pp. 7-8）などは，スタンドバイ協定を受け
たギリシャの財政緊縮は，歳入側では一部に未達成があるものの，概ね順調に
進んでいると述べている[10]。しかしながら，GDP は 2007 年のピークから 25
% 減少し，失業率は 27%，特に若年層の失業率は 57% に達するなど（IMF
2013, p. 4），ギリシャにとって非常に大きな打撃となったことも事実である。
特に，IMF（2013, p. 10）は，総賃金が 2013 年に 7%，2014 年に 1.5% 下落す
るであろうと予測し，政治を不安定化させるであろうと警告している。
　実際，ギリシャ議会は不安定化する。パパンドレウ内閣の退陣により，2012
年 11 月，連立政権（PASOK, ND および国民正統派運動（LAOS））が成立し
たが，反緊縮を掲げる急進左派連合（SYRIZA）が支持を伸ばし，2015 年 1 月
に実施された総選挙の結果，SYRIZA が過半数近くの議席を獲得して第一党
となり，同じく反緊縮を掲げる「独立ギリシャ人」党（ANEL）と連立して，
党首アレクシス・チプラスを首班とする内閣が発足した。
　チプラス政権は，政権成立直後から反緊縮と債務減免を求めて債権者である
トロイカと対立した。2 月 20 日，ユーロ圏財務相会合が第 2 次金融支援プロ
グラムを 6 月末まで延長することで合意していたものの，6 月 27 日，チプラ
ス政権が金融支援受け入れを問う国民投票を行うことを決めたため，ユーロ圏
財務相会合は第 2 次金融支援プログラムを延長しないことを決め，IMF への
返済遅延が発生した。チプラス政権は 7 月 5 日に国民投票を行い，38.7% 対
61.3% で歳出削減策を伴う金融支援案の受け入れを拒否する民意が示されたも
のの，チプラス政権は，直後に，基礎的財政収支の黒字幅の拡大，付加価値税
の簡素化，財政構造改革，年金改革，民営化プログラムの推進を柱とした改革
プログラムを提出し，ESM に支援申請を行った。これにより，支援プログラ

ムについて協議が再開され，8月14日，ユーロ圏財務相会合で，2015年8月-2018年8月の3年間で最大860億ユーロを支援するという第3次ギリシャ支援プログラムについて合意がなされた[11]。

しかしながら，この合意によりすべてがうまく回転しているわけではない。2015年12月までに214億ユーロの融資が実行されたが，第2回融資実行のためのレビューではギリシャが約束通り改革を進めていなとし交渉は難航し，2016年5月にようやく合意が成立した（山口2016，4頁）。その後も，IMFとドイツを中心とするユーロ圏との間での対立により融資実行交渉が行き詰まっていたが，2017年6月16日，IMFが譲歩する形でユーロ圏財務相会合は追加融資に合意し，ギリシャのデフォルト危機はひとまず回避されている。

5. ギリシャ経済危機の今後

前節で述べたように，毎年の融資交渉があるとはいえ，最大860億ユーロの第3次支援プログラムが合意されている2018年まで，ギリシャのデフォルト

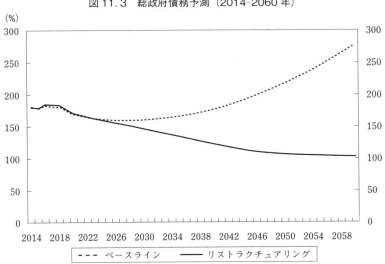

図11.3　総政府債務予測（2014-2060年）

（資料）　IMF（2017, p. 27）．

危機は回避されている。そして，表11.1が示すように，ギリシャ政府の努力により財政収支は着実に改善されてきた。しかしながら，いくつかの根本的な問題が解決されていない。

第1に，GDP比でみた政府債務残高は，170%台で高止まりしており，むしろ上昇している。すなわち，ギリシャの債務返済能力には大きな疑問が付されるべきである。IMF（2017, pp. 26-27）は，ギリシャの政府債務はかなりの程度持続不可能であり，ベースライン・シナリオでは，2030年までは債務残高対GDP比率は若干の低下を示すものの，高齢化が進展する2030年以降はその数値は爆発的に高まってしまう。

第2に，2008年以降，GDPは25%，投資は60%減少し，失業率は27%，特に若年層の失業率は57%に達するなど，ユーロ危機後の財政緊縮はギリシャ経済に大きな損失を与えており，IMF自身も，基礎収支の黒字化は達成されており，景気回復への負の効果を最小化するためには，短期的には現状を超えた財政緊縮は必要ないとしている（IMF 2017, p. 28）。

この相反する現状の中でギリシャ経済を正常化させるには，いくつかのことを同時に達成しなければならない。

第1に，ある程度の債務削減が不可欠であろう。Nikiforos et al.（2016），Tsoulfidis et al.（2016）などの主としてギリシャ出身の経済学者によるペーパーだけでなく，IMF自身が次のような債務負担軽減策を提案している（IMF 2017, pp. 53-54）。

・2040年までの債務返済猶予の延長。
・2070年までの支払期限の延期。
・2040年までの利払い繰り延べ。
・2017年以降のEFSFへの利払いのステップアップの停止。
・EFSF，ESMへの利子率の固定化。

第2に，同時に，ギリシャ自身の財政構造健全化の努力が必要である。ユーロ危機の前後を問わず，ギリシャの財政健全化は，上述のように，歳出削減側に傾き，歳入増の努力が不足しており，また，歳出削減においても年金，医療

などの社会保障改革は不十分であった。したがって，次のような財政健全政策がさらに強化されるべきである（IMF 2017, pp. 15-20）。

・課税ベースの拡大と税率の引き下げ。
・資産課税の強化。
・徴税能力の向上。
・年金・医療制度のスリム化。

　第3に，最も困難な問題としてギリシャ経済の競争力強化が挙げられる。競争力を持った新産業立ち上げのための投資を活発化するとともに，ITの活用等により国内のサービス・ツーリズム産業の競争力向上が不可欠である。
　これらの課題に対して，ギリシャ国民自身がこれまで以上に真摯に取り組むとともに，他のEU諸国の支援が不可欠である。

　［注］
1)　財政赤字項目の見直しが行われただけでなく，GDPが4.3%のマイナス成長となったため，欧州統計局の現在の財政赤字値は15.1%となっている。
2)　これらの国々は初期にはPIIGS，後にGIIPSと総称された。
3)　田中他（2015, p. 126）。これらの経済的基準のほか，各国中央銀行の独立性，欧州中央銀行システムにおける各国中央銀行の法的統合など，各国法規の欧州連合運営条約への収斂を満たさなければならない。
4)　既加盟15ヵ国のうち，オランダ，イギリスは経済通貨同盟（EMU）からのオプトアウトを選択し，スウェーデンは，オプトアウトは選択しなかったが，ユーロ採択を選択しなかった。
5)　1999年1月のユーロ導入に伴い，為替レート基準は，ユーロを参照レートとしたERMIIへ移行している。
6)　表11.4の政府債務値は一般政府統合債務を示している。
7)　マーストリヒト収斂基準のうち，物価安定，低金利，為替相場の安定はユーロ採択国にとって政策課題ではなくなったため，ユーロ採択国は，健全財政（年間財政赤字額の対GDP比が3%を超えず，政府債務残高がGDP比60%以内である）を基準とする安定成長協定（SGP）を守ることとされた。
8)　OECD（2011, p. 25）は，消費を中心とした国内需要がGDP成長の90%を説明していたと述べている。
9)　さらに2006年にSNA改訂が行われ，2001年国勢調査での新人口統計の利用，およ

び家計消費，企業による建設・ホテル・卸売＝小売活動・輸送活動の統計見直し，また新家賃・資本ストック・減価償却推定により，ギリシャ統計局の発表では名目 GDP 値が 26％引き上げられた。ただし，欧州統計局が精査を行い，2000 年 GDP 名目値は 9.6％引き上げられた。OECD（2007, p. 15），OECD（2008, p. 4）.

10) 表 11.1 が示している，現在の欧州統計局による 2013 年の財政収支対 GDP 比率は 13.1％の赤字，前年から 4.2％ポイントの悪化となっているが，IMF（2014, p. 45）では，基礎収支が 2011 年 -2.4％，2012 年 -1.3％，2013 年 0.8％，利払いを含めた総収支が同じく -9.6％，-6.4％，-3.2％と，ギリシャの単年度財政は順調に改善している。

11) https://www.mof.go.jp/about_mof/councils/fiscal_system_council/sub-of_fiscal_system/proceedings/material/zaiseia271110/02. pdf（最終アクセス日 2017 年 10 月 1 日）.

［参考文献］

BGR: Bank of Greece (various issues), *Annual Report*, http://www.bankofgreece.gr/Pages/en/Publications/GovReport.aspx?Filter_By=8（最終アクセス日 2017 年 6 月 26 日）.

EC: Council of the European Union, (2004), "Council Recommendation to Greece of 5 July 2004 with a View to Bringing an end to the Situation of an Excessive Government Deficit," http://data.consilium.europa.eu/doc/document/ST-14554-2004-INIT/en/pdf（最終アクセス日 2017 年 9 月 18 日）.

EC (2007), "Council Decision of 5 June 2007 Abrogating Decision 2004/917/EC on the Existence of an Excessive Deficit in Greece (2007/465/EC)," http://eur-lex.europa.eu/legal-content/EN/TXT/PDF/?uri=CELEX:32007D0465&from=EN（最終アクセス日 2017 年 9 月 18 日）.

ECB: European Central Bank (2000), *Convergence Report*.

EMI: European Monetary Institute (1998), *Convergence Report: Report Required by Article 109j of the Treaty Establishing the European Union*.

HMEF: Hellenic Republic, Ministry of Economy and Finance (2005), "The Update of the Hellenic Stability and Growth Programme: 2004-2007 (Revised)," http://ec.europa.eu/economy_finance/economic_governance/sgp/pdf/20_scps/2004-05/01_programme/el_2005-03-21_sp_rev_en.pdf（最終アクセス日 2017 年 9 月 19 日）.

IMF: International Monetary Fund (various issues), *Greece: Staff Country Report for the Article IV Consultation*.

IMF (2010b), *Greece: Request for Stand-By Arrangement* (*IMF Country Report* 10/111).

Nikiforos, M., D. B. Papadimitriou, and Z. Gennaro (2016), "The Greek Public Debt Problem," Levy Economics Institute of Bard College, *Working Paper*, No. 867, pp. 1-30.

OECD: Organisation for Economic Cooperation and Development (various issues), *OECD Economic Surveys: Greece*.

Tsoulfidis, L., C. Alexiou, and P. Tsaliki (2016), "The Greek Economic Crisis: Causes and

Alternative Policies,"*Review of Political Economy*, 28: 3, pp. 380-396.

尾上修吾 (2017), 『ギリシャ危機と揺らぐ欧州民主主義―緊縮財政がもたらす EU の亀裂』明石書店。

白井さゆり (2009), 『欧州迷走』日本経済新聞出版社。

白井さゆり (2010), 『欧州激震』日本経済新聞出版社。

田中素香 (2010), 『ユーロ―危機の中の統一通貨―』岩波新書。

田中素香編 (2010), 『世界経済・金融危機とヨーロッパ経済』勁草書房。

田中素香・長部重康・久保広正・岩田健治 (2015), 『現代ヨーロッパ経済論 (第 4 版)』有斐閣。

田中素香 (2016), 『ユーロ危機とギリシャ反乱』岩波新書。

フラスベック, ハイナー＝ラパヴィツァス, コスタス (村澤真保呂, 森元斎訳) (2015), 『ギリシャ　デフォルト宣言―ユーロ圏の危機と緊縮財政―』河出書房新社。

山口綾子 (2016), 「ギリシャ経済の現状と展望～政府債務は持続可能か？～」国際通貨研究所『Newsletter』No. 15。

索　引

数字・アルファベット

1972 年欧州共同体法　95
2016 年レファレンダム　89-91, 96
AQR（資産査定）　218, 219, 226
AU　159
Brexit（ブレグジット，イギリスの EU 離脱）
　29, 81, 88, 96, 103, 185
BRRD（銀行再建・破綻処理指令）　214, 216,
　223-225
CEAS（欧州共通庇護制度）　18, 154, 155,
　157, 158, 161, 163, 167, 180
CITLAW 指標　24
CMU（資本市場同盟）　224
CRDⅣ（第 4 次自己資本指令）　214
CRR（自己資本規則）　214
CRR/CRDⅣ　225
DAC（開発援助委員会）　151, 153, 159, 163,
　166, 167
délocalisation　65
DGS（預金保険制度）　211
DGSD（預金保険制度指令）　214, 225
EBA（欧州銀行監督当局）　214, 217, 218,
　221
ECB（欧州中央銀行）　119, 120, 208, 210-
　212, 215, 217, 220, 221, 226, 229, 242
ECJ（欧州司法裁判所）　5-7, 14, 166, 182
EDIS（欧州共通預金保険制度）　211, 213,
　222, 223, 225, 226
EEAS（欧州対外行動庁）　155, 161, 165, 168,
　181, 183
EFSF（欧州金融安定ファシリティ）　104,
　242, 246
EMU（経済・通貨同盟）　208, 210, 211, 224,
　247

ERM　230, 232, 233
ERMII　247
ESM（欧州安定メカニズム）　104, 105, 108,
　118-120, 242, 244, 246
ESS（European Security Strategy，欧州安全
　保障戦略）　153, 154, 162
EU 域内治安戦略　136
EU 外相　182, 183
EU 外務安全保障政策上級代表　181
EU グローバル戦略（EU Global Strategy）
　156-158, 166-168
EU 市民権　13
EU トルコ共同行動計画　133
EU トルコ共同声明　133, 134, 137
EU の対外政策　182
FRONTEX　9, 129, 130, 133, 144
GIIPS　242, 247
MIPEX　23
NATO　177, 179, 184
PASOK（全ギリシャ社会主義運動）　229,
　244
Rottmann 事件　20
SRB（単一破綻処理委員会）　210, 212, 213,
　216, 225
SRF（単一破綻処理基金）　212, 213, 216, 223
SRM（単一破綻処理機構）　210-213, 215,
　217, 220, 221, 223-225
SSM（単一銀行監督機構）　210, 211, 213,
　215, 217-221, 224
SSR　162, 163
VIS（ビザ情報管理システム）　129
WEU　180, 181

ア　行

アイデンティティ　6
アシュトン（Catherine Ashton）　155
アデナウアー　175, 177
アフガニスタン　151
アフリカ平和ファシリティー　158, 159, 163
アムステルダム条約　42, 179
アラブの春　127
安定成長協定（SGP）　236, 237, 247
域内市場　82, 86
イギリスのEU離脱　→　Brexit
移住・再配置　132
移　民　3, 8, 13, 110-112, 114-116, 118, 122,
　160
イラク　151
ヴァレッタ行動計画　133
欧州安全保障協力機構　187
欧州安全保障戦略　→　ESS
欧州安全保障対策アジェンダ　136
欧州安定メカニズム　→　ESM
欧州委員会　122, 181-183
欧州移民・難民協定　129, 131
欧州懐疑主義　84, 86, 103, 104, 118, 123, 124
欧州開発基金　159
欧州議会　122, 161, 182
欧州共通庇護制度　→　CEAS
欧州共通預金保険制度　→　EDIS
欧州共同体　178
欧州銀行監督当局　→　EBA
欧州金融安定化機構（EFSM）　242
欧州金融安定ファシリティ　→　EFSF
欧州近隣諸国政策　137
欧州経済共同体　177
欧州憲法条約　10, 16, 87, 89, 181
欧州国境沿岸警備機関　130, 144
欧州司法裁判所　→　ECJ
欧州人権条約（ECHR）　7
欧州石炭鉄鋼共同体　80, 176
欧州対外行動庁　→　EEAS
欧州中央銀行　→　ECB
欧州統合派　85

欧州の将来についての白書　97
欧州防衛共同体　177
欧州理事会　122, 178, 182, 183
欧州理事会常任議長　181
欧州連合運営条約（TFEU）　7, 10, 42, 60, 68
欧州連合基本権憲章（CFR）　7
欧州連合条約（TEU）　5-7, 10

カ　行

開発援助委員会　→　DAC
外務理事会　182, 183
ガウラント　105, 111, 113, 116
拡　大　127
過剰財政赤字手続き　236-238
ガバナンス　135, 141, 142, 145
議会主権　93-96
議会制民主主義　84, 85, 94, 97
期待利潤率　197
北大西洋条約機構　176
規範パワー　138, 141
基本権　7, 82
基本的な価値　7
急進左派連合（SYRIZA）　244
境界管理　122, 129, 132, 133
共通安全保障・防衛政策（CSDP）　157
共通外交・安全保障政策（CFSP）　149, 179
共通外交・安全保障政策上級代表　180
恐怖指数　201
ギリシャ危機　79
ギリシャ債務問題　236
銀行再建・破綻処理指令　→　BRRD
銀行同盟　119, 120, 208
近代立憲主義　97
緊密な国家結合　86, 90
金融監督　209-212, 214, 224
金融支援機構（ESM）　242
クーデンホーフ－カレルギー　173
クーパー（Robert Cooper）　154
グローバル金融危機　229, 237
グローバル戦略　136
経済政策不確実性指数　201

索　引　　　253

経済・通貨同盟　→　EMU
結束　5
限界 q　197
憲法裁判所　79
国王大権　93-96
国際商業会議所（ICC）　43, 54, 66
国際商事仲裁　43
国際商事仲裁モデル法　49
国際仲裁　53, 65
国際連合国際商取引委員会（UNCITRAL）
　49
国内法・国際法の二元論　94
国民国家　28, 85, 86, 90, 97
国民主権　94
国連　149
コモン・ロー　91, 96
コンペテンツ・コンペテンツ原則　44, 53
　──の消極効　44, 48, 54, 59

サ　行
再国民化　14
財政支援禁止条項　242
シェンゲン　121, 128-130, 135, 137
シェンゲン協定　89
自己資本規則　→　CRR
資産査定　→　AQR
執行命令（exequatur）　43, 63
資本市場同盟　→　CMU224
主権　80
主権的国民国家　79
シューマン, ロベール　5
消極的義務　6
消費・住宅投資ブーム　240
人権　7
ストレステスト　217-219, 225, 226
西欧同盟　177
誠実協力　5
政治統合　86
成文法主義　96
セキュリタイゼーション　138-140, 145
積極的義務　6

設備投資　195
説明責任の赤字　85, 86
全欧安全保障協力会議　178
全ギリシャ社会主義運動（PASOK）　229
先決裁定（preliminary ruling）　43, 45
潜在成長率　195
選択的移民　129
全要素生産性　199
相互の信頼（mutual trust）　43, 45, 46, 48,
　52, 64
訴訟差止命令（anti-suit injunction）　44, 45
ソラナ（Javier Solana）　154

タ　行
第 4 次自己資本指令　→　CRDIV
第三国　130-132, 134, 143
第三国国民　16
代表民主主義　83, 85, 88
多速度式欧州　6, 8
ダブリン規則　133
単一規則集（Single Rulebook）　211, 213-
　215, 225
単一銀行監督機構　→　SSM
単一破綻処理委員会　→　SRB
単一破綻処理基金　→　SRF
単一破綻処理機構　→　SRM
地域的国際秩序　174, 176
地中海　127, 129, 132, 133, 135, 137
チプラス　244
仲裁　43, 62
仲裁合意　49
長期停滞　193
直接民主制　88
通過国　137
手続競合　43
デフォルト　229, 242, 245
テロリズム　149
ドイツ統一　178, 184
統合　130-132
　多様性の中の──　140, 141
投資率　195

トゥスク　185
特別な関係　175, 181, 184
ドラギ総裁　242
トランプ　184
トロイカ　229, 242, 244

ナ　行
難民　3, 8, 14, 17, 114-116, 118, 122, 160
難民移民問題　149
難民危機　3, 8, 103
ニース条約　149
ニューヨーク条約　43, 49
人間の安全保障　154

ハ　行
ハイデルベルク報告書　57
ハーグ管轄合意条約　66
パパンドレウ　229, 244
バラッサ＝サミュエルソン効果　241
バルカン　133, 135
判決の自由移動　42
反ジェンダー主流化　112, 115, 118, 122
反ユーロ　104-108, 110, 113, 117, 118, 122
人・物・サービス・資金の自由移動　42
開かれたヨーロッパ　13
比例原則　84
プーチン　184
不確実性　200
ブリュッセルⅠ規則　42, 56
ブリュッセルⅠ *bis* 規則　43, 60
ブリュッセル条約　42
ブルーカード　131, 133
ブレア（Tony Blair）　151, 180
ブレグジット　→　Brexit
ベイルイン原則　210, 211, 216, 225
ペギーダ　117
ペトリ　105, 111, 113, 116
「ベルリンの壁」崩壊　96
ヘンケル　105, 108, 113, 116, 118
法の支配　79

補完性の原理　80, 84
ホット・スポット　134
ポピュリズム　103
ホーム・グローン型テロ　136, 138
ポーランド　79
ボローニャ大学　4

マ　行
マクロン　185, 186
マーストリヒト収斂基準　230, 232, 234, 247
マーストリヒト条約　149, 179
ミッテラン　178
民事司法協力　42, 82, 84, 96, 122, 124
民主制原理　81, 82, 97
メルケル　104, 184, 186
モゲリーニ（Federica Mogherini）　155, 156, 166

ヤ　行
優越性原則　6
ユニットレーバーコスト　241
ユーロ危機　104, 229, 242, 246
ユーロ圏　118, 119, 209, 211-215, 217, 220-224
ユーロ採択　230, 234, 239
ユンカー　185
預金保険制度　→　DGS
預金保険制度指令　→　DGSD　214

ラ　行
利鞘　202
リスボン条約　5, 7, 10, 144, 156, 158, 167, 168, 181
立憲主義　85
リーマンショック　3, 193, 229
ルガーノ条約　68
ルッケ　105, 108, 113, 115, 116, 118
レバレッジ率　203
ローマ条約　5, 10

執筆者紹介 （執筆順，＊編著者）

Riminucci Michela	神戸大学国際連携推進機構国際教育総合センター　特命講師
髙　希麗	神戸大学大学院法学研究科博士課程後期課程
越智幹仁	神戸大学大学院法学研究科博士課程後期課程 日本学術振興会特別研究員（DC）
＊井上典之	神戸大学大学院法学研究科　教授
近藤正基	神戸大学大学院国際文化学研究科　准教授
坂井一成	神戸大学大学院国際文化学研究科　教授
増島　建	神戸大学大学院法学研究科　教授
安井宏樹	神戸大学大学院法学研究科　教授
松林洋一	神戸大学大学院経済学研究科　教授
花田エバ	神戸大学国際連携推進機構 EU 総合学術センター　准教授
＊吉井昌彦	神戸大学大学院経済学研究科　教授

EUの揺らぎ

2018年2月25日　第1版第1刷発行

編著者　井　上　典　之
　　　　いの　うえ　のり　ゆき
　　　　吉　井　昌　彦
　　　　よし　い　まさ　ひこ

発行者　井　村　寿　人

発行所　株式会社　勁　草　書　房
　　　　　　　　　けい　そう
112-0005 東京都文京区水道2-1-1　振替 00150-2-175253
　　　　（編集）電話 03-3815-5277／FAX 03-3814-6968
　　　　（営業）電話 03-3814-6861／FAX 03-3814-6854
　　　　　　　　　　　　　　　大日本法令印刷・牧製本

©INOUE Noriyuki, YOSHII Masahiko　2018

ISBN978-4-326-30265-9　　Printed in Japan

JCOPY ＜(社)出版者著作権管理機構　委託出版物＞
本書の無断複写は著作権法上での例外を除き禁じられています。
複写される場合は、そのつど事前に、(社)出版者著作権管理機構
（電話 03-3513-6969，FAX 03-3513-6979，e-mail: info@jcopy.or.jp）
の許諾を得てください。

＊落丁本・乱丁本はお取替いたします。

　　　　http://www.keisoshobo.co.jp

チャールズ・カプチャン／坪内　淳　監訳,
小松志朗 訳　　　　　　　　　　　　　　　　四六判　2,500 円
ポスト西洋世界はどこに向かうのか　　　　　　　　　35167-1
「多様な近代」への大転換

宮下雄一郎
フランス再興と国際秩序の構想　　　　　　　　A5 判　6,000 円
第二次世界大戦期の政治と外交　　　　　　　　　　30248-2

寺田麻佑
EU とドイツの情報通信法制　　　　　　　　　A5 判　3,500 円
技術発展に即応した規制と制度の展開　　　　　　　40330-1

柑本英雄
EU のマクロリージョン　　　　　　　　　　　A5 判　5,200 円
欧州空間計画と北海・バルト海地域協力　　　　　　30234-5

シリーズ激動期の EU

濱本正太郎・興津征雄 編著　　　　　　　　　A5 判　3,500 円
ヨーロッパという秩序　　　　　　　　　　　　　　54639-8

久保広正・吉井昌彦 編著　　　　　　　　　　A5 判　3,500 円
EU 統合の深化とユーロ危機・拡大　　　　　　　　54637-4

久保広正・海道ノブチカ 編著　　　　　　　　A5 判　3,500 円
EU 経済の進展と企業・経営　　　　　　　　　　　54638-1

勁草書房刊

＊表示価格は 2018 年 2 月現在。消費税は含まれておりません。